あなたの中の動物たち

ようこそ比較認知科学の世界へ

渡辺茂

教育評論社

私の主要な仕事は動物を使った実験です。実験が終わったら、その論文を書かなくてはなりません。実験はお小遣いでやっているのではなく、研究費、つまり他人のお金で賄っているのですから、誰でもその結果にアクセスできるようにする必要があります。さらに、科学上の発見は人類共通の財産ですから、いわばアカデミアに報告しておく義務もあります。

研究を続けていると、単行本を出版しないかというお誘いを受けます。最初の本は「認知の起源をさぐる」（１９９５年）で、その後も時間の許す範囲で、出版の依頼に応じてきました。研究成果を日本語でわかりやすく伝えるのも研究者の仕事だと考えているからです。私は鳥類を使った研究をしていましたから、鳥の認知や脳に関する本や海馬、美、情動に関する本を上梓しました。昨年（２０１９年）には擬人主義についての理論的な本を書きました。

大学にいた頃にはもちろん講義をしていましたが、かなり専門的な講義であったこともあり、いわゆる教科書を書くということはしませんでした。大学を退職した後に、公開講義をするような機会があり、今度はその内容をまとめてみないかというお誘いを受けました。公開講義とはいえ、お伝えできる人数は限られていますから、本という形で講義内容を公開するのも意義があるだろうと考えました。内容としては慶應義塾大学三田オープンカレッジ、東京都立大学オープンユニバーシティでの講義に基づいています。

私は半世紀近く心理学の研究室におりましたが、心理学の中では中心ではなく、かなり端っこにおりました。人間そのものを研究するのではなく、動物と人間を比較して考えようという立場です。ずいぶん遠回りにも見えますが、遠回りゆえに人間を遠くから俯瞰できるようにも思います。この本はヒトの心と動物の心を比較し、何が共通で、何がヒトに固有なのかを考え、ヒトの心の起源を探ろうとするものです。地球上の様々な動物たちが知的能力を進化させ、私たちの心はその中の一つである、という見方ができればと思います。

あなたの中の動物たち　もくじ

カバーデザイン　杉山健太郎

序　章　あなたの中の動物たち

まず始めに、ヒトと動物の関係がこれまでどのように考えられてきたかを歴史的に振り返ってみたいと思います。そして心の進化をどのように研究するのか、その方法を見てみましょう。

1　ヒトと動物の関係

a　ヒトが動物になる話

「ヒトが動物になる」ことがあります。狼男です。これは映画や小説の中の話ではありません。現代でも「自分が狼になった」と感じる人がいます。リカントロピーとか狼化妄想症といわれる珍しい病気で、狼だけでなく、イヌやトラ、変わったところではカエルになる人もいます。アラブ首長国連邦で発見された人は夜中にトラになったと感じ、爪が伸びるのを感じ、吠えます。そして、他人に咬み付いたりしないように自分で自分を部屋に閉じ込めました。これらは統合失調症の症例の一つだと考えられていますが、記録としては7世紀くらいから報告されていて、悪霊によって起こされる病気（狼狂）だと考えられていました。原因としては狂犬病や麦角《ばっかく》アルカロイドによる幻覚も考えられます。

当人の自覚ではなく、見かけが狼のようになるものとしては多毛症が指摘されています（図

1）。これは遺伝子異常などによるもので、顔や体に狼の毛のようなものが生える病気です。すでに責任遺伝子も同定されていますが、これまでに１００例くらいしか報告がなく、極めて稀な疾患です。

中島敦の「山月記」は格調高い名文で、国語の教科書によく登場しますが、人がトラになる話です。このような変身譚は洋の東西を問わず数多く知られています。グリム童話では人間から動物の変身の話は多いのですが逆はほとんどありません。一方、日本の民話では人から動物に変身するよりも動物から人に変身する話の方が多くあります。動物と結婚する異種婚姻譚も文化にかかわらず認められます。日本神話時代ではヘビが人間の女と結婚するのが多く、8世紀では牝ギツネが人間の男と結婚するのが多くなります。11世紀には功徳を積んだ動物が人間に生まれ変わる話が登場します。このように民話を調べますと、ある時期まで、ヒトと動物の関係は相互に行き来でき

図１　多毛症とされる男性（左）を描いた作品（「Animalia Rationalia et Insecta」Joris Hoefnagel, National Gallery of Art Washington）

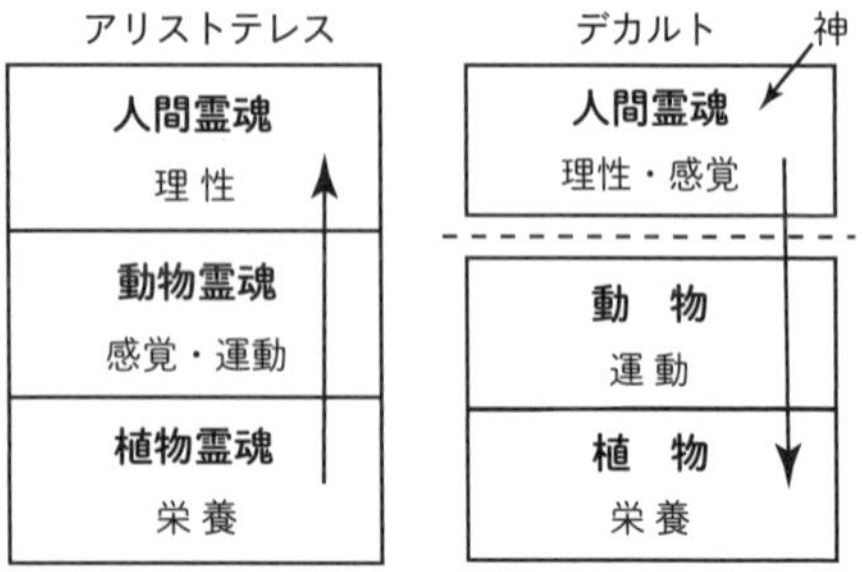

図2　アリストテレスとデカルトの霊魂論

る曖昧なものだったと考えられていたことがわかります。

b　ヒトと動物を区別する

そもそもはヒトと動物の区別はあまりなかったのではないかと思いますが、階層的な分類の区分をつけたのはアリストテレス（前385-322）の霊魂モデルが最初かと思います。彼は植物霊魂、動物霊魂、人間霊魂という階層を作りました。植物霊魂の働きとしては栄養、動物ではそれに加えて感覚と運動、そして人間霊魂ではさらに理性が加わります。そして植物霊魂から動物霊魂ができ、動物霊魂から人間霊魂ができたと考えました。つまり、ボトムアップです。植物にまで霊魂を認める霊魂観は私たちが現在考える「心」とはだいぶ違いますね。むしろ生物学的な概念で生命の機能のようなものです。

この段階モデルを大きく変えたのがルネ・デカルト（1596-1650）です。大きな違いは動物霊魂から感覚を取り上げて人間霊魂の機能に組み込んだことです。動物に感覚はない、つまり痛

み も感じない、と考えたわけです。デカルトにとっては、動物は機械であって、ヒトだけが心をもつとしました。デカルトが考える心は個人の中にある心です。その意味では私たちが普通「心」と考えるものの原型はこれになります。機械仕掛けの動物と心をもつヒトとは断絶があります。この断絶の考え方は西欧において大変根強いものです。そして、もう一つ、段階は上から下へ何かが欠如していくというトップダウンのモデルにしたことです。人間霊魂の上には神がいます。

c　進化論と擬人主義

このデカルト・モデルを根本的に揺るがせたのがダーウィンの進化論でした。彼は動物とヒトとの連続性を主張しました。連続性があるなら、ヒトから動物を解釈しても（擬人主義といいます）、動物からヒトを解釈しても良いように思います。実際、ダーウィンやそのお弟子さんのジョージ・ロマネス（1848-1894）は動物の心をヒトの心から解釈する擬人主義に基づく研究を行いました。この擬人主義も大変根強い考え方です。しかし、生物は何か目標があって進化するわけではありません。心の進化的説明はより低次なものからより高次なものの進化を説明するものでなくてはなりません。ヒトの心で動物の心を説明するのでは順序が逆になります。

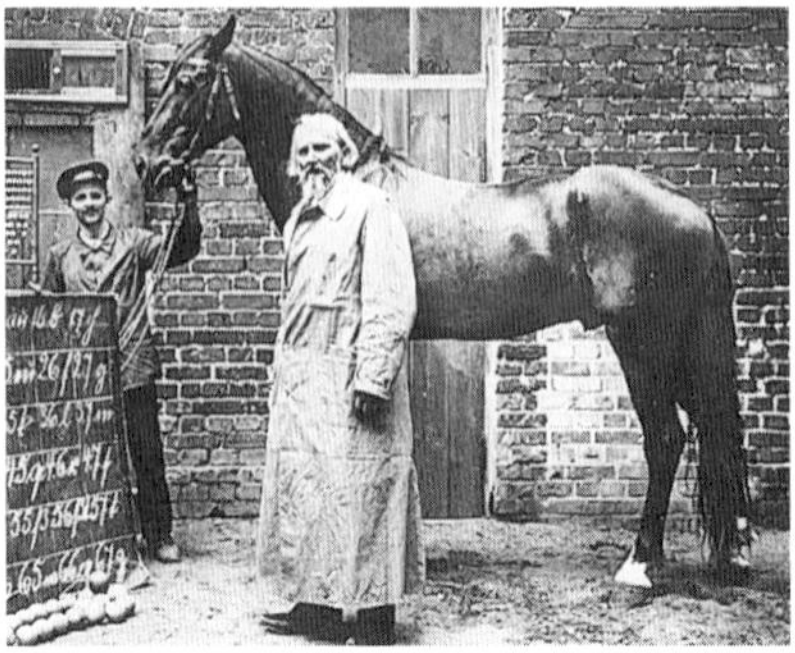
図３　計算するウマといわれたハンス

なぜ、擬人主義が登場したのでしょう。ヒトは社会生活を行う動物なので、他人の行動を理解したり、予測する必要があります。他人も自分と同じような心があって行動していると仮定して予測をしていれば、全く当てずっぽうの場合よりもうまく生活できたと思われます。他人の行動をよりよく予測できれば、より良い社会生活ができ、より多くの子孫を残したと考えられます。そして、この成功体験はヒト以外のものにも拡張されたことでしょう。動物もまたヒトとしてその行動を解釈するわけです。さらに自分たちが粘土をこねてツボを作るのであれば、森羅万象の複雑なものは誰かがそれを拵えたものだと想像するのも不思議ではありません。創造神の登場です。

しかし、この擬人主義の拡張解釈は一頭のウマによって否定されました。このウマはハンスという名前です（図３）。ウマは蹄で床を叩く回数によって計算問題の答えを出します。７足す５という問題を出された時に、ヒトが（7+5=12）という計算をし、ウマも12回床を叩くなら、ウマも計算をしているはずです。このウマは大変に評判になり、大掛かりな調査が行われました。そして、ドイツの研究者たちはついにウマが答えられない条件を見つけました。一つは周囲の誰も答えを知らない場合、そしてもう一つ、ウマに目隠しをした場合です。観客はウマが蹄を打ち始めるとそれに注目し、正解の回数になった時に無意識に頭を動かすのです。ウマはそれを見て蹄を打つのをやめます。目隠しをされたり、観客が正解を知らなければ、蹄を打つのをやめるタイミングがわからないのです。

ハンスの教訓は二つあります。一つは擬人主義が間違った結論を導く場合があること、もう一つはヒトと動物の相互交渉に十分な注意を払わなくてはならないことです。動物は研究者が思いもよらない研究者自身の小さな動きを発見して、手がかりにするかも知れないからです。現在では、動物心理学者はこのような可能性を排除するために細心の注意を払っています。

2 進化の梯子と進化の樹木

ある時、水の中で生命が生まれ、やがて単細胞生物が多細胞生物になり、感覚細胞と運動細胞が分かれ、さらにその間をつなぐ神経細胞ができました。やがて神経細胞は集まって複雑な情報処理を行うようになり、前の方に神経細胞の塊ができて脳になります。私たちの中にはそ

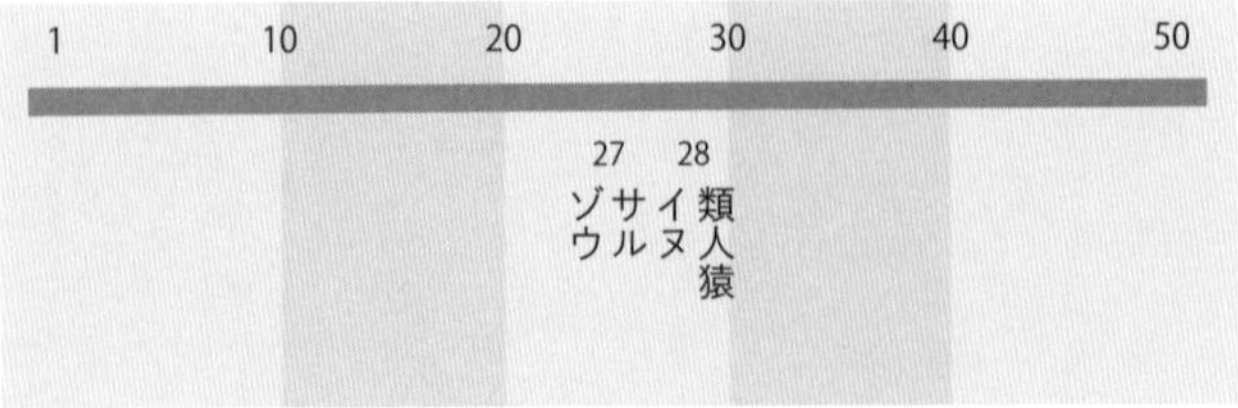

図4　ロマネスによる心の尺度（ボークス，1990より）

の歴史がすべて入っています。あなたの生物学的な系図は生命誕生の時までたどれるのです。

しかし進化の系図は梯子のような一本の線ではありません。途中から分かれていった仲間がいます。脊椎動物は顎のないサカナ（ヤツメウナギなど）と顎のあるサカナに分かれます。顎のあるサカナは軟骨魚類（サメ、エイなど）と硬骨魚類（コイ、マグロなど）に分かれます。さらに硬骨魚類はヒレに条《すじ》のある仲間（普通のサカナ）と肉質のヒレのある仲間（シーラカンスなど）に分かれます。後者はやがて陸に上がり、4本の足のある動物になります。両生類から爬虫類・鳥類と哺乳類が分かれます。長い系図ですが私たちは、つまりサカナの一種なのです。しかし、ヒレに条のあるサカナはご先祖様ではありません。サメもヤツメウナギもご先祖ではありません。彼らは分かれていったご親戚なのです（第7章図14、248頁を参照してください）。

このように枝分かれしていく樹木のような進化を理解するのは難しくないと思いますが、こと心の進化になると人の心を頂点とした一直線の進化を考えがちです。ロマネスは動物に関する様々な逸話を収集し、それらを分析して成人を50とした場合の動物の心のランキングを作りました。図4がそうですが、類人猿とイヌが28、サルとゾウが27になっています。

ロマネスの友人であったロイド・モルガン（1852-1936）は、心的機能の進化は一律ではなく、ある能力はヒトがもっとも優れているが、別の機能ではヒトより他の動物が優れているかもしれない、という心の多様な進化を主張しました。しかし、このような考え方は当時としてはむしろ例外であったと思います。現在でも「その動物の能力は人間では何歳に相当しますか？」といった質問を受けることがあります。

ポール・マクリーンはイェール大学や国立精神衛生研究所にいた著名な神経科学者ですが、脳の3層構造という有名なモデルを提唱しました。私たちの脳は図5のように、一番下に爬虫類の脳（反射脳）があり、その上に古い哺乳類の脳（情動脳）、その上に新しい哺乳類の脳（理性脳）があるという主張です。

この考え方の元になったのはドイツの神経学者ルードヴィッヒ・エディンガー（1855-1918）のアイデアで、この三層モデル

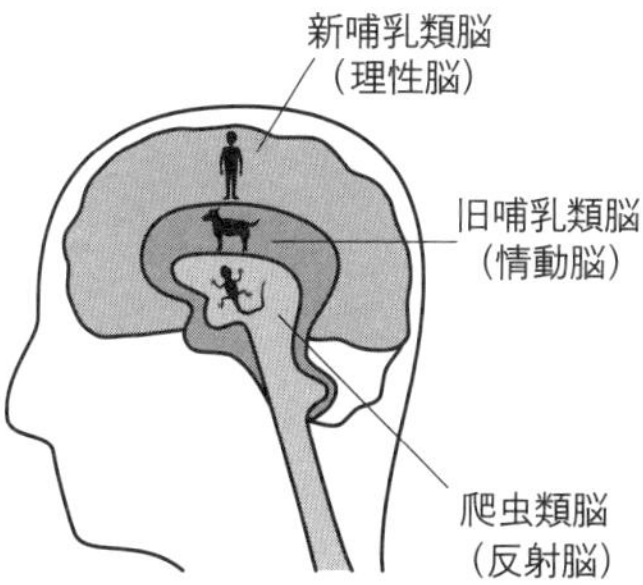

図5　マクリーンの脳の3層モデル

は「エディンガー・マクリーンのモデル」といわれることもあります。エディンガーはアリストテレスの霊魂論をお手本にして心の段階説を唱えました。爬虫類の心、古哺乳類の心、新哺乳類の心というわけです。マクリーンはこの三段階を脳の具体的な場所に当てはめたわけです。

このモデルは理解しやすいので、ごく最近まで多くの本に引用されていました。しかし、脳の進化を調べると、爬虫類の脳に何かが付け加わって私たちの脳ができているわけではありません。私たちの脳の一番上（表面）には大脳皮質がありますが、爬虫類の大脳にも大脳皮質があります。トリの大脳には大脳皮質はありませんが、私たちの大脳皮質が行っているような高次機能をやってのけます。私たちは私たちの脳を、ワニはワニの脳を、ハトはハトの脳を進化させたのであって、ヒトの脳に向かっての一直線の進化をしたわけではありません。

3　心の進化を明らかにする

心の進化を解き明かすには二つの方法があります。一つは歴史の再構築です。もちろんヒトになってからの心の変化の研究には様々な遺物を利用することができます。しかし、ヒトの心の進化を調べるには化石資料は限られた情報しか伝えてくれません。そこで、現存する動物の行動の比較研究が重要になります。私たちの行動がどのように形成されてきたかの歴史を再構成するわけです。このような研究では近縁種、つまり類人猿、霊長類の研究が大切です。

もう一つは、近縁でなくても類似した機能をもつ動物の研究です。私たちは視覚が大変発達している動物ですが、これは哺乳類としては極めて例外に属します。一方、多くの鳥類は優れた視覚をもっています。後で、詳しい説明をしますが、ハトは私たちのように絵画を見分けることができます。なぜ、ヒトとハトというかけ離れた動物でこのような類似した視覚認知ができるようになったのでしょう。ヒトもハトも昼行性です。これは重要な類似点で、哺乳類の多くが視覚優位でないのは、そもそも夜行性から出発したからです。

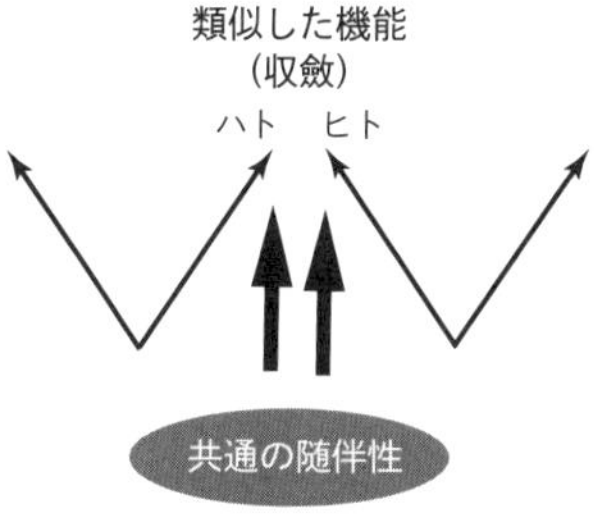

図6　視覚認知の収斂

そして霊長類は進化のある時点で3次元生活を始めました。つまり樹から樹へ飛び移る生活です。これには視覚が重要な役割を果たします。飛び移るための距離の推定、葉に隠れているものの認知、色による情報、これらが霊長類と鳥類に共通する「高次な視覚認知」を進化させたと考えられます。このように異なる動物での類似機能の進化（生物学では収斂《しゅうれん》といいます）は何が進化の原因であったかの解明につながります（図6）。

この本では私たち人の優れた能力と考えられる、記憶力、論理的判断、道徳、自己認知、美、そして言語を取り上げて、何がヒトの特徴なのか、また、何が動物のどのような能力から進化してきたと考えられるのかを訪ねてみたいと思います。そして最後に、私たちの脳と他の動物の脳にどのような違いがあるかを調べます。そのことによって、動物の理解のみならず私たち自身の理解が深まれば幸いです。

4　予備知識を少し

さて、動物のことを知るには研究方法についての多少の予備知識が必要です。以下簡単に説明します。

a　自然観察

まずは動物を自然状態で観察する方法があります。カール・フォン・フリッシュ（1886-1982）という研究者はミツバチの詳細な観察をしました。そこから、蜜を採って帰ったハチが複雑な方法で仲間に花の情報を伝えることを解明しました（図7）。蜜を採ってきたハチは巣でしきりにダンスをします。ダンスは8の字を描くように回ります。このダンスの方向や速さで花の遠さ、方向、質を伝えます。ハチのダンス自体は以前から知られていたのですが、彼はこの背景にある複雑な情報伝達を初めて解明したのでした。もちろん、彼は自分の考えが正しいかどうか実験もしていますが、このように自然状態の動物を観察するだけでも随分たくさんのことを知ることができます。

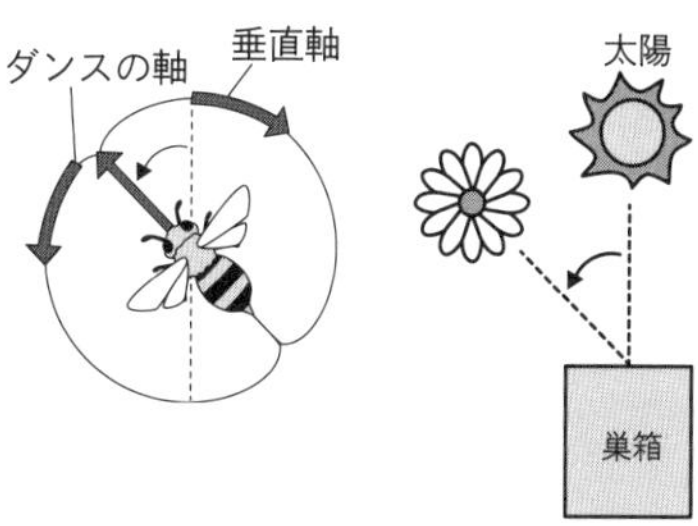

図7　ミツバチのダンスによるコミュニケーション

b　パヴロフの条件づけ

しかし、なんといっても自然状態の観察では限界があります。自然の状態では行動に影響を与える要因がたくさんあります。どれが本当に行動に影響を与えているかがわかりません。また、特別の要因を調べようとしても、たまたま、自然状態にその要因がなければ調べようがありません。そこで実験の登場です。

イワン・ペトロヴィッチ・パヴロフ（1849-1936）はロシアの生理学者ですが、条件反射という現象を発見したことで知られています。彼のお気に入りの動物はイヌでした。条件づけは次

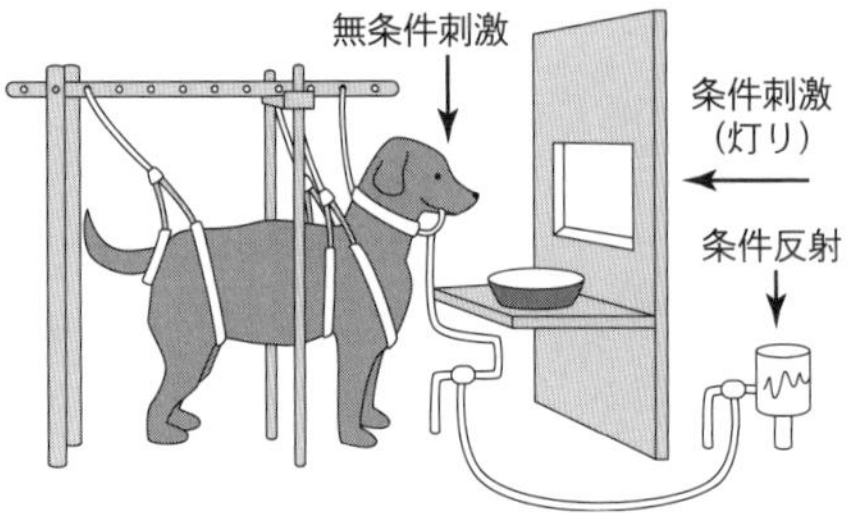

図８　パヴロフの条件反射

のようにします（図８）。イヌに餌を与えると涎が出ます。これはそもそもある反射なので「無条件反射」といいます。餌は無条件反射を起こす刺激なので「無条件刺激」といいます。次に、餌を与える時に灯りを点けるようにします。もちろん、もともとは灯りで涎が出ることはありません。しかし、「灯り―餌」という組み合わせを繰り返すと、灯りだけで涎が出るようになります。これが「条件反射」です。灯りの方は「条件刺激」といいます。条件反射を使って何がわかるか、簡単な例をお話ししましょう。灯りをだんだん暗くして、どこまで涎が出るかを調べれば、イヌの視覚閾値《いきち》（どのくらいの明るさで光が見えるか）を調べることができます。灯りではなく音を使えば聴覚の閾値を計れます。研究者が実験によって自由に自分が調べたいものが調べられるかがおわかりになると思います。

c　オペラント条件づけ

パヴロフより少し遅れて米国のＢ・Ｆ・スキナー（1904-1990）はオペラント条件づけを発明

しました。彼はまず「スキナー箱」といわれる実験箱を作りました（図9）。箱の中にはネズミが押すことのできるレバー、自動的に餌を出す給餌装置、レバーを押す合図になるランプがあります。ネズミを箱に入れると、ネズミは動き回っているうちにレバーを押します。すると自動的に小さな餌が出ます。ネズミがまたレバーを押すとまた餌が出ます。これを繰り返すとネズミはレバーを押して餌をもらうことを憶えます。次にランプが点いている時だけレバーを押せば餌がもらえるようにします。ネズミはランプが点けばレバーを押し、点いていない時にはレバーを押さないようになります。ランプを「弁別刺激」（レバーを押せば餌がもらえる合図）、餌を与えることを「強化」といいます。パヴロフの条件づけとの違いは、パヴロフ流にいえば、条件刺激と無条件刺激の間に動物の行動（オペラント）があることになります。動物が行動しなければオペラント条件づけは成立しません。これを応用すれば、実験箱に取り付けたスクリーンに特別な刺激が見えた時にだけ反応すれば餌がもらえるようにして、複雑な刺激、たとえば絵画などをネズミが見分けられるかどうかを調べることもできます。

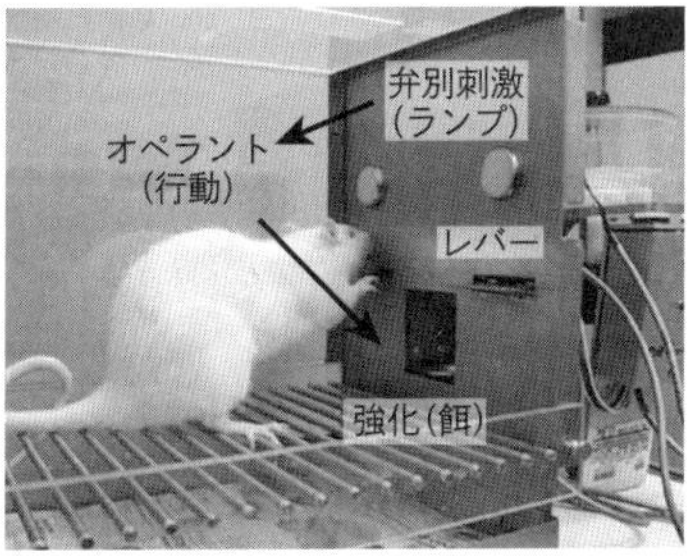

図9　オペラント条件づけ

動物のすることは、結局はレバーを押すか、押さないかだけです。いわば、イエスかノーしかいわない人間と同じです。しかし、設問を工夫することによって、何が区別できるのか、どのくらいものを記憶することができるか、また、自分の気分の変化など、様々なことを調べることができます。

d　コミュニケーション法

先ほどのオペラント条件づけではレバーが一つか二つでしたが、原理的にはレバーの数を増やすことができます。動物は言葉をしゃべりませんが、レバーの代わりにタッチ・パネルでたくさんのアイコンに反応することを訓練すれば、イエス・ノーだけでなく多くの反応をさせることができます。動物が私たちに伝える情報量は格段に増えます。この方法の究極の姿は動物に言語訓練をすることです（第6章を参考にしてください）。実際には、動物にヒトの言語を教えることはできないのですが、チンパンジーの手話やオウムの言語訓練はオペラント箱の中の反応に較べて格段に多くの情報を引き出すことができます。難点はそもそもの訓練に時間がかかることと、使える動物が限られること、そして研究者と動物が対面して行う実験では、研究者が無意識に動物に何らかの回答の手がかりを与える可能性があることです。このことはハンスのところでも述べましたね。

これからの章では、様々な動物実験が紹介されますが、原理的には以上の三つの方法のどれか、ということになります。さあ、それでは、あなたの中の動物たちを訪ねる旅を始めましょう。

◎参考文献

中島定彦『動物心理学』(関西学院大学研究総書)、昭和堂、2019年
渡辺茂『動物に心は必要か―擬人主義に立ち向かう』東京大学出版会、2019年
渡辺茂(編)『心の比較認知科学』ミネルヴァ書房、2008年
ボークス・R、宇津木保・宇津木成介(訳)『動物心理学史』誠信書房、1990年
パピーニ・M・R、比較心理学研究会(訳)『パピーニの比較心理学』北大路書房、2005年
プフングスト・O、秦和子(訳)『ウマはなぜ「計算」できたのか―「りこうなハンス効果」の発見』現代人文社、2007年

第1章　あなたの記憶力

さて、皆さんはどのくらいの記憶力がありますか？　多分たくさんのことを憶えておられると思いますが、ちょっと見当がつかないと思います。少し話を単純にして、どのくらいの単語を憶えているか考えてみましょう。日本語の標準的な辞書として広辞苑を選び、デタラメにページを開いて、その中にどのくらい知っている単語があるか調べます。このことを何回か繰り返してみますと、私の場合は平均で78％の単語が知っている言葉でした。広辞苑の語数は約25万語ですから。およそ20万の単語を記憶していることになります。本当かな？

1　どのくらい憶えられるか

イヌの語彙を調べた研究があります。もちろん「犬語」ではありません。ヒトの音声言語の語彙です。イヌを飼っている方はよくご存知だと思いますが、イヌに「×××を持ってきて」と命令してそのものを持って来させることができます。何種類くらいのものがわかるでしょう？　２００語を憶えたという報告が出てびっくりしましたが、後に１０２２語という報告が出ました。

面白いことにイヌはすでに知っているものと知らないものを見せられて、「××（これはイヌが知らない言葉です）を持ってきて」といわれると（つまり二択問題です）、知らないものの方を持ってきます。××は知らないものの名前だとわかるわけです。この能力は「ファスト・マッピング（迅速な対応）」といわれるもので、子どもが語彙を増やす時に見られる能力です。この能力によって子どもは語彙爆発といわれる急激な語彙の獲得をしますが、イヌもまたこの能力をもっているわけです。

図１　ハトが憶えた図形の例
（Von Fersen & Delius, 1989より）

a　ハトの図形記憶

今度はハトの記憶を調べてみましょう。コンスタンツ大学のヨハン・デリウス博士は図１のような図形でハトを訓練しました。床にある二つの窓にそれぞれ違う図形が提示されます。図形は全部で７２５種類あり、このうち１００個はつつけば餌がもらえる図形、残りの６２５個はつついても餌がもらえません。１日の訓練は40試行、つまり40ペアの図形が見せられます。最初はつついて餌がもらえる図形は30種類に決めておきます。そして正しく反応するのが80％になったら10種類の正しい図形を加えます。最終的には100種類の正しい図形になります。3羽のハトは最初の50個の図形を憶えるのに平均62回の訓練が必要でしたが、最後の20個は平均20回で憶えました。ハトは正しい図形だけを憶えて、正しくない625個については何も憶えなかったのでしょうか？　そうではありません。正しくない図形はそのままで、新たに正しい図形を加えたテストでも80％近くの正答率を示しているからです。

ロバート・クック博士たちは2羽のハトの記憶を調べました。図形ばかりでなく、風景の写真、物体の写真などたくさんの刺激を一つずつハトに見せます。ハトは刺激をつついた後に、左右の餌箱のどちらかに首を突っ込みます。どちらかの餌箱が正解で、正解を選べば餌が食べられます。つまり、ハトはその刺激が左の餌箱の刺激か、右の餌箱の刺激か憶えなくてはなりません。訓練では30個の憶えた刺激と30個のこれから憶えなければならない刺激が2回ずつ、つまり合計120回刺激を見せられます。85％正答できるようになると、次の刺激セットに進み、新たな30個の刺激が加わります。700回以上の訓練を重ねた結果、1羽のハトは1800個の刺激で73％の正答率を、他の一羽は1600個の刺激で76％の正答率を示しました。でも、この訓練では見せられる刺激の半分はすでに訓練済みの刺激ですから最初から半分は正解できることになっています。このことを考慮すると、約800個の刺激を憶えられたことになります。

もっとすごい記憶を示したハトもいます。タフツ大学のロバート・ファゴー博士はハトが３０００個の刺激を憶えることを示しました（図２）。さらに、ヒヒになると６０００個の刺激を憶えられました。ただ、これには数年の特訓を必要としています。ちなみに、日本の小学生は６年間かけて１０２６の漢字を憶えます。図２は同じ訓練でのヒヒとハトの成績を比較しています。これらのことはヒト以外の動物の優れた記憶容量を物語りますが、つまりは数多くの刺激を２種類に分ける、という課題ですので、ヒトの語彙の数とは意味が違います。

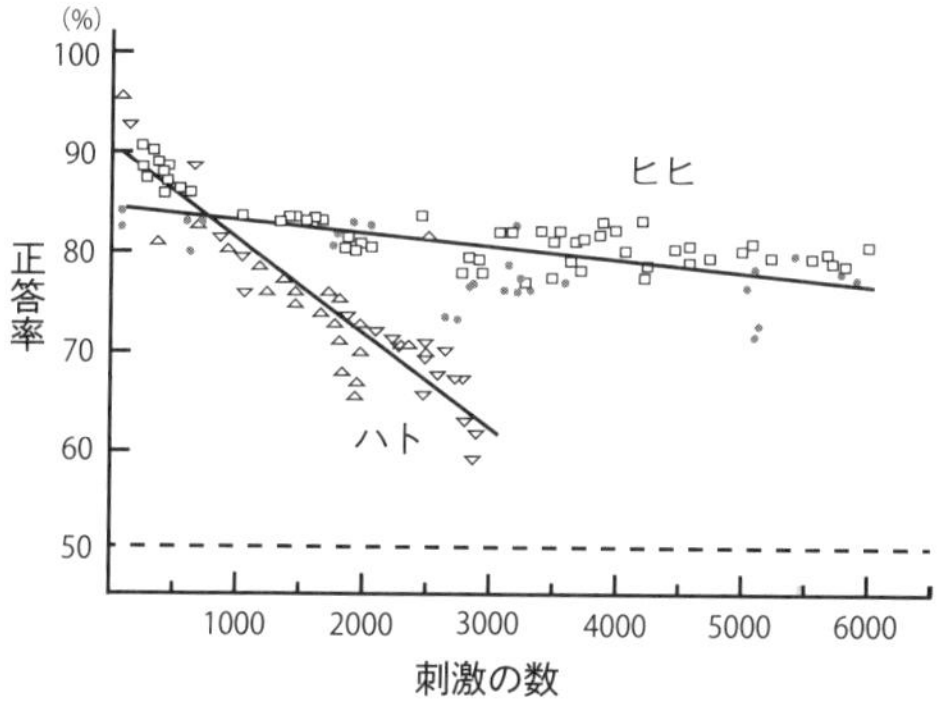

図２　ハトとヒヒの記憶（Fagot & Cook, 2006より）

b　貯食鳥の空間記憶

これで驚いていてはいけません。実は鳥の中にはちょっと考えられないくらい大きな記憶容量をもっているものがいます。餌のなくなる冬に備えて秋に木の実などを貯めておく「貯食」をする鳥たちです。ハイイロホシガラスは秋に3万3000もの餌の貯蔵をしますし、コガラは貯蔵した餌を2〜3ヶ月かけて回収します。つまり、たくさん憶えることができるばかりでなく、長期にわたってその記憶を保持することができるのです。

でも、本当に自分が貯蔵した餌を自分で探し出して食べているのでしょうか。放射性同位元素で餌に印をつけた実験があります。その結果、貯蔵を行った個体は本当に自分が貯蔵した餌を回収しているのがわかりました。また、すでに回収してしまった場所を避けることもわかりました。つまり、隠した場所を憶えるばかりでなく、もう空になった場所も憶えているわけです。餌を貯蔵する鳥は、貯蔵場所の記憶、すでに回収した場所の記憶、餌の種類の記憶の機能をもつと考えられます。

貯食が知られているのはカラス科とシジュウカラ科の鳥ですが、これらの科は近縁関係ではありません。ということは、貯食行動は二つの科の鳥で独立に進化したものと考えられます。収斂です。ただ、これら貯食する鳥がどんなものでも記憶に優れているわけではありません。ハトと同じように図形の記憶を調べると、ハトより劣っているという結果が出ています。貯食の記憶は貯食に特化した記憶といえます。このことは記憶と脳のところでも考えましょう。

c　仲間の歌を憶える

筆者は人の顔と名前を憶えるのが大変苦手で、大学にいた時には、「自分のゼミの学生の名前がわからない教授」としてよくからかわれました。一方で、全校生徒の顔と名前を憶えるといった特技をおもちの先生もおられます。筆者が顔の記憶が苦手であっても、頭の中の記憶容量が一杯でもう新しい顔を憶えられない、ということではありません。また、新しい顔を憶えるのに時間がかかるというわけでもありません。実生活上、初めてお会いする方を無限に憶えられます。ヒトは個人の声も聞き分けますが、顔認識よりは悪いのではないかと思います。「オレオレ詐欺」が横行するのはそのことを示しています。

一方、鳴禽《めいきん》（歌を歌う小鳥）のウタスズメは隣近所の仲間の歌をよく憶えます。ウタスズメはナワバリ（テリトリー）をもち、歌は自分の縄張りを示すために歌います。したがって、それぞれの個体は違う歌をもっており、歌が自分の印になっています。そのことによって、周囲の仲間とナワバリ争いをしないですみます。しかし、知らない歌が聴こえたら、それはナワバリを乗っ取ろうとする新参者かもしれません。隣近所の歌を憶えるのは重要なことです。ウタスズメに一対の歌の区別を憶えさせます。歌Aか歌Bが聴こえ、歌Aで反応すれば餌がもらえます。これができたらA、Bに加えて、もう一対の歌Cと歌Dの区別を憶えさせます。それも

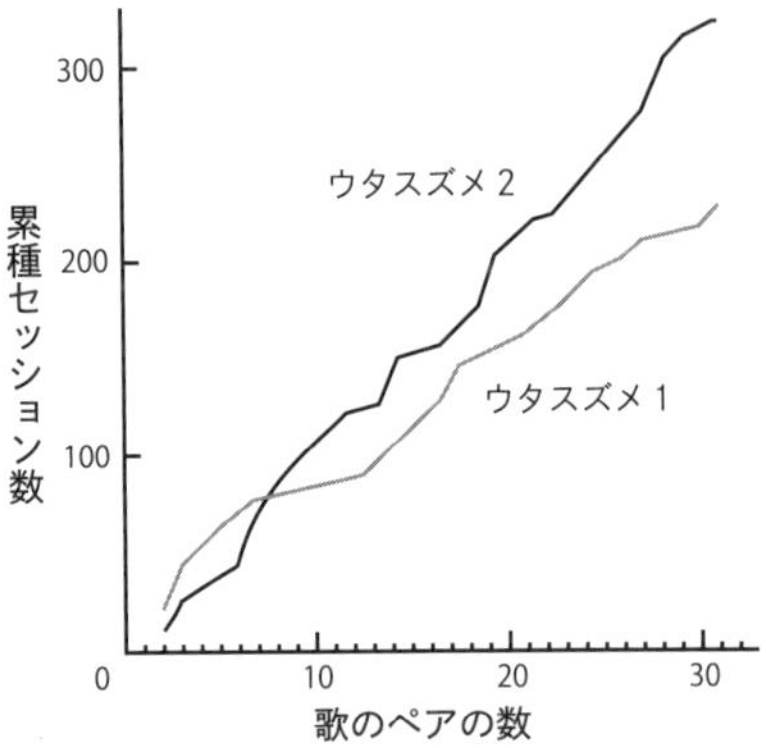

図３　ウタスズメは仲間の歌を憶える
（Stoddard et al., 1992より）

できたら、さらにもう一対追加します。図３はそのようにして60以上の歌を憶えさせた実験です。縦軸は新しい対を憶えるのに必要だった訓練の数です。重要なことはこの曲線がほぼ直線的であることです。直線的だということは、すでにいくつもの対を憶えていても、新たな対を憶えるのには毎回同じくらいの訓練数ですむということです。

ゾウも同じようにそれぞれ自分の鳴き声（コンタクト・コール）をもっています。録音しておいた他個体の鳴き声を再生して、それに対する反応から判断すると１００個体以上を聞き分けるし、離れて15年以上経った個体の鳴き声も聞き分けるといいます。ヒトの聴覚記憶との量的な比較は難しいのですが、彼らがかなりの聴覚記憶能力をもっているのは確かでしょう。聴覚は脳の側頭葉という場所で処理されます。ゾウの脳を調べると、この側頭葉がよく発達していることがわかります。

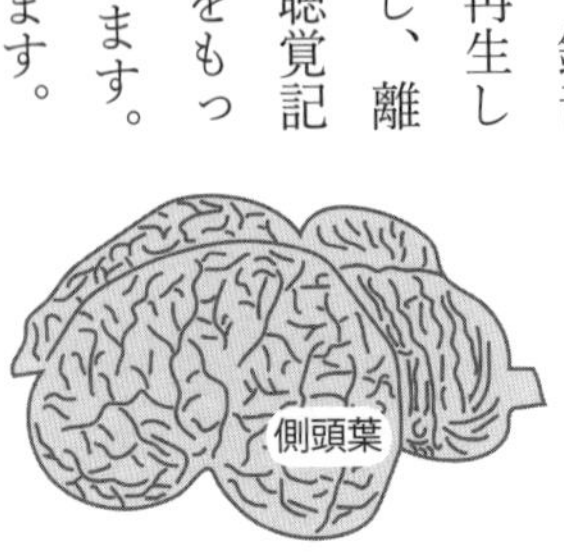

図４　ゾウの脳

2　どのように忘れるのか

a　忘却曲線

今度は忘れる話です。心理学の教科書を繙くと記憶の章では「エビングハウスの忘却曲線」というものが必ず出てきます。ヘルマン・エビングハウス（1850-1909）がこの実験を公表したのは1885年です。如何に長命な実験であるかがわかります。彼は無意味綴りというものを使いました。意味のない子音と母音の組み合わせを憶え、それを再生します。次に時間を置いて、また憶えます。その時に最初の時より、どのくらい速く憶えられたかを節約率といいます。図5（38頁）は様々な時間が経過した後での節約率を示します。1日くらいまでは節約率が急激に低下します。つまり忘れていきます。しかし、その後の節約率はあまり低下しません。記憶が安定しているのです。

動物ではどうでしょう？　ラットに走路（廊下のようなものです）を走らせます。走路の終わりには餌があるのでラットは素早く走って終点に行くことを学習します。次に、終点に餌がない状態で走らせます。ラットは餌がないことを憶えて速く走らなくなります。この後で、時間をおいて走路に入れます。もし、終点に餌がないことを憶えていれば、急いで走らないと考えられます。２分後、４分後で急速に走る時間が速くなりますが、10分後、55分後では速さは変わりません。エビングハウスの実験とは方法も時間のスケールも違いますが、どちらも記憶の忘却には２段階があることを示しています。急速に忘れる段階とそれに続く安定した記憶の段階です。このことはヒトでもラットでも同じわけです。

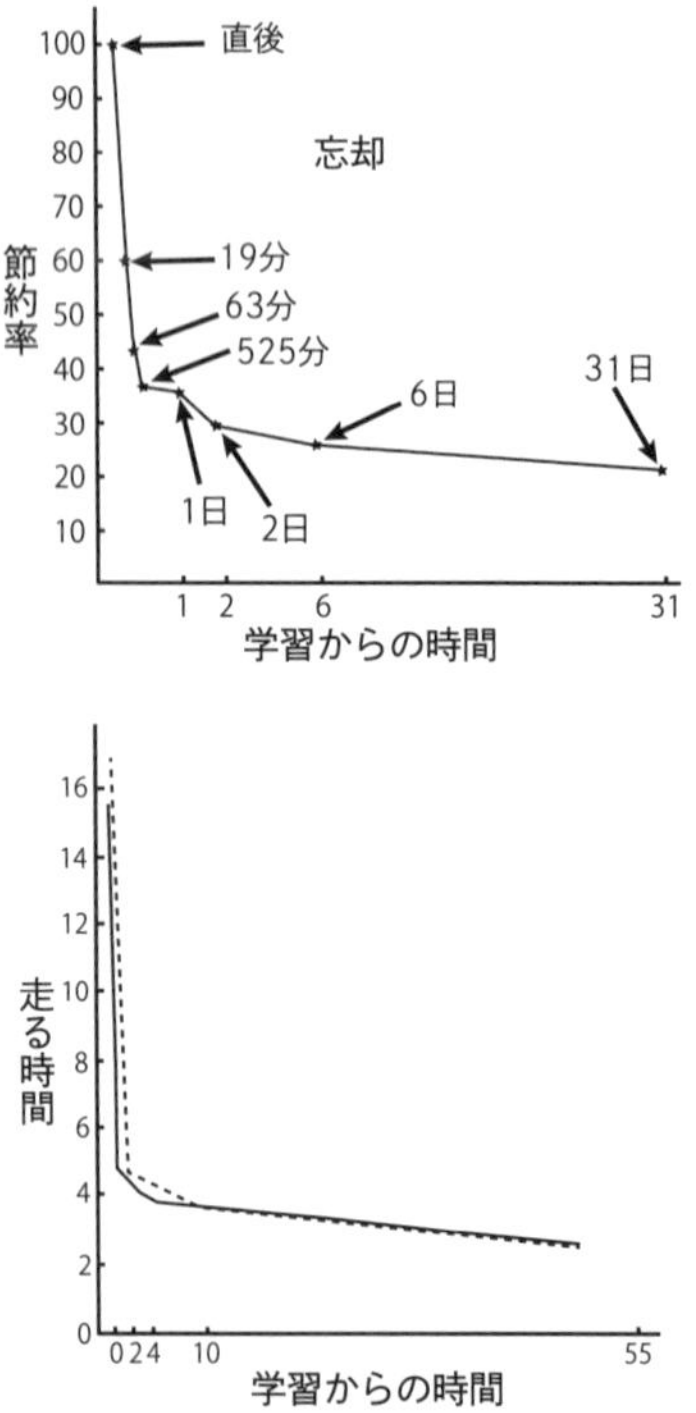

図５　上：ヒトの忘却曲線（Ebbinghaus,1885より）、下：ラットの忘却曲線（Miller & Stevenson,1936より）

b　マウスに系列を憶えさせる

なぜ、コンピューターの記憶のように憶えたことがそのままいつまでも残るのではなく、忘れてしまうのでしょう。一つの考え方は、他のことを憶えることによって、それ以前の記憶がいわば上書きされてしまう、ということです。人の実験でも、動物実験でも憶えた直後に睡眠をとると、記憶がよく保存されることが知られています。これは眠っている間は他の記憶による上書きがないためだと考えられます。

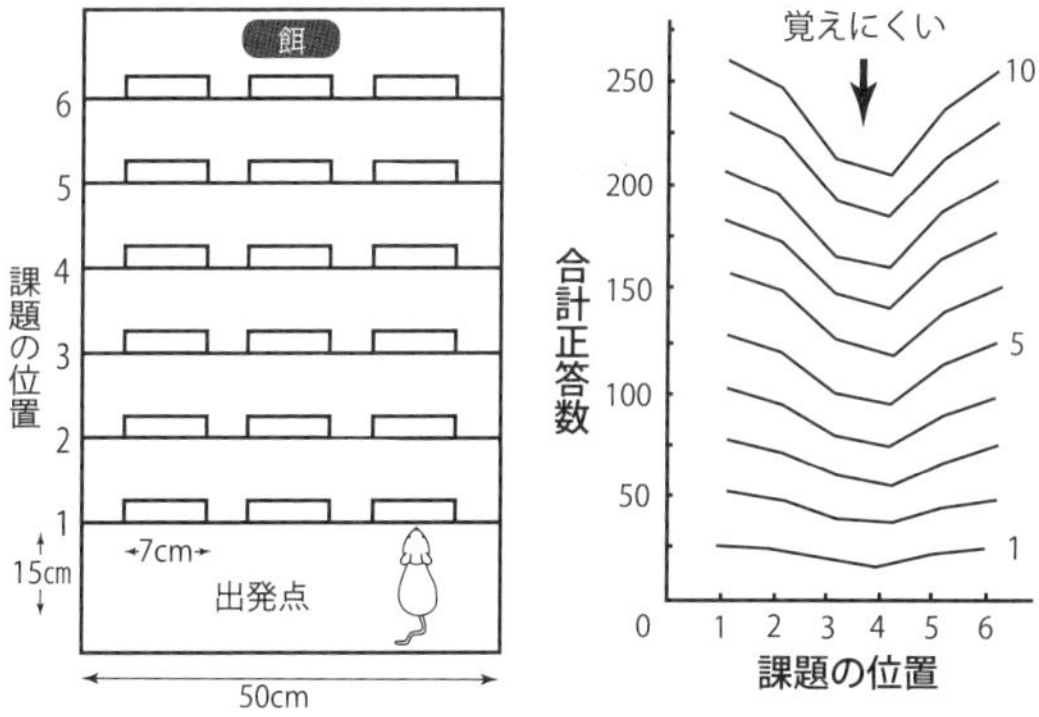

図6　マウスの系列位置効果（Watanabe & Yanagihara, 2000より）

系列的なもの、たとえば長い詩とかお経などを憶えようとすると、最初の方と最後の方は憶えやすいのに途中は憶えにくいものですね。系列位置効果と呼ばれる現象ですが、これも最初に憶えたものが、その後の記憶を妨害し、また後から憶えたものが以前の記憶を妨害するためだと考えると理解できます。

筆者の研究室では詩などを暗記するのに似た状態でマウスの記憶をテストしました。ある種の迷路なのですが、図6左にあるように3択問題が6題続いています。マウスは右―右―左―中……というように正しい扉の順番を憶えます。この系列を憶えたら、今度はまた別の系列を憶えます。

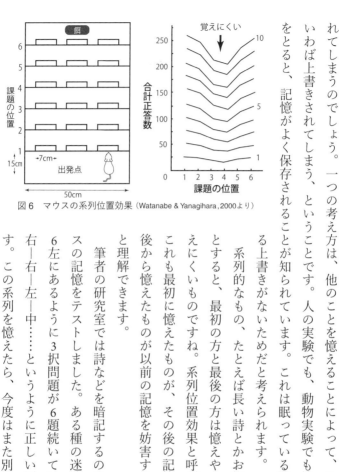

このようにして、10種類の系列を憶えさせます。図6右は系列の位置ごとに正解を足していったものです。一番目の系列ではあまりはっきりしませんが、系列を重ねるにつれて、最初と最後が憶えやすく、中頃が憶えにくいということがはっきりしてきます。

c　ハトの神経衰弱：位置記憶の忘却

神経衰弱というカード遊びがありますね。テーブルの上に裏を出してカードをデタラメに並べておき、まず1枚のカードを引き、続いて2枚目に同じ数のカードを引けば、そのカードがもらえるというものです。何人かで一緒にゲームをするのですが、間違って引いたカードの場所を憶えておけば有利です。直前のことであれば、正確にカードの位置を憶えていられますが、何手か前のカードだと、あの辺りだなということはわかっていても、正確にはわからなくなります。つまり、記憶が曖昧になってきます。

動物ではどうでしょう。このことを調べるためにハトの前に8個のLEDがあるオペラント箱を用意します。8個のうちの一つだけを点灯し、その位置をハトにつつかせます。ついで一定時間LEDを消灯し、今度は8個全部を点灯します。ハトが最初に点いたLEDをつつけば正解で餌が与えられます。つつきの位置はテレビカメラからの画像で測定します。憶えるのが

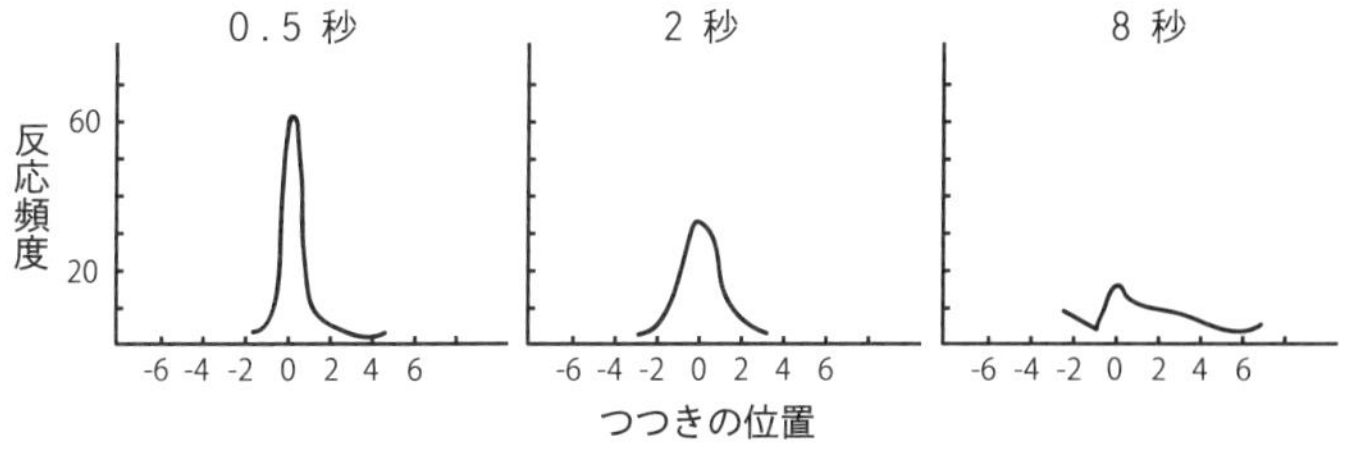

図７　ハトの位置記憶の忘却（Furuya, Hori, & Watanabe, 1995より）

ＬＥＤの位置になっただけで、神経衰弱と同じことです。さて、消灯の時間を０・５秒、２秒、８秒と長くしていきます。その時のハトの成績を模式的に描いたものが図７です。この図は最初につついたＬＥＤの位置を中心にして実際にハトがつついた位置の分布を示しています。明らかに消灯時間が長くなれば位置が不正確になることがよくわかります。

記憶が曖昧になることを調べる別の方法は、動物自身に「はっきりわからない」ということを報告させるものです。動物の記憶（正確にいうと短期記憶）を調べる方法に「遅延見本合わせ」という訓練方法があります。ハトを使った実験の例で説明します。ハトの訓練箱の正面に三つの丸窓（キィ）があります。まず中央の窓に見本刺激が出されます。たとえば赤い色です。ハトがこれをつつくと色は消えて、左右の窓に赤と緑の色がつきます。先ほどの見本と同じ色の赤をつつけば正解で餌がもらえます。これが見本合わせという訓練です。見本刺激が消えてから、左右の窓に刺激が出されるまでに時間の遅れ（遅延）

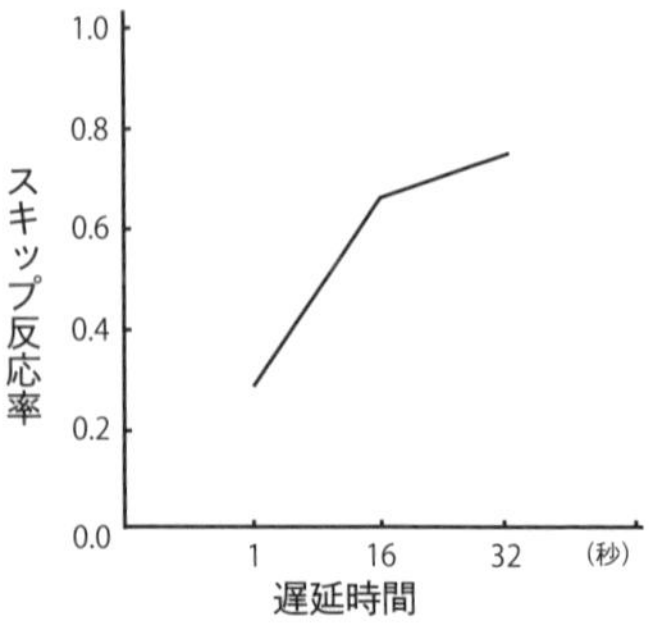

図８　カラスは曖昧な記憶の時はテストをスキップする（Goto & Watanabe, 2011より）

があるのが遅延見本合わせです。遅延が長引くに従って正解が減っていきます。つまり、記憶が忘れられていきます。

遅延後に色を選ぶ前に別の窓が点灯して、これをつけば左右の選択をしなくて良いようにします。つまり、選択をパスできるのです。ただし、この時には正解より少ない餌しかもらえません。ハトは正解する自信があればパスしないで正しい選択をした方が得です。しかし、選択を間違えると全く餌はもらえないので、記憶があやふやな時はパスをした方が得策です。パスの選択は記憶の確からしさを示します。遅延時間が長くなるほど、パスの選択は増えていきます。図8はカラスの実験の結果です。実際の実験は複雑な訓練ですが、遅延時間が長くなるとスキップが増えるのがわかると思います。

d　忘れることを教える

忘れることも重要で、必要でないことを何時までも憶えていては記憶の負担になります。動

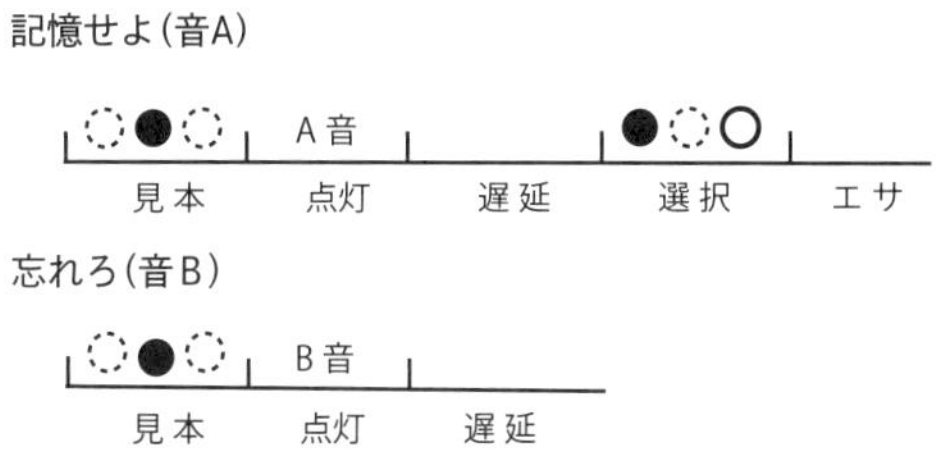

図9　ハトは「忘れろ」といわれれば忘れる（Browning et al.,2011より）

物に「忘れろ」という指示を訓練することもできます。ハトに遅延見本合わせを訓練します（図9）。しかし、遅延時間の始まる前に2種類の違う音を出します。一方は「記憶せよ」という音（A）で遅延後に選択しなければなりません。他方は「忘れろ」の音（B）で選択場面はありませんので、見本刺激を憶えておく必要はありません。ちょっと意地悪ですが「忘れろ」の音の後で選択をさせてみると実際に正解は悪くなります。ハトは指示に従って不必要な記憶を消していたのです。この時にハトの脳から神経活動を記録します。場所は巣外套《そうがいとう》といわれる大脳の部位で、ヒトの前頭葉に当たるのではないかといわれている所です。面白いことに「記憶せよ」の後では遅延時間中ずっと活動しますが、「忘れろ」の後では活動しない神経細胞が見つかりました。この細胞は一時的な記憶の保持に対応する活動を示したわけです。このような神経細胞は以前からサルで見つかっています。

e　忘れられない記憶

記憶はどのくらい遡れるでしょうか。幼児教育の重要性は昔から唱えられており、「三つ子の魂百まで」とか「鉄は熱いうちに打て」などという表現はそれらの考え方を物語っているものといえます。トリの仲間には孵化した時には赤はだかで、もっぱら親に頼るツバメのヒナのようなものと、ニワトリのヒヨコのように孵化直後からちゃんと歩けるものとがあります。同じようなことは哺乳類でもあり、人間の赤ちゃんやネズミの赤ちゃんは大変未完成な状態で生まれてきますが、ウマやクジラの赤ちゃんは生まれてすぐに歩いたり泳いだりできます。

ニワトリなどのヒナでは「刻印づけ」とか「刷り込み」といわれるものがよく知られています。これらのヒナは、孵化直後に動くものについて歩きます。そして、そのものを「自分の親」であるかのように愛着を示します。普通はトリのヒナが孵化直後にまず見るのは親鳥です。その後をついて歩くのは自然なことです。しかし、親鳥に抱卵させずに人工孵化して、親の代わりに親鳥とはぜんぜん似ていないボールや三角のブロックを見せれば、親鳥ではなくその物体について歩きます。著者は刻印づけの実験をしていたことがありますが、著者に刻印づけしたウズラのヒナ（あの食べるウズラの卵から出てくるのだから指先ほどの大きさです）は小さな体で刻印づけされた著者の後を一生懸命ついて歩きます。大変可愛いものです。

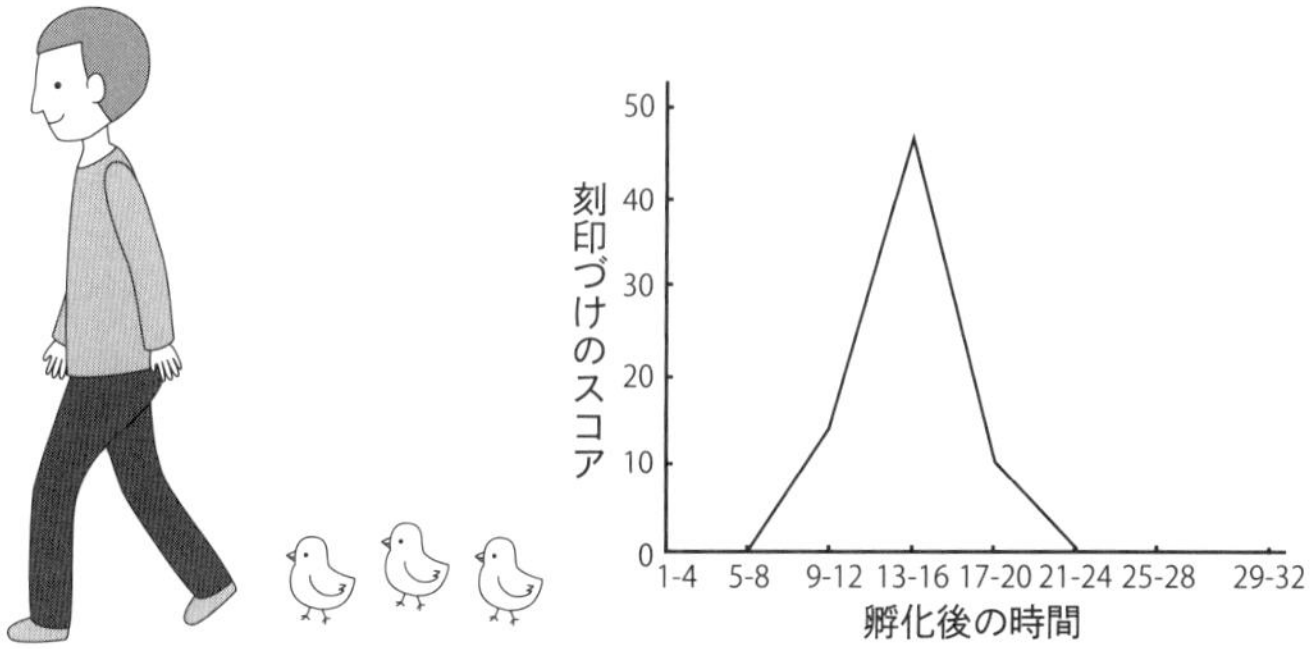

図10　左：ヒトに刻印づけされたヒナ、右：刻印づけは時間に制限がある

刻印づけで重要な点は時期が決まっていることです。この時期はトリの種類によってある程度違いますが、およそ孵化後24時間から48時間ぐらいです（図10）。この時間を過ぎてしまうと刻印づけは起きません。だから、この実験をする時は研究室に泊まり込んで孵化したヒヨコがいないかどうか2時間ごとに孵卵器を調べなくてはならず、なかなか体力のいる実験です。

このような期間限定の経験による学習の利点はなんでしょう。特別なことがない限りその時期に経験するのは親の姿です。つまり、親を学習させる機構として有効なのです。そして、時期を限定することによって余計なことを憶えることを排除できます。孵化してから見るたくさんのものをいちいち親として憶える必要はありません。刻印づけのもう一つの特徴は、憶えた記憶が大変強く、変更できないということです。

刻印づけに関係する特別な部位がトリの大脳にあります。

この部位での神経細胞の変化を調べてみると、刻印づけによって神経細胞と神経細胞のつながり（シナプスといいます）が減っていることがわかりました。何かを憶える時にシナプスが増えるように思いますが、刻印づけでは逆に減少するのです。でも、このことは刻印づけが頑健で排他的な記憶であることと一致しています。憶えてしまうと変更できないようになっているわけです。

刻印づけの機能は自分の保護者である親鳥について歩きますが、もう一つの機能は「性的刻印づけ」といわれる配偶者の好みに関するものです。普通は刻印づけされるのは自分と同じ種です。性的刻印づけは多くの動物で見られますが、この刻印づけの重要な点は，刻印づけの時期はまだ性的に成熟していない時であることです。ヒナは親あるいは親の代わりに見せられたものにすぐついて歩き、それはヒナの生活に必要なことです。しかし、性的刻印づけでは刻印づけの瞬間に求愛をするわけではありません。この刻印づけは将来のパートナーの好みをあらかじめ憶えるもので、すぐに使われるものではありません。刻印づけされた記憶はその後ずっと使われることなく、性的に成熟して求愛行動を行うようになるまで脳の中で眠り続けます。そして配偶者を探すことになった時、その役割を果たすのです。おそらく、人間でも好みのタイプの形成には思春期前の性的刻印づけが一定の役割を果たしているだろうし、そのことは当人の意識には案外のぼらないことかもしれません。

キンカチョウでは、性的刻印づけの時期はおよそ孵化後10日目から20日間です。親の刻印づけと同じで、普通はこの時期に自分と同じ種類のトリを見るので、自分の種の異性に刻印づけされます。キンカチョウのオスをこの間にジュウシマツに刻印づけしてみます。そのオスが成熟してからキンカチョウのメスと一緒にすると、ごく普通のつがいになり、ごく普通にヒナを育てます。つまり、普通の家庭を作るわけです。しかし、その後にジュウシマツのメスを見せるとジュウシマツの方に行ってしまいます。キンカチョウのメスと7ヶ月つがいにしておいても、やはりジュウシマツのメスを選んでしまいます。刻印づけされたジュウシマツのメスのイメージはジュウシマツのメスに出会うまでは静かに、しかし消え去ることなくキンカチョウのオスの脳の中で眠り続けていたわけです。そしてジュウシマツのメスに出会った瞬間に長い眠りから覚め、長年連れそったキンカチョウのメスを捨てさせてしまったのです。なかなかこわい話でもありますね。

図11　性的刻印づけ

3　どのような記憶があるのか

さて、記憶といわれるものには様々な種類があります。キーボードのブラインドタッチができたり、スキーができたり、ピアノが弾けるのも記憶ですが、先月誰かと重要な会談をし、その内容はしかじか、という記憶ではだいぶ違います。同じように、買い物のリストを憶えてスーパーに出かける時の記憶と、語彙の記憶ではまた随分違うように思われます。

a　短期記憶と長期記憶

これらの記憶を分ける方法の一つは時間的に短い記憶と長い記憶を分ける方法です。手帳をちょっと見て銀行の口座番号などを確認することがありますね。この場合、いくつくらい憶えられますか。面白いことに、7つくらいということがわかっています。この口座番号や電話番号の記憶は必要な作業が終わると失われます。そのため、「作業記憶」といわれることもあります。

短期記憶には昔から神経生理学的な説明があります。脳の中には閉鎖回路といわれるものがあります。この回路が働くと神経信号はグルグルと回路の中を回り続けることになります。そうすると神経細胞から次の神経細胞に信号を送る伝達物質が出やすくなるのです。しかし、この閉鎖回路の活動が続くと、神経細胞と神経細胞のつながりに形態的な変化が起き、記憶がしっかりしたものになります。これが「長期記憶」です。短期記憶の段階で動物に強い電気ショックをかけると記憶は失われます。しかし、長期記憶になってからだと電気ショックをかけても記憶が失われなくなります。頭を強く打ったりすると、意識が戻ってもその直前のことが思い出せない場合があります。逆行性健忘といわれるものです。これは短期記憶の段階で記憶が失われたためです。筆者もスキーで転倒し、気がついたらリフトに乗っていて、その間の記憶がなかったことがあります。

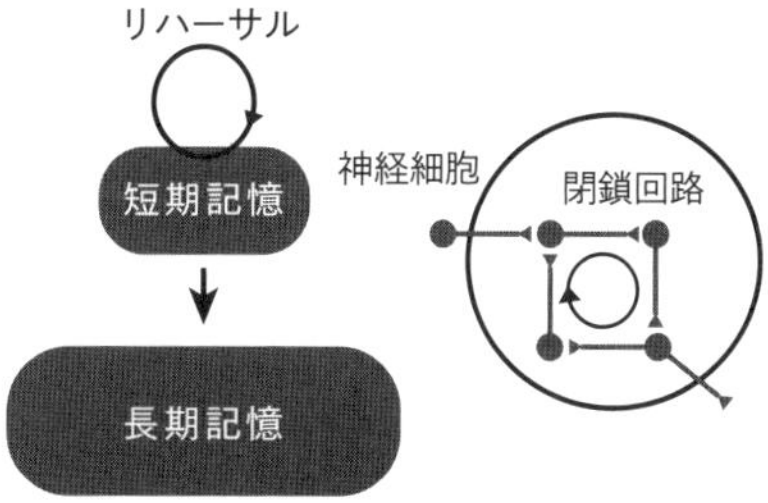

図 12　短期記憶と閉鎖回路

記憶はちょっと憶えるだけでなく、ずっと憶える必要もありますね。試験勉強で年号を憶えるといった場合です。この時には短期記憶から長期記憶に移行しなくてはなりません。もっとも試験が終わって忘れるとするると、これは作業記憶かもしれません。どうしたら短期記憶は長期記憶になるのでしょう。年号を頭の中で繰り返しているとしっかり憶えられます。この繰り返しをリハーサルといいま

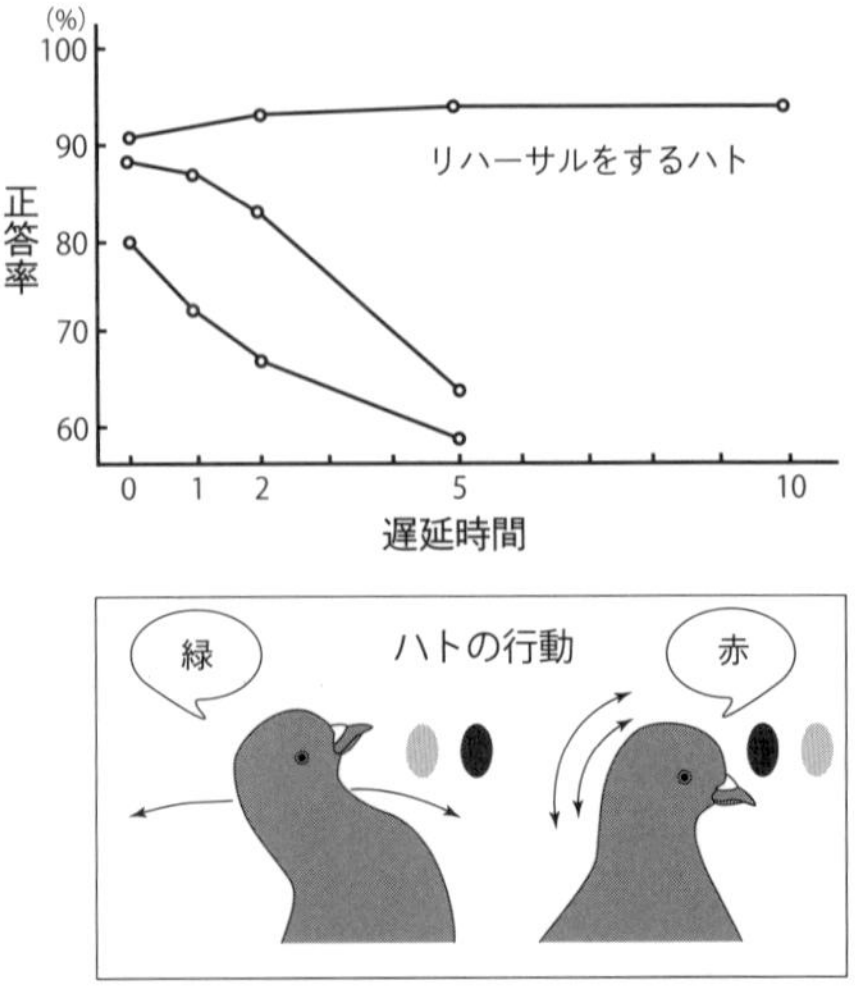

図13　ハトは行動的リハーサルで短期記憶を憶える
（Blough, 1959より）

す。私たちは何かを憶える時にまずこのリハーサルをします。それどころか、ヒトの短期記憶を調べるにはこのリハーサルをさせないような工夫が必要です。そうでないと長期記憶を調べることになってしまいます。具体的には任意の数から3ずつ引く、といったことを声に出してやってもらうことによってリハーサルを妨害します。

動物にはリハーサルはないと考えられてきました。ところがドナルド・ブロウ博士がハトで先ほどの遅延見本合わせをやらせると、遅延時間を長くしていっても正答率が下がらない個体が見つかりました（図13上）。そこで、遅延時間の間のこの個体の行動を観察すると遅延時間中に見本刺激の違いによって違う行動を繰り返していることがわかりました。たとえば見本刺激が赤の時には頭を上下に振る、緑の時には左右に振るようにします。そうすると左右の選択肢が出た時にどのように頭を振っているかで正しい選択をすることができます。ヒトのリハーサルは言語的なものですが、動物は「行動的リハーサル」をしていたわけです。

b　放射状迷路の作業記憶

動物の記憶を調べるためにたくさんの装置が工夫されてきましたが、デーヴィット・オルトン博士は放射状迷路というものを考案しました。図14にあるように出発点は中央でそこから放射状に選択肢が伸びています。

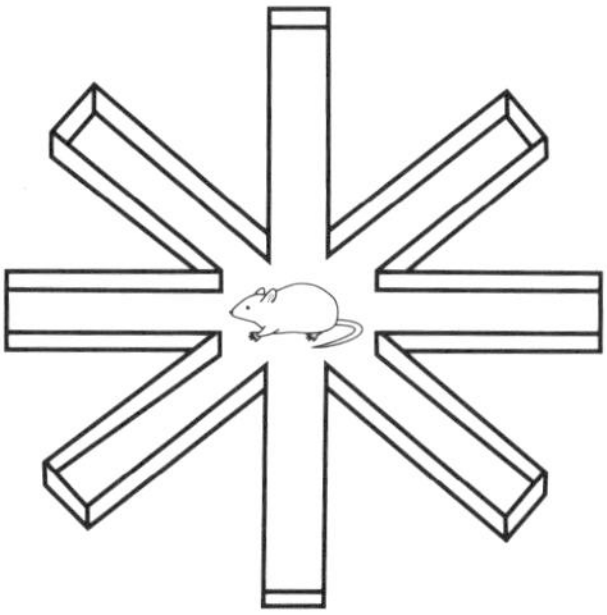

図 14　放射状迷路

選択肢の終点には餌が置いてあります。中央に置かれたラットは効率的に餌を採るためには一度餌を採った選択肢には入らないようにする必要があります。全部餌を取り終えるとその日の実験は終了ですから、翌日まで憶えておく必要はありません。これが「作業記憶」です。この訓練の変法として、毎日、いくつかの固定した選択肢にだけに餌を置くという方法があります。ラットはその選択肢の位置をずっと憶えておく必要があり、これは「参照記憶」と呼ばれます。放射状迷路を使えば、同じ装置で2種類の記憶を調べることができることになります。

c　チンパンジーの数列短期記憶

チンパンジーにコンピュータースクリーン上の1から9までの数字を提示します（図15）。チンパンジーの仕事は小さい順に1、2、3……とタッチしていくことです。数字の位置はデタラメに配置されています。これができるようになったら、最初の数字をタッチすると他の数字は数字があった位置を示す四角に変わってしまいます。チンパンジーはどこに何の数字があったかを憶えていて、小さい順にタッチしていかなくてはなりません。実際の様子をインターネットで見ることができますが、圧倒的な速さで正しくタッチしていきます。ちょっとヒトには真似のできない技です。彼らの短期記憶はヒトより優れているのでしょうか。そうかもしれません。ただ、これらのチンパンジーは徹底的に訓練されています。ヒトもチンパンジーなみに特訓すればできるという報告もあります。

d　エピソード記憶

これまで見てきたように、ヒトと動物の記憶には量的な差異はあってもほぼ、ヒトで見られる現象は動物でも見られます。ヒトにあ

図15　チンパンジーの短期記憶

って、動物にないと思われていた記憶はエピソード記憶といわれるものです。エピソード記憶といわれるものは、たとえば去年のクリスマスに（日時）、麻布のレストランで（場所）、七面鳥を（何を）食べた、といったもので、心理学では、「いつ」、「どこで」、「なにを」、という時間、場所、内容の情報が含まれた記憶をエピソード記憶とよんでいます。しばらく前までは、この記憶はヒト固有なものと考えられていました。

ケンブリッジ大学ではカケスを使った様々な実験が行われてますが、その一つにエピソード記憶の実験があります。餌として使うのはナッツとワーム（虫）です。カケスは食べ物に好みがあり、この2種類の餌ではワームの方がずっと好きです。カケスにこれらの食べ物を与えると、もちろんその場で食べもしますが、貯食も行います。貯食を調べるために冷蔵庫の製氷皿に木屑を入れたものを使います。カケスは上手に製氷皿に餌を埋めて隠します。この実験では、2群のカケスがいます。最初の群はまずナッツだけが与えられますが、製氷皿は半分が覆われていて貯食ができなくなっているので、カケスは開いている半分の方にナッツを隠します。ついで120時間後に今度はワームだけが与えられます。今度は製氷皿の反対の半分が覆われています。カケスがワームを隠したら4時間後には隠した餌を探させます。製氷皿の覆いは除かれているのでカケスは好きな場所を探すことができます。カケスはワームの方が好きだからま

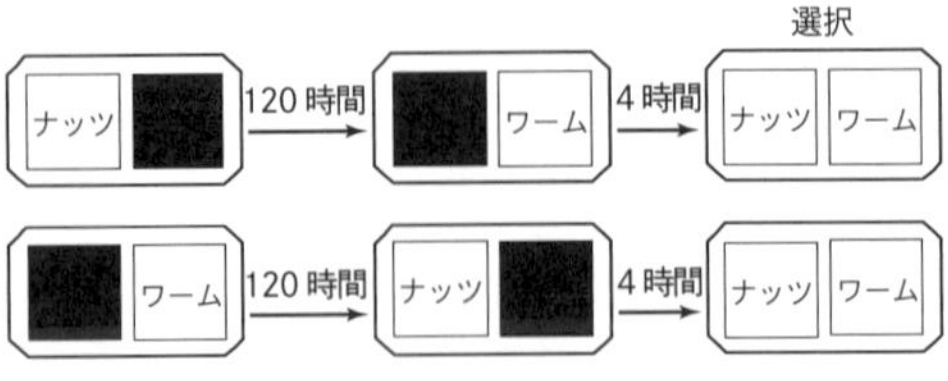

図16　カケスのエピソード記憶
（Clayton & Dickenson, 1998より）

ずワームを隠した場所を探します。

これだけではなんということはないのですが、もう一方の群では先にワームを隠させます。カケスはワームを隠す時にクチバシでつつくので、ワームは死なないまでも半殺しの状態になります。そして、124時間後には死んでしまっていて食べられないか、不味いものになってしまいます。さて、カケスが、自分がワームを隠したのは124時間前でもういたんでいるはずだということがわかっていれば、この群のカケスはナッツを隠した方の場所を探すはずです。結果はその通りになりました。ケンブリッジ大学のニコラ・クレイトン博士たちはこれらの事実がカケスのエピソード記憶を示唆するものだとしています。この実験は、動物にエピソード記憶があることを示した最初の実験で、大変に有名になりました。

もう少し人間のエピソード記憶に近いものではゴリラの実験があります。ゴリラを連れて広い敷地内を散歩します。途中でおよそ5分おきに3回違う食べ物を食べさせます。この散歩の後で、ゴリラに食べた物が何であったかを逆の順序で答えさせます。A―B―Cの順序だったらC―B―Aと答えたら正解です。もちろんゴリラは話すことはできませんから、写真を選ぶことで答えさせます。これは、いつ、何を食べたかというエピソードのテストです。もう一つの実験では、ある場所で実験者がサルのお面を冠るといった奇妙な行動をします。散歩の後、そのような行動をした場所がどこだったかをやはり風景の写真の選択で答えさせます。どちらの場合もデタラメに選ぶよりは高い確率で正しい答えを選ぶことができました。実験の厳密さという面では問題がありますが、ゴリラはどこで何があったかを憶えているようです。これらはいわば「過去への時間旅行」と考えることができます。

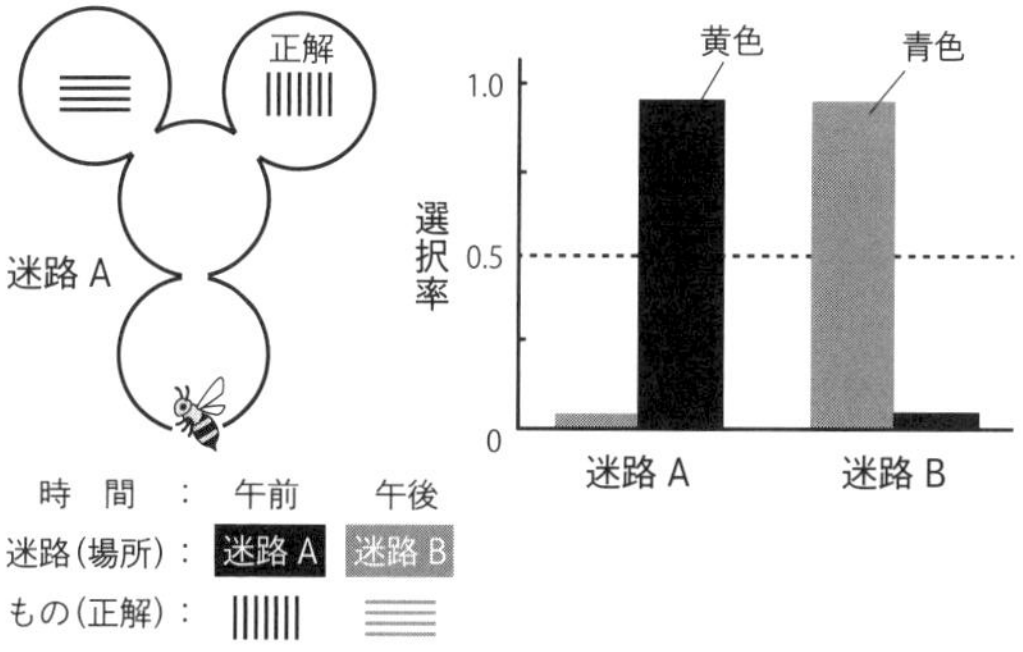

図17　ハチのエピソード記憶装置（Pahl et al., 2007より）

エピソード記憶はなんとなく高級でいわゆる高等動物でしか見られないようにも思えますが、ラットやゼブラフィッシュ、変わったところではコウイカなどでも見られるという報告があります。さらにハチにもあります（図17）。ハチを二つのY型迷路AとBで訓練します。一つの迷路の選択は黄色の縦縞と横縞で、縦縞が正解です。もう一つは青の縦縞と横縞の選択で横縞が正解です。1番目の訓練は午前中、2番目は午後に行います。この課題は、(1)何時（午前か午後か）、(2)どこで（黄青どちらの迷路か）、(3)何を（縦縞か横縞か）を統合していることになります。ハチはこの課題を学習できますが、その後のテストで、時間、場所、刺激の統合ができることが示されています。

もし、エピソード記憶が時間、場所、物の統合した記憶だと考えれば、動物にもエピソード記憶があることになります。しかし、人間の時間旅行と比較すると、その時間の範囲にずいぶん差があるように思えます。筆者が小学校を卒業したのは、もちろんかなり昔のことですが、それでもいくつかの小学校時代のエピソードは鮮明に憶えています。動物がそのようなずっと昔の時間旅行をしているかはわかりません。

e　未来への時間旅行

さて、エピソード記憶が動物にもあるらしいということはわかってきましたが、それではヒトにしかない記憶はあるでしょうか。それは「未来への時間旅行」だとする考え方があります。読者は子どもの頃、遠足の前日にリュックサックに必要なものをつめた記憶がおありだと思います。お腹が空いた時のための食べ物やお菓子、水筒、天気が悪くなった場合に備えての雨具などを準備されたと思います。ヒトはこれから起きる事態に備えて然るべき準備をします。つまり、未来への心的時間旅行です。動物も明日の事態を予測した行動がとれるでしょうか。

動物の行動を見ていると明らかに将来に備えた行動が見られます。渡りや冬眠は将来に備えた行動と考えることもできます。しかし、それらの行動が脳内で作られた未来を弁別刺激とした行動とは考えにくいと思います。それは繁殖行動が将来子孫を残すことを弁別刺激とした行動ではなく、生得的な行動と考えられるのと同じです。カケスが翌朝に備えた貯食ができるかどうか、ケンブリッジ大学で実験が行われました（図18上、58頁）。その結果は、カケスがある程度未来への心的時間旅行が可能であることを示唆するものでした。カケスを3部屋からなるケージに住まわせます。一つの部屋はいわば朝食付きの部屋で、朝はナッツが食べられます。もう一つの部屋は朝食なしです。朝の2時間はこのどちらかの部屋に閉じ込められるので、朝食なしの部屋では朝食抜きということになります。ただし、どちらの部屋になるかはカケスにはわかりません。それ以外の時は3部屋を自由に行き来できます。

この状況に馴らした後、夜になって部屋を暗くする前に、貯食用のトレイ（製氷皿）を二つの部屋に入れ、ナッツが与えられます。カケスは明日の朝にどちらの部屋に入れられるかはわかりませんが、もし、カケスが一方の部屋は朝食がないことを予測できていれば、その部屋の

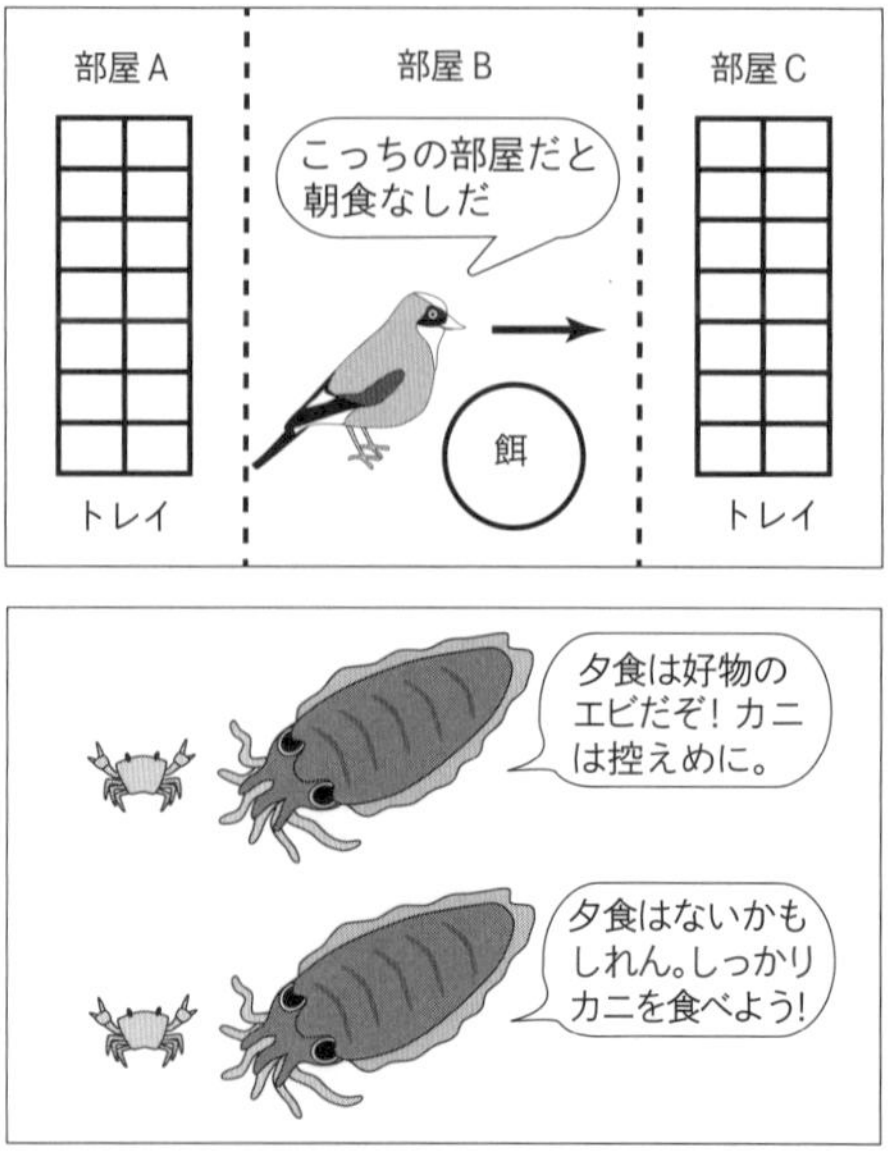
部屋A
部屋B
部屋C
こっちの部屋だと朝食なしだ
餌
トレイ
トレイ
夕食は好物のエビだぞ! カニは控えめに。
夕食はないかもしれん。しっかりカニを食べよう!

図18　上：朝食の準備をするカケス（Rady, Alexis, Dickinson, and Clayton, 2007より）、下：夕食を予測するコウイカ

トレイに朝食の準備としてより多くのナッツを隠すはずです。そして、結果は予想通りになりました。このことはカケスが、翌日自分が置かれるであろう状況を予測し、そのための行動をとることができることを示唆するものです。しかも、この行動は生得的なものではなく、経験によって学習したものなのです。

未来の時間旅行はそれほど特殊なものではないかもしれません。コウイカはカニやエビを食べますが、エビの方が好みです。コウイカに朝食としてカニを与えます。そして、夜になると一群のイカには必ずエビが当てられますが、別の群はエビがもらえたり、もらえなかったりします。すると、最初の群は朝食のカニを少なめに食べることがわかりました（図18下）。夕食を予測して食べる量を調整しているわけです。夕食に素敵なレストランが予約

してあると昼食を軽くすます、といったようなものです。

4　記憶と海馬

コンピューターでは記憶は特別な場所に格納されていますし、USBメモリなどの外の媒体にそれを移すこともできます。脳の中にも記憶格納場所があるのでしょうか。これは難しい問題ですが、記憶と海馬という場所の関係は昔から研究されてきました。海馬はトドと読むこともでき、これはオットセイを大きくしたような哺乳類です。もう一つの意味はタツノオトシゴです。脳の場所にこんな変な名前がついているのは形が似ているからです。ヒトの脳では側頭葉の深い所にあります。

a　ヒト

これまでの研究でヒトからトリまで空間記憶と海馬に関係があることがわかっています。では実際に記憶をする時に海馬が必要なのでしょうか。ロンドンのタクシー運転手で海馬が損傷を受けた人がいます。そのような人に自動車の運転のシミュレーターに乗ってもらった実験が

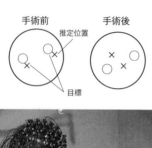

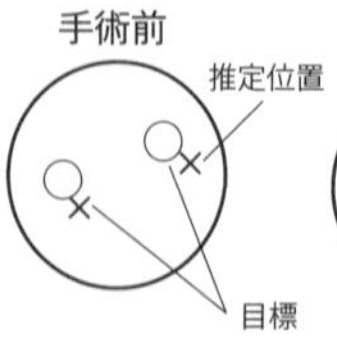

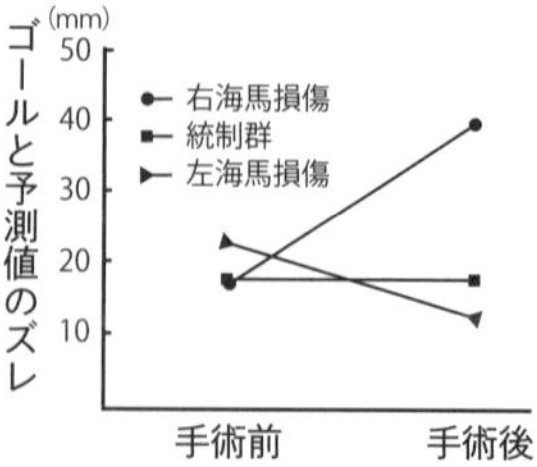

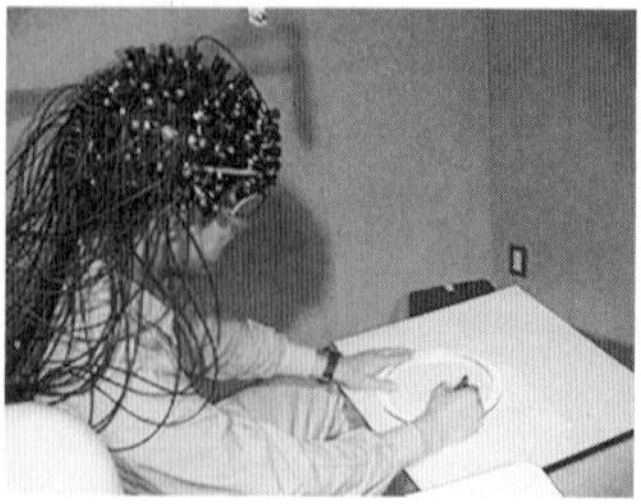

図19
左：指迷路とヒト海馬損傷
右：海馬損傷で空間記憶が損なわれる
（斉藤，2005より）

あります。ロンドンのタクシー運転手は大変な専門家で複雑な道を最短距離で目的地に到達します。しかし、海馬に損傷ができた後には最短距離で目標に到達することができなくなりました。

マウスやラットの実験ではモリス型迷路というものがよく使われます。これは動物を水のはってあるプールに入れるもので、プールの中の特定の位置に踏み台があります。踏み台は水面下なので見ることはできませんが、そこにたどり着けば泳がずに休むことができます。

著者たちの研究室ではヒト用のものを作りました。もちろん、被験者をプールで泳がすわけではありません。目隠しをして丸い枠の中の特定の位置をボールペンで探してもらいます。「指迷路」という課題です。出発点は毎回変えますが、何回か訓練すると被験者は素早くゴールに到達できるようになります。ゴールに到達できるようになった人に目隠しを外してゴールだったと思う場所に印をつけてもらうと、かなりの精度でゴール近くに印をつけます。

癲癇《てんかん》の治療のために手術で海馬を含む部位を損傷する場合があります。そのような患者さんに手術の前後で迷路課題をやってもらいました（図19）。右側海馬損傷を受けた患者さんは術後にゴールを正しく理解していなかったことがわかります。

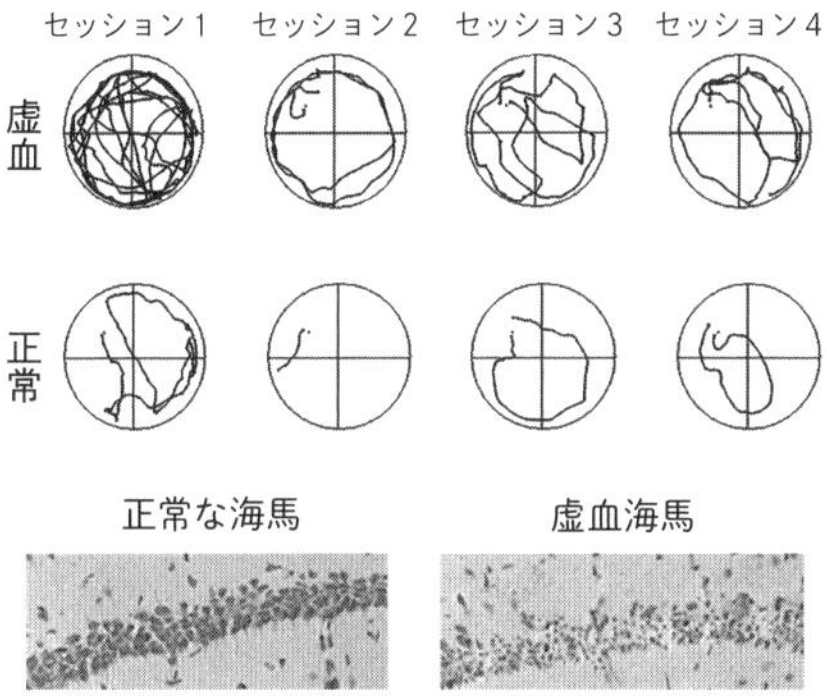

図20　虚血マウスの迷路学習
（Watanabe & Utsuki, 2011より）

b　マウス

マウスで「乾燥型モリス迷路」の実験を示しましょう（図20）。この迷路はヒトの迷路と同じような機能をもったものです。これはプールではなく円形の実験箱にマウスを入れ、特定の場所で餌が得られるというものです。マウスの脳への血流を一時的に止める（虚血といいます）と海馬は酸素の欠乏に弱いので、細胞に損傷が起きます。図20に見られるように、虚血マウスは正常なマウスに較べて迷路の学習が遅くなります。

c　キンカチョウ

キンカチョウにも餌の場所を憶えさせる実験をしました（図21左）。乾燥型モリス迷路と同じような課題です。広い部屋に4ヶ所の同じような餌箱があります。ただし、本当に餌が入っているのは一つだけで、その位置はいつも同じにします。トリは4ヶ所の入り口から部屋に入れられます。したがって、左にいけば餌箱があるとか、直進したら餌箱がある、といった憶え方はできません。部屋全体の中のどこに正しい餌箱があるのかを記憶しなくてはなりません。

キンカチョウはどの入り口から入っても正しく餌箱にいけるようになりました。キンカチョウは割合簡単に場所を憶えることができます。そこで、ちょっと気の毒ですがキンカチョウの海馬を壊してみました。もし、本当に海馬で記憶しているのなら、海馬のないトリは場所を憶えられないはずです。実験してみると、海馬が壊されているとキンカチョウは場所を憶えることができず、間違った餌箱に入ってしまいした。次に、やはり4個の餌箱があるのですが、そのうち3個は水玉模様、1個は縞模様にして、縞模様の餌箱でだけ餌を食べられるようにします。縞模様の餌箱の位置は毎回変えられます。キンカチョウは場所ではなく餌箱の模様を憶え

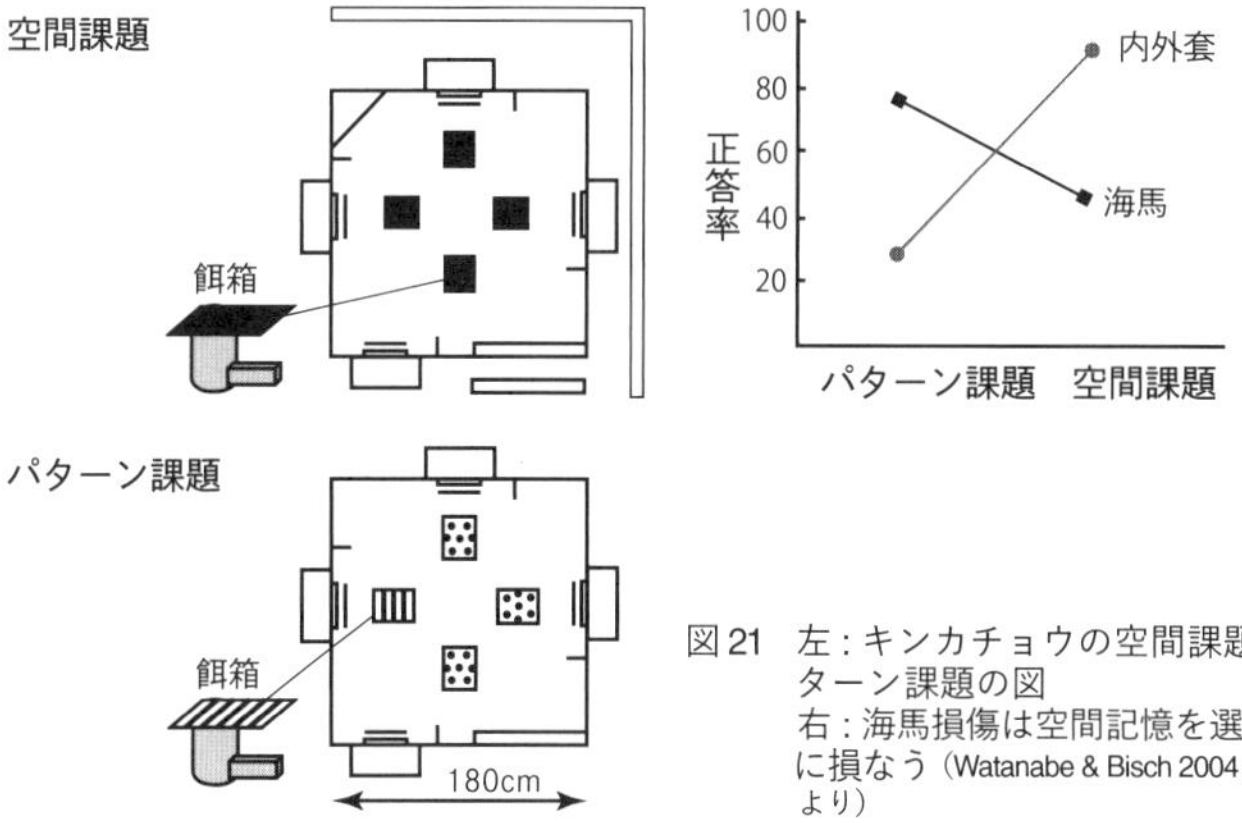

図21　左：キンカチョウの空間課題、パターン課題の図
右：海馬損傷は空間記憶を選択的に損なう（Watanabe & Bisch 2004；2008より）

なくてはなりません。キンカチョウが憶えたところで海馬を損傷してみます。何の障害もありません。空間記憶の場合とは違うのです。

　今度は大脳の別の場所（内外套）を損傷します。この場所は複雑な視覚情報処理をすると考えられる場所です。すると餌箱の模様がわからなくなります。このように、脳のある場所を壊すとある機能が失われ、別の場所を壊すとその機能は維持されますが別の機能が失われる（二重乖離といいます）のを示すことは、脳の部位と機能に関係がないことを調べる時の基本的な研究方法です。

d　ハト

　ハトを使った研究に移りましょう。脳を壊すといっても、違う個体を実験すると必ずしも同じように壊れ

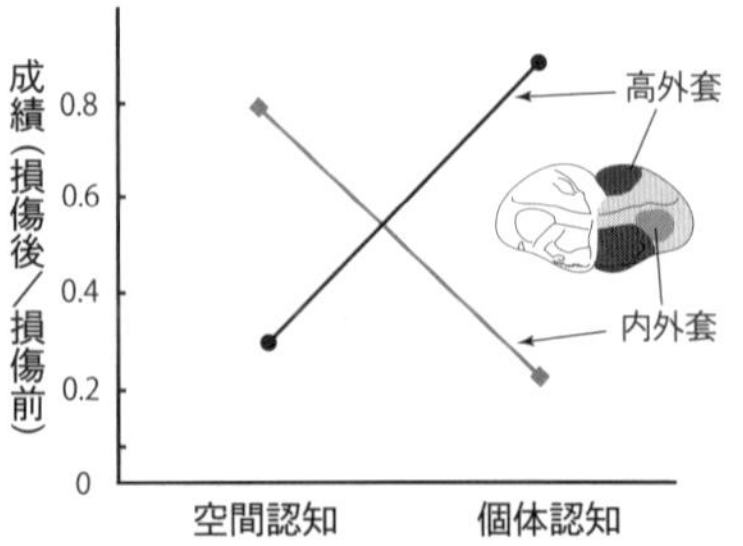

図22　ハト高外套損傷は空間記憶を障害し、内外套損傷は個体認知を障害する
（Watanabe, 1991；2001より）

るわけではありませんから、同じ個体で壊す前と後を比較する方が良いことになります。ところが、一度憶えた記憶はもう一度憶える過程を調べることができません。つまり記憶の獲得の実験は基本的に一度きりの実験なのです。そこで、「連続獲得学習」という方法を考え出しました。これは次の章でも登場しますが、三つの窓を使って、どれかが正しい窓だという課題を使います。ハトが正しく窓を選べるようになったら、今度は他の二つのうち一つを選ぶ訓練をします。それができるようになったら、また別の窓が正解になります。このように次々と正しい窓の位置が替わるようにすると、ハトがどの窓が正しいかということを憶えるのにどのくらいの訓練が必要かわかってきます。これが損傷前の獲得の成績になります。脳損傷後もこの訓練をします。このようにして脳損傷の前後での記憶の獲得を比較することができるのです。

実験してみますと、海馬損傷によって明らかに窓の位置の学習が障害されることがわかりました。面白いことに窓に色をつけて、場所が憶えられなくても、色が憶えられれば課題が学習できるようにすると、海馬を損傷しても障害がでません。やはり、海馬は場所の記憶に特化しているようです。

まずハトに個体弁別を訓練しました。モニターに映されるハトAとハトBの頭部の弁別です。この後で海馬損傷をしても何の影響もありません。しかし、内外套という場所（先ほどキンカチョウで壊した場所です）を損傷すると個体弁別が障害されます。反対に海馬損傷では先ほどの空間弁別は障害されますが、個体弁別は障害されません。キンカチョウの時と同じようにハトでも二重乖離が見られたのです。

e　ウナギ

さて、最後にサカナの空間記憶を調べましょう。色々な動物で比較研究をする時に大切なことは動物に合わせた実験装置に工夫することです。単純に同じ装置を異なる動物に使うだけでは良い結果は得られません。装置は動物によって違うが背後にある論理は同じである、という工夫をする必要があります。

著者が最近扱っている動物にウナギがあります。ウナギの空間記憶を調べるにはどうしたら良いでしょう。モリス型迷路？　そうですね。動物の記憶研究の基本的な装置です。でも、ネズミは水が嫌だから水を避けるために踏み台に乗りたがりますが、ウナギは平気で水中にいます。しかし、ウナギは水の中で狭い筒状のものに入りたがります。この習性を利用した漁もあります。そこで円形プールの中に4本の塩化ビニールの管を入れました（図23）。このうち1本だけが入り込める管で、他はストッパーがついていて中に入れません。空いている管の位置は固定しておきます。1日1回ウナギをプールに放して、空いている管を探させます。その管を見つけるとそこで10分間休むことができます。ウナギは20日くらいで空いている管の位置を憶えます。どうやって憶えたのでしょう。実験をする部屋には壁のポスターがあり、空調機などもあって、自分が部屋のどこにいるのかわかるようになっています。そこで灯りを消してみました。視覚を使って憶えていたなら、暗くするとわからなくなるはずです。ウナギは暗室条件では空いている管を見つけられませんでした。

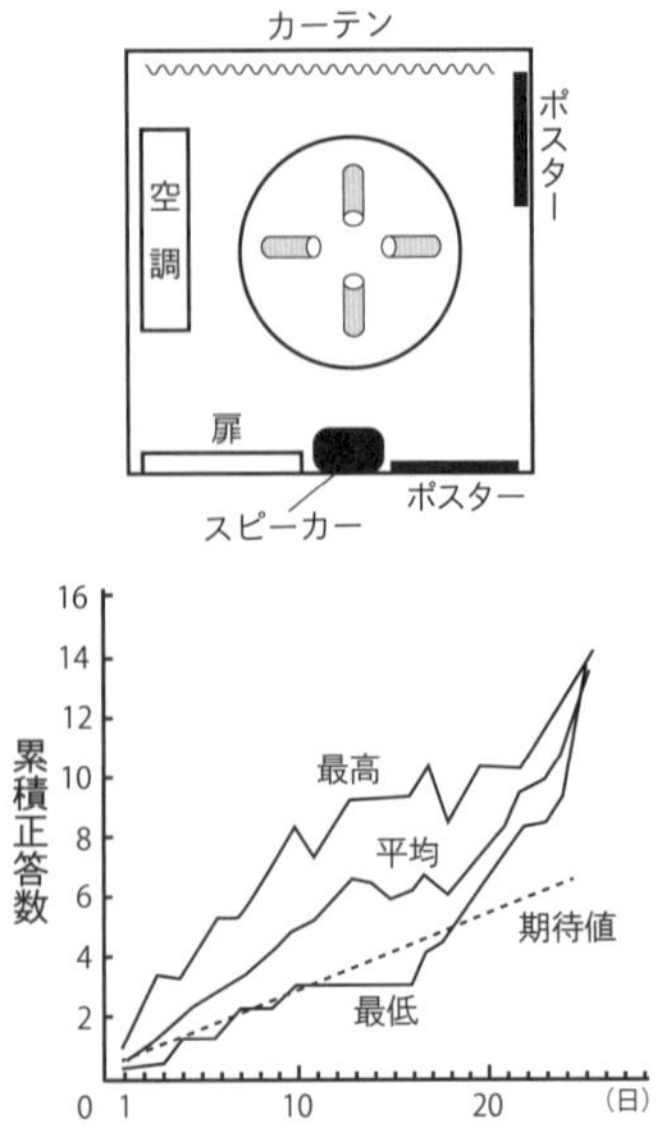

図23
上：ウナギ空間学習の装置
下：学習成績（Watanabe & Shinozuka, 2020より）

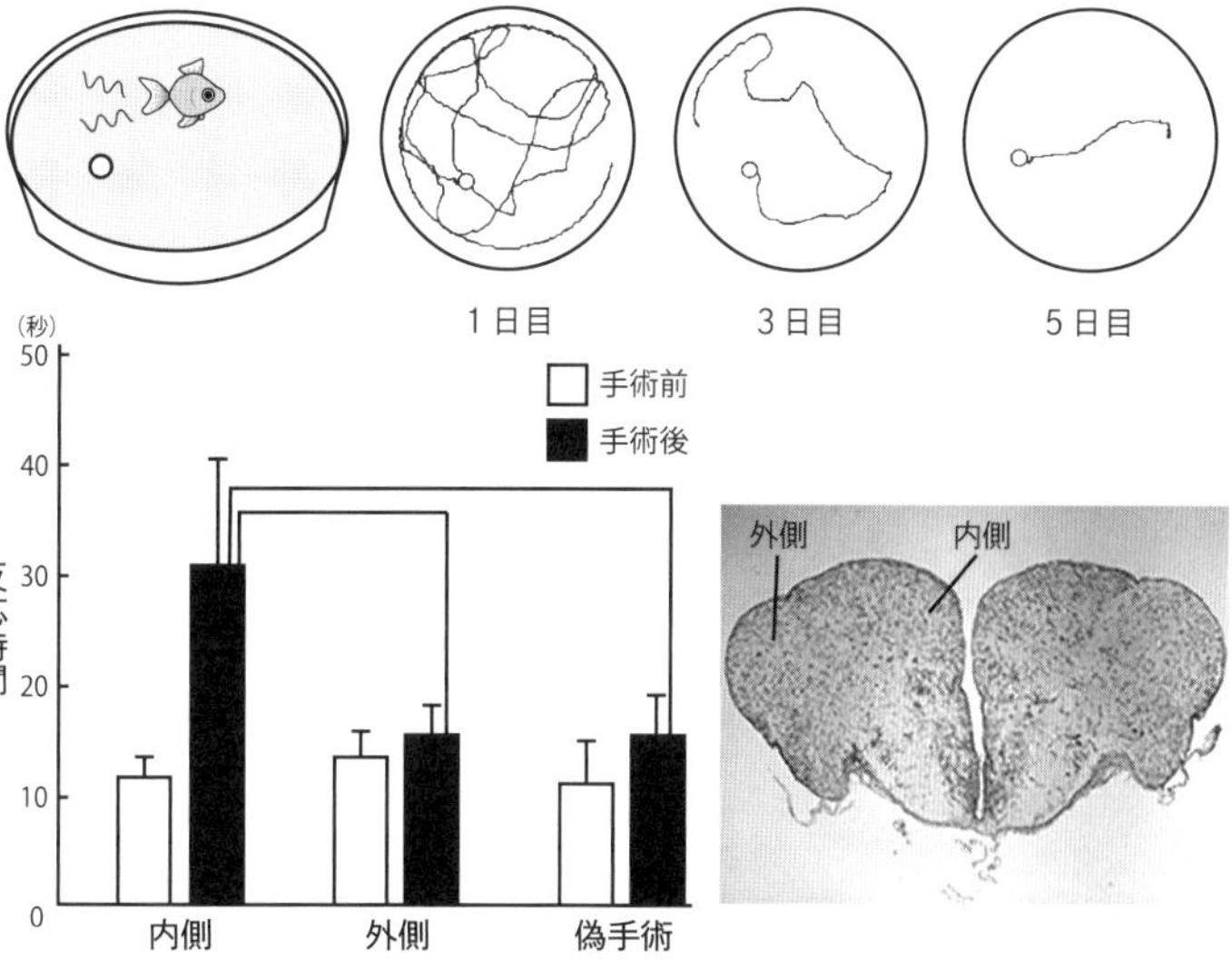

図24　上：キンギョ空間学習の装置、左下：学習の成績、右下：キンギョの内側大脳損傷は空間記憶障害を起こす（Saito & Watanabe, 2004より）

f　キンギョ

キンギョでも実験しました。キンギョもちろん平気で水中にいます。そしてウナギのように管に潜り込むこともしません。そこでマウスの時と同じように餌の場所を憶えさせました。ことよると餌の匂い（餌は冷凍した赤虫です）を手がかりにしているかもしれません。そこで嗅覚神経切断群、網膜剥離群を作りました。結果は明らかです。視覚を障害した網膜剥離群では餌にたどり着けないのですが、嗅覚神経切断群はちゃんとたどり着けます。

実はサカナと鳥や哺乳類の脳の比較には難しい問題があります。発生の過程で鳥や哺乳類は脳が内側に入り込むように大きくなります（内翻といいます）。しかし硬骨魚類は外にそっくりかえるように大きくなります（外翻といいます）。サカナのどの場所が哺乳類のどの場所に相当するかがわかりにくいのです。まあ、やってみるしかありません。大脳の内側を壊す群と外側を壊す群で比較して見ました。結果は内側損傷群で障害が強くでました。

海馬の場所についてはなかなか良い目印がないので、私たちの結果に異論を唱える人たちもいます。しかも内側、外側といっても相対的なものなので、論文の図を見ると案外同じような場所の損傷で障害が出ているのではないかとも思います。

5　まとめ

あなたの記憶と動物たちの記憶を比較すると、語彙や自伝的記憶のように確かにヒトが優れている記憶があります。しかし、貯食性の鳥の空間記憶やチンパンジーの数の記憶のようにヒトより動物の方が優れている記憶もあります。筆者が重要だと思うのはヒトが優れている場合でもそうでない場合でも、差は量的な違いで質的な違いではないことです。短期記憶でも長期記憶でも、記憶の獲得でも忘却でも、エピソード記憶でも、同じような現象がヒトと動物で共通して見られます。記憶は私たちと動物が共通してもっている神経系の機能と考えられるのです。そして、もう一つ、少なくとも空間記憶に関してはどの動物（脊椎動物）も海馬が関係しているということです。ただ記憶を言語に変換してそれを再生するということはヒトにしかできません。しかし、これは記憶が特殊だということではなく、言語が特殊だということだと思います。

◎参考文献
酒井邦嘉『心にいどむ認知脳科学』岩波書店、1997年
渡辺茂・岡市広成（編）『比較海馬学』ナカニシヤ出版、2008年
渡辺茂・小嶋祥三『脳科学と心の進化』岩波書店、2007年
ジェニファー・アッカーマン、鍛原多恵子（訳）『鳥！　驚異の知能』講談社、2018年

第2章　あなたは論理的に判断できますか

筆者は「動物の論理（Animal Logic）」という国際シンポジウムをウィーン郊外のコンラート・ローレンツ（1903-1989）の生家で開催したことがあります。ローレンツは動物行動学（エソロジー）創設者の一人で、フォン・フリッシュ、ニコラス・ティンバーゲンとともに1973年にノーベル賞を受賞しています。シンポジウム開会の挨拶でウィーン大学のルードヴィッヒ・フーバー教授は「このようなシンポジウムを、ここウィーンで開催するのは大変意義深いことである。なぜなら、ここは『論理実証主義』が生まれた場所だからである」という面白い挨拶をしました。論理実証主義は哲学の運動ですが、ウィーンのカフェ・セントラルに集った哲学者、物理学者などの集団（ウィーン学団）が母体だからです。論理実証主義はすべての科学は論理学の言葉に置き換えることによって同じように扱えるのだと主張し、統一科学という考えを提唱しました。

筆者の子ども時代には「名犬リンチンチン」や「名犬ラッシー」といった名犬もののテレビ番組があり、後には「わんぱくフリッパー」というイルカものがありました。これらの番組では動物たちがヒトと同様、時にはヒト以上に論理的に考え、問題解決をし

図１　ローレンツの生家（Ludwig Huber 提供）

ます。大学生にイヌ、ネコ、トリ、サカナ、およびヒトの子どもについて知覚、感情、道徳性、夢、遊び、記憶など12種類の心の働きを評価させると、物体の保存などはイヌやネコでも理解できるものと答えます。さらに、道徳判断はイヌでもできるという調査報告もあります。どうも動物にも一定の論理的判断ができると考える人が多いようです。

1　論理の基礎

「AはAである」というのは昔の論理学では同一律といわれたもので、論理学の基礎概念でした。現代の記号論理学では実際の物体の同一性、たとえば、この林檎はこの林檎である、ということと、この命題とは関係ないものとされています。しかし、ここではまず、実際の物の同一性を考えてみましょう。

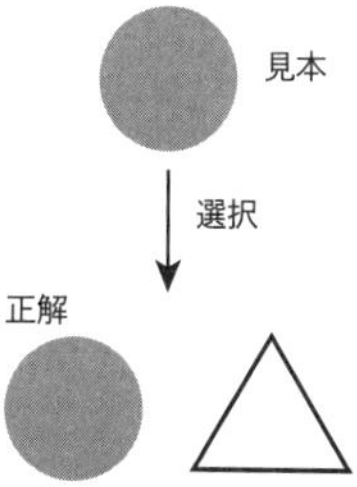

図2　「見本合わせ」選択で丸を選べば正解

動物が「AはAである」を理解しているのかを調べるのには「見本合わせ」という訓練を用います。前の章でも登場しましたね。図2にあるように、ハトの実験では最初に見本となる刺激、たとえば三角形を見せ、次に三角形と丸を見せる。見本と同じ三角形を選べば正解で、餌をもらえます。この訓練はそれほど難しいものではありません。同じような課題は子どもの知能検査にもありますが、複数の見本と複数の選択肢があり「同じ」ということを理解しているかが調べられるようになっています。コンスタンツ大学のヨハン・デリウス博士はハトが、見本合わせの訓練を受けた後に、初めて見る刺激でも70％以上正答することを報告していますし、テキサス大学のアンソニー・ライト博士は152種類の違う刺激で訓練してもハトが80％以上正答できるとしています。

a　ハチ

意外なことに、ハチもこの課題ができます。最初の課題は匂いの見本合わせです。ハチはまず見本の匂いのする部屋でレモンかマンゴーの香りを嗅ぎます。次の部屋に入ると入口が二つあり、一つからはレモンの、もう一つからはマンゴーの匂いがします。最初の部屋の匂いがレモンであればレモンの入口に進めば正解で餌がもらえます。間違ってマンゴーに進むと餌はもらえません。ハチはこの課題を学習できます。次に、このハチを黄色と青でテストします。なん

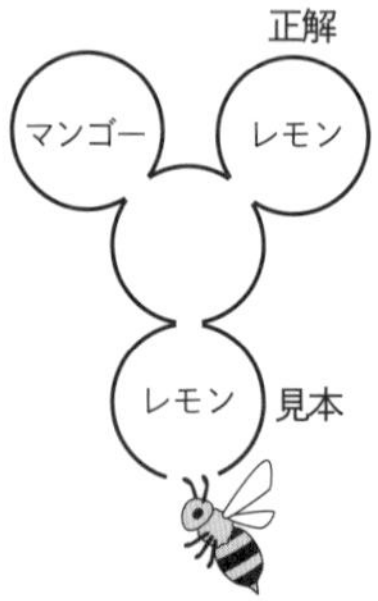

図３　ハチの見本合わせ（レモンを選べば正解）（Giurfa, 2001より）

とハチはすんなりと「見本と同じ刺激を選ぶ」をやってのけます。このハチのすごいところは刺激が匂いから色に変わっても「同じ」とはどういうことかわかっていることです。「非見本合わせ」という課題もあります。これは最初の部屋の刺激と異なる刺激を選択するものです。つまり、「違う」ということがわかるか、という課題ですがハチはこれもやってのけます。

b　オウム

この「同じ」あるいは「違う」ということを鳥類でもっともはっきり示したのがアイリーン・ペッパーバーグ博士のアレックスという名前のオウムの実験です。訓練の方法はなかなか複雑ですが（第6章で説明します）、このオウムは英語の質問に英語で答えることができるように訓練されています。アレックスに黄色い紙の五角形と灰色の木の五角形、緑の木の三角形と青い木の三角形など、色・形・材質のどれかが同じである二つの物を見せます。そして「何が同じか？」「何が違うか？」と質問します。アレックスは見せられた物を色、形、材質といった様々な性質に分解し、同じものを聞かれているのか、違うものを聞かれているのかを英語の質問から判断し、何が「同じ」で何が「違うか」を決め、その答えを音声で伝えなくてはなりません。三角形という形が同じだった場合には、正しい答えは「三角形」ではなく「形」です。

つまり、色・形・材質のどの性質が同じだったのかを答えなくてはなりません。オウムがよく知っている物を用いたテストで、正答率は約77％、初めて見る物のテストでの正答率は85％でした。

なぜオウムはこのような難しいことができたのでしょうか？　英語を話す訓練を受けていたからでしょうか？　しかし、子どもの研究からは、ものに名前がつけられるようになってから異同概念が理解されるわけではないことが示唆されています。幼稚園から小学校2年生の子どもは二つの刺激の名称をいえなくても同じか違うかはいうことができます。おそらく、オウムはそもそも異同概念をもっていて、言語訓練はそれを私たちに伝える手段を提供したということだと思います。

さて今度は見本がAであればBを選べ、という課題を考えてみましょう。つまり、「AはBである」というもので、「象徴見本合わせ」という難しい名前がついています。象徴という言葉が使ってあるのは、AはBの象徴（シンボル）である、という意味です。心理学的には、この課題の解釈は結構難しく、AならばBを選べ、というのは「条件性弁別」といわれるもので、AとBの象徴関係などという複雑なことを考えなくても、この場合はこちらを選び、別の場合はあちらを選ぶ、ということさえできれば正解できるとも考えられます。

c　インコ

象徴見本合わせはものに名前をつけることと似ています。日本大学の眞邉博士は、セキセイインコが赤色ライトに対してある高さの発声を、緑色ライトに対して別の高さの発声を行うことを訓練し、インコが色の「名前を示した」と主張しています。しかしインコは単にライトの色と特定の音の結びつきを学習しただけともいえます。インコが赤いボールや花に対しても赤色ライトに対して発したのと同じ音を発し、あるいは緑のブロックやレタスに対しても緑色ライトに対する発声を行うのでないと、「インコが色の名前を示した」とか「インコのある種の発声が緑色とか赤色とかいった概念を意味している」ということは難しいかも知れません。

ペッパーバーグ博士のオウムは「鍵」「木」「皮」「洗濯バサミ」「コルク」「コーン」「ナッツ」「パスタ」といったたくさんの英語の語彙を獲得し、色の名前も使えるようになり、これらの発声を組み合わせることができました。「紙」は最初、白い罫線のないカードだけだったのが、サイズや形の違うコンピューター用紙やノートの紙といったものまで訓練なしで「紙」と同定できるようになりました。皮、木、コルク、洗濯バサミなどは噛まれて変形してしまっていても正しく名前をいえました。これらのことは、オウムがある特定の場面での条件性弁別ではなく、シンボルとしての名前を理解したと考えられます。

2　推移的推論

AならばB、BならばC、であればAならばCと推論できます。これが推移的推論といわれるものです。動物にこの論理学ができるかどうか、は象徴見本合わせ訓練で調べます。三角ならば丸ということを動物たちに学習させます。次に、丸ならば四角という訓練もやらせます。そのような訓練を受けた動物は三角ならば四角と判断するでしょうか。

人間に近いチンパンジーはこのような推論をやってのけます。アシカもまたこれをやってのけます。

a　推移的推論の比較

図4はヒト（子ども）、ハト、サルを比較したものです。実験は選択課題です。AとBの選択ではAが正解、BとCではBが正解、CとDではCが正解、そしてDとEではDが正解です。この訓練の後、BとDを出されたら、あなたはどちらを選びますか？　Bではないでしょうか。実は、ヒト、サル、ハトの3種はどれもこの状況でBを選択しました。しかし、この判断は論理的に正しくない判断なのです。

この課題は一見すると、A>B、B>C、C>D、D>Eのように思いますが、実際は2択問題の集まりです。AからEが一次元に並んでいるわけではありません。面白いことはヒトでも、サルでも、ハトでもこの2択問題の集まりを一次元に並べて、BとDとの選択ではBを選ぶことです。さらに、スズメバチも同じ間違いをします。彼らもBDテストでBを選択するのです。このことはこの論理的間違いが脊椎動物の神経系のみならず、昆虫の神経系でも起きることを意味します。

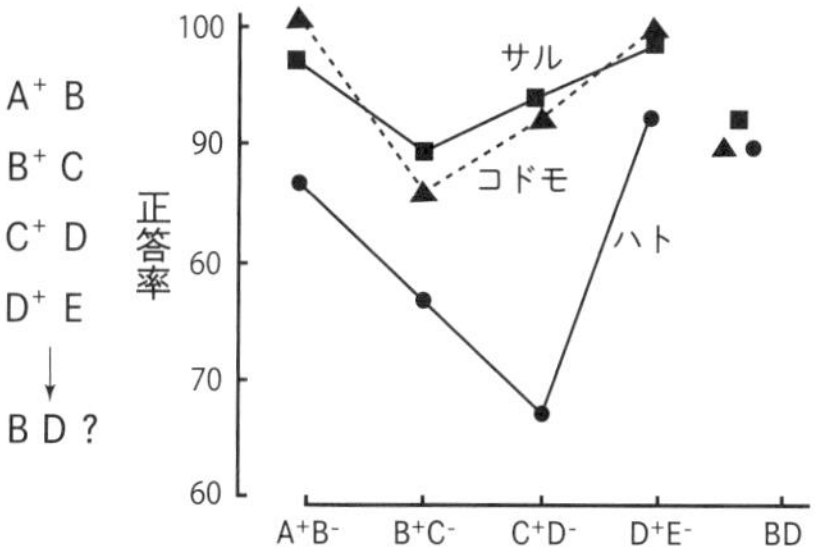

図4　ヒト、サル、ハトの推論の比較（Von Fersen et al., 1990より）

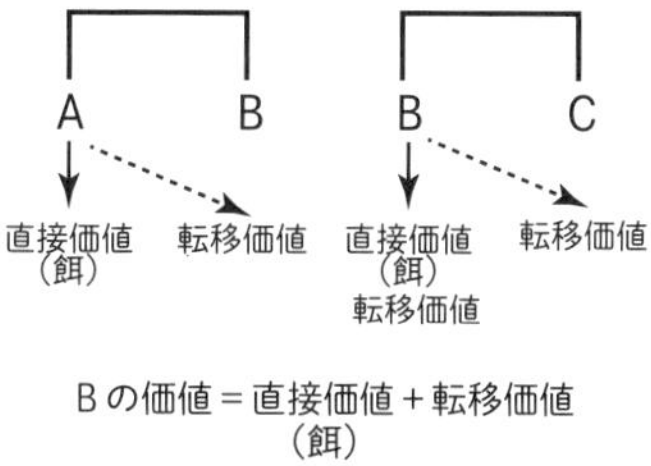

図5　転移価値説

この論理的バイアスの説明の一つが「転移価値説」といわれるものです。図5を見てください。AとBがあってA選択で餌が得られるとします。Aは動物にとって価値を得るわけですが、その時にBも少し価値を得ます。なぜなら、餌とBが時間的に接近しているからです。この価値をAから転移したBの価値と考えます。BとCの選択の時にはBは直接価値を獲得するので、Bの価値の総計はAB選択の時の転移された価値とBC選択の時の直接の価値を合わせたものです。どのくらいの価値かはモデルを作って考えるわけですが（BC選択の時のBの価値はCからの転移価値もあるのでちょっと複雑です）、すべての刺激について計算するとBとDの選択では、Bの方が総計した価値が高くなります。

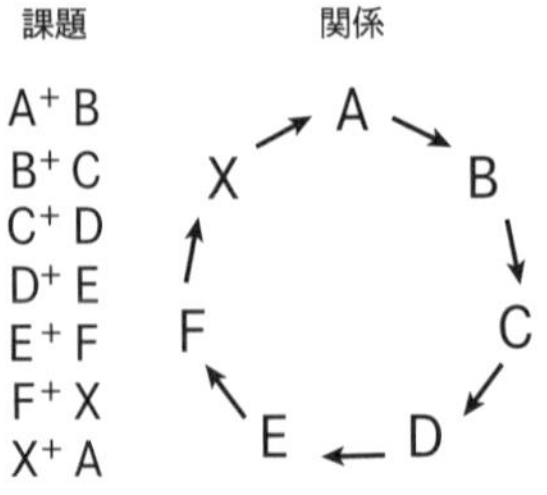

図6　円環状の"3すくみ"の選択

図4（79頁）を見るともう一つ面白いことが見つかります。ハトではCD選択の正答率が他の選択に較べて低いことです。この現象も転移価値説で説明できます。Cの合計の価値とDの合計の価値の差は他の組み合わせの場合より小さいからです。

先ほどの2択問題にEF選択も加えてみます（図6）。この時はEで餌がもらえます。さらにFX、XAも加えます。XAではAではなくXで餌がもらえます。数は多いですが「3すくみ」のようにして円環状の関係にするわけです。

するとCとDでのDの正答率の低下はなくなりました。では間違った推移的推論は転移価値説ですべて説明してできるのでしょうか。そうともいえません。どの選択でも得られる餌の量は一定だったのですが、これを変化させます。それによってある刺激の価値を変えることができます。餌が大きければそれに結びつく刺激の価値は高くなるからです。転移価値説によれば違う結果が出るはずです。しかし、実際にはそれでもBD選択でBが選ばれます。

どうも2択問題の集まりを一次元に並べるのは、ハト、サル、ヒトに共通した傾向、つまり論理的には間違った判断のバイアスだと考えられます。

b　順位と推論

推移的推論が成り立つ自然な状態は社会的順位です。AはBより強く、BはCより強ければ、AはCより強い、というのも推移律です。社会性のある動物ではしばしば個体間に順位があります。順位を調べるには2個体ずつどちらが優位であるか調べます。そのようにしてカラスの順位を調べたところ、推移律が成り立つことがわかりました。

図7　カケスは他個体の闘争から自分の順位を推論できる（Paz-y-Miño et al., 2004より）

しかし、順位を知るために総当たりの喧嘩をするのは大変です。不良仲間の順位などを考えればすぐわかるでしょう。仲間同士の喧嘩を見て自分の順位が推論できればいちいち喧嘩をする必要がなく殴られる必要があります。カケスでそのような実験をした例があります（図7、81頁）。被験体のカケスは他のカケスの喧嘩を見ます。AとBの喧嘩でAが勝つところを見ます。ついでBとCでBが勝つところを見ます。AとBは被験体のカケスが知らない個体ですが、Cは知っている個体でしかも被験体はCが自分より強いことを知っています。さて、被験体は個体A遭遇したらどうするでしょうか？　彼は喧嘩することなく服従の姿勢をとりました。自分とAとの優劣が喧嘩せずに推論できたのです。

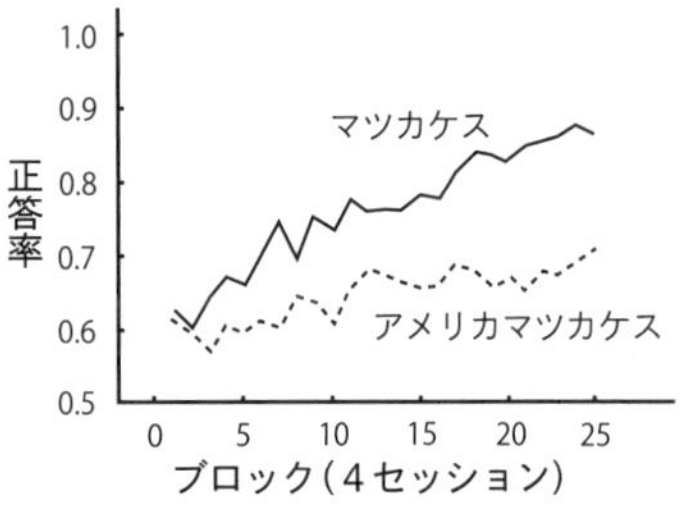

図8　鳥の推移的推論の比較
（Bond et al.,2001より）

ところが、A、B、Cいずれもが被験体のカケスにとって未知の個体だと、Aにあっても服従の姿勢をとりません。これはある意味で合理的な判断といえます。

カワスズメ科のサカナ（シクリッド・フィッシュ）では未知の個体同士の喧嘩を見るだけで優位個体を推論することが知られています。ただし、これはメスがいる場合に、オスが自分より劣位の個体と一緒にいることを選ぶということを利用しているので実験方法が異なります。

このようなことを考えると社会性のある動物では推移的推論が良くできるようにも思えます。

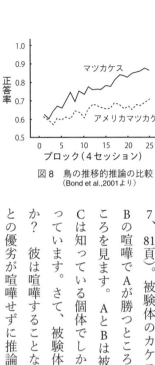

マツカケスは長く維持される群れで生活しています。しかし、近縁のアメリカカケスはつがいで生活しており、他個体との社会性はありません。2選択課題で推移的推論の訓練をしました。7種類の色を用いて、ABならA、BCならBという訓練を、FGならFまで6対の色で訓練します。図8のように社会性のあるマツカケスの方が成績が良いことがわかりました。同じようなことは永続的な群れで生活するフサオマキザルと固定した群れを作らないリスザルの比較でも観察されています。

3　等価性の謎

「AはBである」、「BはCである」、では「CはAか?」というのが「等価性」といわれる問題です。図9上（85頁）はそれを図式的に表したものです。「AはBである」、「BはCである」、から「CならばA」という関係は論理的に出てくるものではありません。論理的には正しくない推論です。等価性は「創発される」関係であるというのが、この問題の提唱者マリー・シドマン博士の考えです。この問題が今日の心理学で大きな話題になっている理由は、これが言語に深く関わり、ヒト固有の機能と考えられたからです。リンゴを見てそれが「りんご」と呼ばれることを憶えます。次に「りんご」は「林檎」と書くことを憶えます。その結果、「リンゴ」は「林檎」という字で書くことがわかるのが推移的推論です。そして、林檎がリンゴというものだとわかるのが等価性です。

ヒトはあまりにも自然にこれを行っているので、論理的におかしいと思えませんが、この機能が言語獲得に有利に働くことは明らかでしょう。そして、これこそがヒトと動物の相違だと思われました。ただし、文字言語の誕生は音声言語の誕生よりだいぶ後だと考えられますから、この例は適切かどうかわかりません。動物実験で等価性を示そうと挑戦した研究者たちは次々と敗退を余儀なくされました。我が国でもチンパンジーによる等価性の研究が行われましたが、AならばCという推論はできるのに、CならばAという等価性はできなかったのです。

a アシカ

しかし、革新的な研究が現れました。シュスターマン博士たちが行ったアシカの実験です。訓練の秘訣は図形の数です。普通は3組の象徴見本合わせで訓練しますが、彼らはアシカを30組の図形を使って訓練しました。先ほどのヒトの言葉の例でいえば、リンゴだけでなく、スイカでも、帽子でも、自動車でも、等価性を教えたことになります。そして図9に示すようにアシカは等価性を示したのです。

この実験結果についての解釈は分かれます。一つの解釈は等価性の創発はヒト以外の動物でも適切な訓練によって生ずるとするものです。単純な見方に思えますが、これはヒトと動物の比較をする時の基本的なものの考え方です。ヒトと動物はどこが違うか？　それはヒトはヒトとしての、動物は動物としての経験をするからだ、という考え方です。見かけ上の相違は適切な経験（訓練）によって克服されるはずだと考えます。つまり、進化によって生じたと思われる機能は訓練の工夫しだいで別の種でも出現するというわけです。

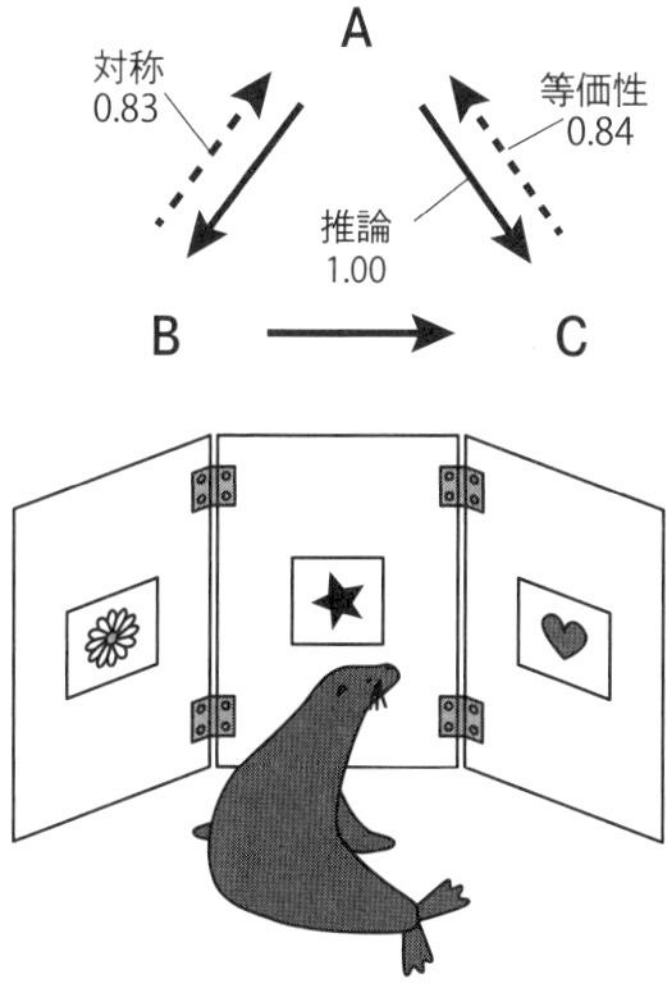

図9　アシカは等価性を示す。数値は正答率（Schusterman & Kastak, 1992より）

このアシカの訓練がそれまでの実験と違うところは刺激の数でした。ヒトは一対ずつの刺激でも等価性を成立させます。一方、アシカには特訓が必要でした。そこにヒトとアシカの違いを見ることもできます。もっとも、人間は日常生活で非常にたくさんの経験を積みますから、実験室ですぐできたからといって、経験が少なくてもできると結論できるかどうかはわかりません。

シドマン博士はこれに納得しません。彼は等価性の成立はたくさんの経験によってできるのではないという立場です。経験科学では「できる」ことの証明は簡単ですが、「できない」ことの証明は難しいものです。実験結果の積み重ねは結局「できなそうだ」ということの確かさらしさを高めるだけです。したがって、今後、他の動物で等価性の成立が報告されるかもしれません。シュスターマン博士はすでに故人ですが、日本での講演ではアシカでの等価性の成立を母子関係によって説明しました。アシカは群れで繁殖します。子どもは海からあがってくる母親を声や匂いで見分けなくてはなりません。この視覚、聴覚、嗅覚といったことなる刺激の間の等価性の経験が実験室での等価性成立に寄与しているという考えです。

等価性の基礎になるのは対称性です。「AならばB」から「BならばA」と推論することです。これは正しい推論ではありません。「色男、金と力は無かりけり」から「自分は金もないし、力もない、したがって色男なのだ」と推論するようなものです。これは実験心理学的には「逆行条件づけ」がこれに当たります。普通の条件づけでは条件刺激を提示してから無条件刺激を提示します。ベルを聞かせて電気刺激を与える、といったものです。この条件づけの結果、ベルが聞こえれば電気ショックがくるのでビクっとします。「ベルならばショック」というわけです。

しかし、電気ショックがかかるとベルが聞こえる、ということはありません。動物では逆行条件づけは、特別な場合を除き、まず起きません。ところがヒトではこれが起きます。先ほどのリンゴの例では、リンゴを「りんご」と発音することを憶えれば、自動的に「りんご」と聞けばリンゴだと思います。

シドマンさんは等価性は対称性、推移的推論を前提として成り立つ、としています。では、直接等価性を訓練してしまえば、前提たる対称性や推移性は成立するはずです。逆の発想です。理化学研究所の山崎博士は、筆者の研究室にいた時にハトでこの問題に取り組みました。ハトはCならばAという等価性を訓練したからといって、CならばB、あるいはBならばAという対称性を成立させませんでした。つまりハトの頭の中ではABCの関係は統合されていなかったのです。このことは端的に動物の論理はヒトの論理と違う原理に支配されていることを物語ると思います。

b　ヒトの等価性

図10（88頁）はヒトと動物がどこで違ってきたかを図示したものです。条件づけ、記憶は量的な違いはあっても、ヒトと動物に共通しています。動物もヒトも間違った推移的推論をしま

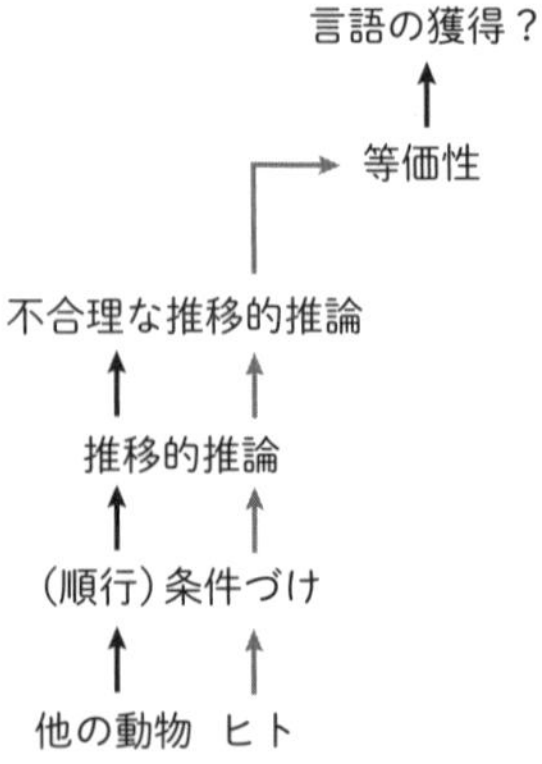

図10　ヒトと動物の推論の違い

す。これも共通しています。違ってくるのは等価性、対称性です。

先にちょっと触れましたが、これには言語が関係していると思われます。条件づけの元祖パヴロフは「第2信号系」というものを考えました。普通の条件づけが「第1信号系」です。赤い光が点くと肉が口の中に入ってくる、その結果、赤い光だけで涎が出てくるようになります。しかし、ヒトの場合はそれだけではありません。「赤」という字によって涎が出るようになります。この赤という言葉は第2信号系に属しています。そして第2信号系では、第1信号系と違う決まり（システム）があると考えます。この決まりが言語なのです。

関係フレームというもので等価性を説明する人たちもいます。A－B－Cの訓練によって等価性を含む三つの刺激の間の関係（関係フレーム）が学習されるというものです。なかなか野心的な考え方ですが、ヒト固有のものかどうかははっきりしません。案外パヴロフ先生と近い考え方かもしれません。

4　因果関係

手品というのは歴史のある娯楽ですが、何が面白いでのしょう。あるはずのものが消えたり、ないはずのものが出てくるのは物理的な因果関係に反します。これが面白いのだと思います。手品を楽しめるのはある程度、認知能力が発達してからです。手品の上手な人と一緒にチンパンジーに手品を見せる実験をしたことがあります。チンパンジーがもっとも興味を引いたのは、ものが消失する手品でした。不思議そうにあるはずのものを探します。しかし、楽しんだとは思えません。人は繰り返し手品を楽しみますが、チンパンジーでは繰り返し手品を見せると怒り始めます。物理的因果法則に反することはわかりますが、そのことは楽しめないということだと思います。

ラットは因果関係がわかるのではないかと思える実験があります。因果関係は哲学的には難しい問題のようですが、少し単純な例を考えましょう。気圧計の針は気圧と相関しますが、自分で気圧計の針を動かしても気圧が変わるわけではありません。「気圧変化→気圧計の変化」という関係です。

ラットを光と音が提示される実験箱に入れます。実験箱には砂糖水がもらえる穴があり、ラットが穴に鼻を入れると自動的にカウントできるようになっています。まず光―音という条件づけをします。次に光―砂糖水という条件づけをします。これによって、光は音（気圧計の針）と砂糖水（気圧）に関係があることがわかります。この後に、レバーのある実験箱にラットを入れます。レバー条件では、レバーを押せば音がします。これは自分で気圧計を動かしたことになりますので、気圧の変化、つまり砂糖水は出ないことになります。レバー無関係条件ではレバーと関係なく音がします。この場合は自分が何もしていないのに気圧計の針が動いたことになりますので、気圧の変化、つまり砂糖水が出ることになります。

さて、ラットはどちらの条件の時により多く砂糖水を飲みにいくでしょうか。結果はレバー無関係条件の方でした。実験した人たちはラットが因果関係を理解したのではないかと主張しています。

5　合理的な判断

ヒトは合理的な判断ができるでしょうか。この問題が厄介なのは「合理的」ということが分野によって異なる意味で使われているからです。まずは論理学者の意見を聞いてみましょう。

論理学者は論理の筋道（論理演算）が正しいことをもって合理的と考えます。プロセス重視ですね。論理学はもともと人の思考過程から発生したものですが、現在の記号論理学は必ずしもヒトの思考過程を反映したものではありません。次は経済学者に聞いてみましょう。彼らは最適化こそが合理性だと考えます。かかった費用に対してどのくらいの効果が上がるかが重要になります。その過程は重要ではありません。最後は生物学者です。彼らにとって合理的とは適応的であることです。適応とは自分が生き残り、自分の遺伝子を拡散することです。遺伝子の拡散はまず自分の子どもを作ること、そして自分と遺伝子を共有している血縁者が子どもを作ることを助けることです。

a　ハトのコンコルド効果

論理的推論のことは前の節で説明したので、最適化を考えてみましょう。実際にはヒト（そして動物も）は最適でない行動の選択をします。有名な例に「コンコルド効果」といわれるものがあります。コンコルドはロンドン―パリ間を飛んだ超音速旅客機です。英国とフランスが共同で開発しましたが、ある時点でこれは費用がかかり過ぎて割の合わない事業だということが判明しました。しかし、結局両政府はこの事業を中断しませんでした。これほど予算をつぎ込んだのに。今更やめられない、というわけです。この効果は埋没費用（サンク・コスト）の効果と呼ばれることもあります。

ヒト以外の動物もこのような判断をするでしょうか。ハトに実験に参加してもらいましょう（図11）。ハトをオペラント箱に入れます。正面には丸窓（キィ）が二つあります。一つの窓、たとえば左の窓が点灯し、ハトはそれをつつきます。一定回数つつくと窓は消灯し、今度は両方の窓が点灯し、ハトは窓を選択することができます。どちらを選んでもハトは餌を得ることができますが、初めにつついていた窓（左）を選ぶと、それまでにつついた回数とこれからつつく回数が加算されて一定数になると餌がもらえます。一方、右の窓を選択すると、新たに一定数つつくと餌がもらえます。

さて、最初に左をつつく数を10回とします。次に選択場面で、左は全体で30回つつかなくてはならないとします。すでに10回左をつついています（投資しています）から、あと20回つつけば餌がもらえます。一方、右は10回つつけば餌がもらえます。20回と10回の選択ですから最適な選択は今までつついていた左ではなく右を選ぶことになります。

最初の左でつつく回数はいわば左に対する投資ですので、これを変えてみましょう。15回でも、選択場面ではこれから必要になる回数は左15回、右10回ですから右選択が合理的になります。最初が20回の時には左右どちらもあと10回ですから等しくなります。最初の投資がそれ以上の数であれば、左を選択する方が合理的になります。結果を見ますと4個体中3個体が最初の投資が10回の時に、70％以上左を選択しています。つまり不合理な選択をしています。窓の色を違うものにしたり（二つの窓の違いをはっきりさせるためです）、選択場面にする時にハトが一旦別の窓をつつかなくてはならないよう（惰性で同じ窓をつつくことがないようにするためです）にしても結果は変わりません。ハトもコンコルド効果を示したのです。

　著者がこの実験を日本でしていた時に、米国でトマス・ゼントール博士という友人が全く同じ実験をしていました。たまたま国際会議で会った時にこのことに気がつきました。優先権の問題になりそうな事態ですが、私たちは共同で一つの論文を書くことにしました。全く違う研究施設で同じ結果が得られれば、それだけ強い主張ができるわけです。

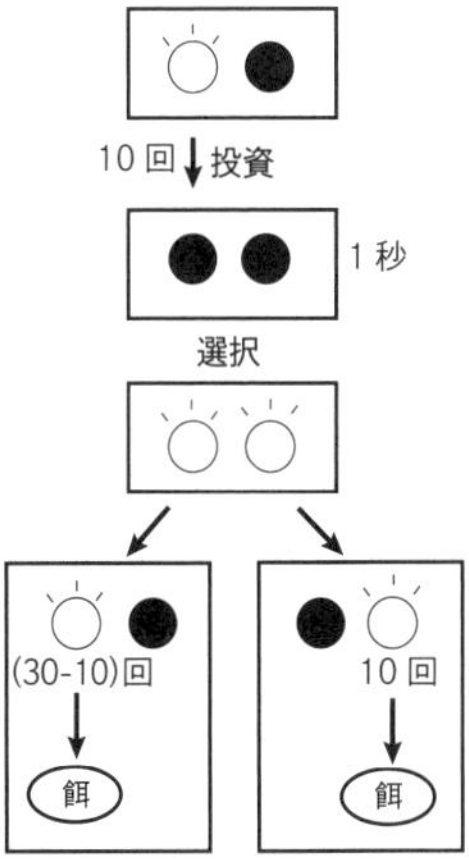

図11　ハトのコンコルド効果の実験

　もちろん人間の経済活動の場合は、コンコルド旅客機開発による技術開発の波及効果など、様々な要因を考えなくてはなりませんが、基本的には過去の投資は過大評価され、未来の費用は過小評価されます。ハトの実験はコンコルド効果がヒト固有のバイアスではなく、おそらく多くの動物がもっているバイアスだということを示します。

b　労働論理

俗に「タダより高いものはない」などといいます。しかし、タダの物とお金を出して買う物が同じものであれば、前者を選択するのが経済的に合理的な選択ということになります。再びハトに参加してもらいます（図12）。今度はハトを実験箱の中で24時間住んでもらいます。もちろん、水も餌もたっぷりあります。それに加えて例の丸窓があり、これをつつくと給餌装置から餌を食べることができます。何もしなくても食べられる餌がふんだんにあるので、こんなコストを払う必要はありません。ハトには20日間実験箱に住んでもらいます。面白いことにハトは丸窓をつついて餌を食べます。最初の5日間と最後の5日間でその回数は変わりません。この現象は「抗負荷選択」といわれます。余計な負荷があるのにそれに逆らって選択するという意味です。

いくら餌、水が自由にあってもハトは狭い実験箱の中で退屈するので窓をつつくのかもしれません。今度は給餌装置を空にしておきます。窓をつつくと給餌装置が動く音（ソレノイドと

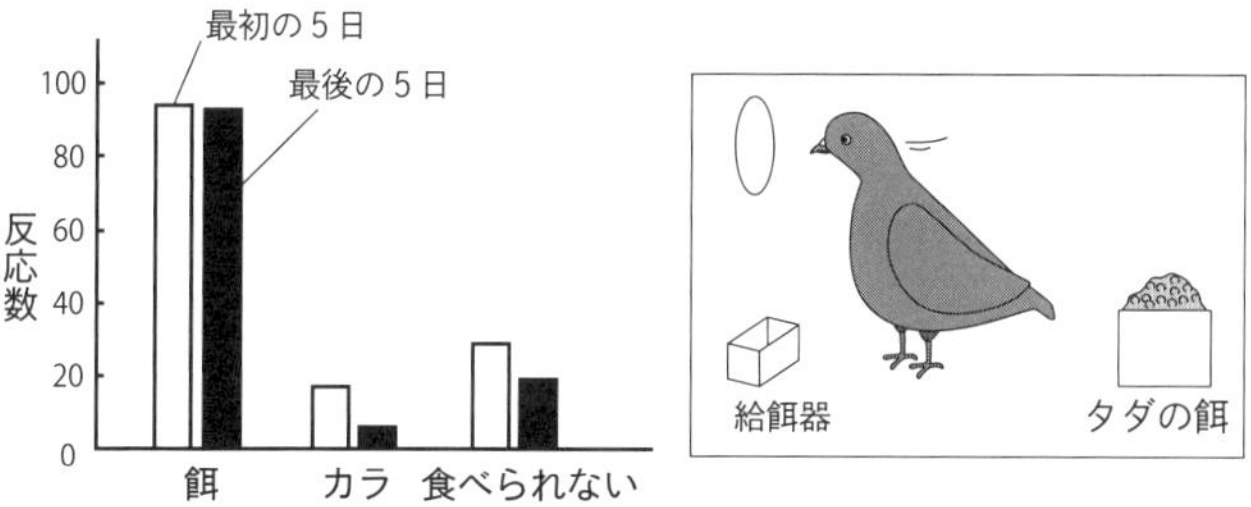

図12　ハトはタダの餌があっても働く（抗負荷選択）（Watanabe, 2005より）

いう電磁石の作動音）がしますが、餌はありません。しかし、まあ退屈しのぎにはなるでしょう。ハトは窓をつつきません。次に給餌装置に餌を入れますが透明アクリルで蓋をして、餌は見ることができますが食べられないようにします。この時もハトは窓をつつきません。つまり、窓をつついて実際に食べられることが必要なのです。1960年代には、このような実験結果が福祉政策として無償で何かを提供するより労働の対価として何かを提供する方が良いのだという考えの裏づけになりました。

別の解釈は、餌場は分散させた方が良い、という考え方です。近くに十分な餌場がある場合でも、多少不便な餌場にも採餌に出かけておくことは、最初の餌場が何らかの理由で枯渇したり、近づけなくなった時のリスク回避になります。ハトに関しては、この説明の方が説得力があるように思います。

労働倫理についてはいくつかの実験があります。大学生にレバーを押して報酬をもらうのと、何もせずに報酬をもらうのとの選

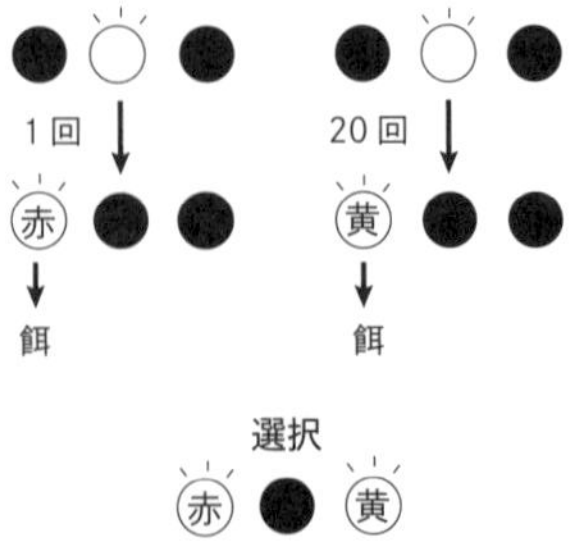

図13　働いて得たものは尊い？
（労働倫理）（Clement et ai.,2000より）

択をさせると52%がレバー押しを選択しました。１００%タダを選ぶことが合理的な判断ですがそうしませんでした。5歳から12歳の子どもでは77%でレバー押しを選びました。ハトを三つの窓がある実験箱に入れます。最初に中央の白窓を1回つつきます。中央は消えて左に赤が点灯し、赤を1回つつくと餌がもらえます。次に、白窓を20回つつくと黄色窓が点灯し、黄色を1回つつくと餌がもらえます。つまり赤は白つつき1回、黄色は白つつき20回に結びついています。そこで、赤と黄色の選択をさせます。ハトはより多くの「労働」に結びついた黄の方を選択しました。この実験は批判もありますが、記憶の章で説明した刻印づけでも、そのために努力した方がより強く刻印づけされる「努力の法則」というものが知られています。労働倫理は特にプロテスタントの倫理観に結びつけて考えられますが、基本的には同じ傾向が動物にも見られ、人はそれを「倫理」として定式化したのかもしれません。

6　柔軟性

ものごとを合理的に解決するには何が必要でしょう？　今まで見てきたように、ある種の論理的な思考は必要だし、それはヒトの生活に必要なばかりでなく、動物たちが生き残るのにも必要だと思われます。もう一つ合理的な判断に必要なものは思考の柔軟性でしょう。「頑固親父」は合理的な判断ができないし、「頭が固い」とＩＴの時代を生きぬくのは難しいでしょう。

a　体の柔軟性と頭の柔軟性

頭の固さと体の動きの硬さには関係があるでしょうか。運動が柔軟でなくなる病気にパーキンソン病があります。わたしたちの運動は大脳の前頭葉にある運動野から直接筋肉を動かす経路と、大脳基底核というところを通って筋肉にいたる経路があります。ヒトの大脳を切ってみると表面に大脳皮質という神経細胞のある灰白質という層があり、その下に神経線維の集まったところがあります。この部分は白質といわれます。その下にまた細胞のある場所があって、これが基底核です。詳しくは第7章を参照してください。そして、運動の柔軟性にはこの基底核が重要な役割を果たしてます。基底核には脳幹の黒質といわれる場所（実際に黒く見えるの

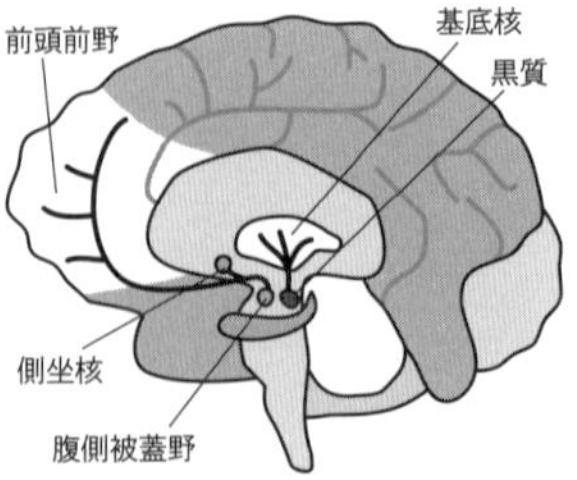

図14　ヒトの基底核―黒質―(側坐核)―前頭前野の連絡

でこのような名前になっています）から線維連絡があります。パーキンソン病ではこの黒質に病変があり、基底核がうまく働かないのです。

では思考の柔軟性の方はどうでしょう？　実はこれにも基底核が関与しています。思考の柔軟性のテストにウィスコンシン・カード分類課題といわれる神経心理の診断に使われる課題があります。カードには色と形があり、たとえば、最初は色に基づいてカードを分類します。ところが、これができるようになったところで、今度は形で分類するように指示します。つまり、新しい分類基準に変えなくてはりません。それほど難しいこととは思えないでしょうが、基底核に損傷がある場合これができなくなります。基底核は前頭前野と連絡があり、これが思考の柔軟性をささえていると考えられます。図14に基底核と前頭前野、黒質の関係が図示してあります。

b　マウスの連続逆転学習

一旦憶えたことの逆のことを憶えるのを「逆転学習」といい、動物で学習の柔軟性を調べるのに多く使われています。T字迷路のように選択肢が二つしかない課題の場合、論理的には2回目には必ず正答できるはずです。1回目が誤反応であれば、2回目には1回目に選ばなかった方を選べば正解だからです。しかし、以前の学習に執着したり、柔軟性がなかったりすると、正解がわかるまでにたくさんの誤反応をすることになります。とくに、この逆転学習を繰り返す連続逆転学習は知的能力の分析によく使われます。何度も逆転を繰り返していると、何回くらいの間違いで新しい学習ができるかが決まってきます。多くの動物の場合、1回の間違いではなく、何回か間違え、そして新しいものを憶えます。その間違いの回数が安定してくるわけです。

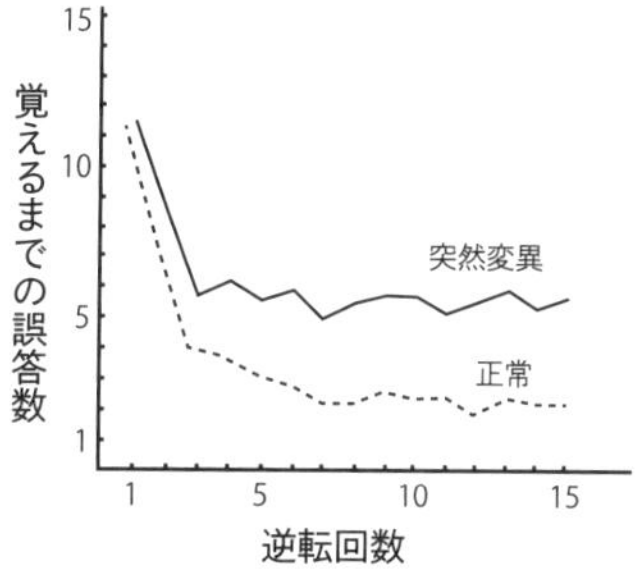

図15　連続逆転学習でマウスの知的柔軟性を調べる（Inagawa et al., 1988より）

いまは人工的に遺伝子改変動物を作ることができますが、一昔前は偶然できる突然変異が貴重な実験動物でした。筆者はフランスのパスツール研究所でできた突然変異のマウスの知能検査に携わったことがあります（図15）。その時もこの連続逆転学習を用いました。T字迷路を使って、左右のどちらかに行くことを学習させます。7回続けて正しい選択ができたら学習完成として、今度は反対側に行くことを学習させます。これを続け

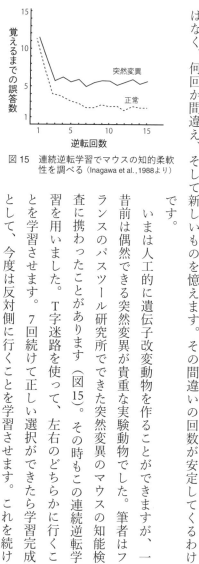

ると正常なマウスは2〜3回間違えると後は正しい選択をするようになります。突然変異でミエリンという神経線維の被膜がうまく作れなくなったマウスは正しい選択をするまでに6回くらい間違います。

c　ハトの連続獲得学習

ハトの知的柔軟性を調べるのにはもう少し工夫した課題もあります（図16）。第1章の海馬損傷で説明した「連続獲得学習」です。三つの窓があり、そのうち一つをつつけば餌が与えられます。連続して10回正しい選択ができたら学習完成とします。一つの位置を学習する度に、正しい窓の位置を次々と変更するようにして、ハトはある学習を終える度に新しい学習をしなくてはならないものでしたね。この課題は3択なので、逆転学習と違って一度間違えれば正解がわかるというものではありません。第1試行では正しい選択が行われるまで、すべての窓を点灯するようにしてありますが、第2試行以降は一度間違うとその試行はおしまいで、一定の間隔をおいて次の試行が始まります。つまり、第1試行での誤反応数は正しい窓がどれであるかを見つけるのに要した反応数ですから柔軟性の指標になります。一方、10回連続正答するまでの試行数は、位置をしっかり記憶する能力の指標になります。このようにして、過去の学習に

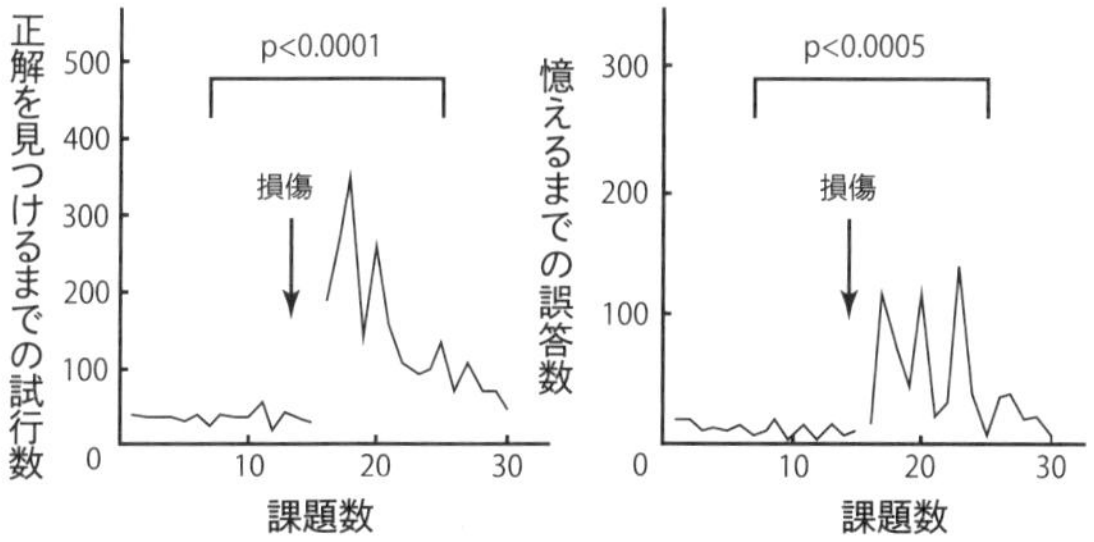

図16　基底核損傷はハトの連続獲得を阻害する（Watanabe, 2001より）

あまり拘泥せずに正しい窓を探す能力と正しい窓の位置をしっかり憶える能力を分離して測定できるわけです。

さて、この訓練を繰り返していると連続逆転の場合と同じように、どのくらいの反応で正しい窓を見つけられるか、何試行くらいでしっかり位置が記憶できるかが安定してきます。ハトの脳にも基底核のような構造があります。そこで、その基底核を損傷しました。その結果、ハトはこの繰り返し学習課題に著しい障害を示し、新しい窓の位置を探し出すことが難しくなりました（図16左）。いつまでも以前正しかった窓をつついているのです。そればかりではなく、新しい位置を記憶するのにも多くの試行がかかるようになったのです（図16右）。

記憶障害ではないかという可能性もあります。実際、基底核を壊すと正しい窓の発見ばかりでなく、正しい窓の位置をしっかり憶えることにも障害が出ています。空間記憶に関係する脳の場所に海馬があります。さて柔軟性課題は海馬損傷で障害されるでしょうか？　面白いことに正しい窓を探し出すことは障害されません。障害されるのは窓の位置を記憶するまでにかかる試行数です。つまり、憶えることの障害です。このことは基底核を壊した時の障害が記憶ではなく柔軟性の障害であることを物語ります。

d　ハトのカード分類課題

ハトにカード分類作業に似た課題を訓練することもできます。つつき窓は二つあって、一つの分類基準は窓の位置です。窓はそれぞれ違う色が点灯しますが、色は無視して位置の左右だけを弁別しろというものです。もう一つの課題は左右は無視して、色の弁別をしろというものです。ハトはこの課題ができますが、基底核を損傷すると課題が変わっても誤反応をし続けます。図17上の縦軸は損傷前の成績との比率を示しています。したがって1・0だと手術の効果はなく、数値が大きいほど損傷の効果が大きかったことになります。なお、海馬損傷はこの課題にも影響を与えません。

これらのことから、鳥類の高外套—基底核系とヒ

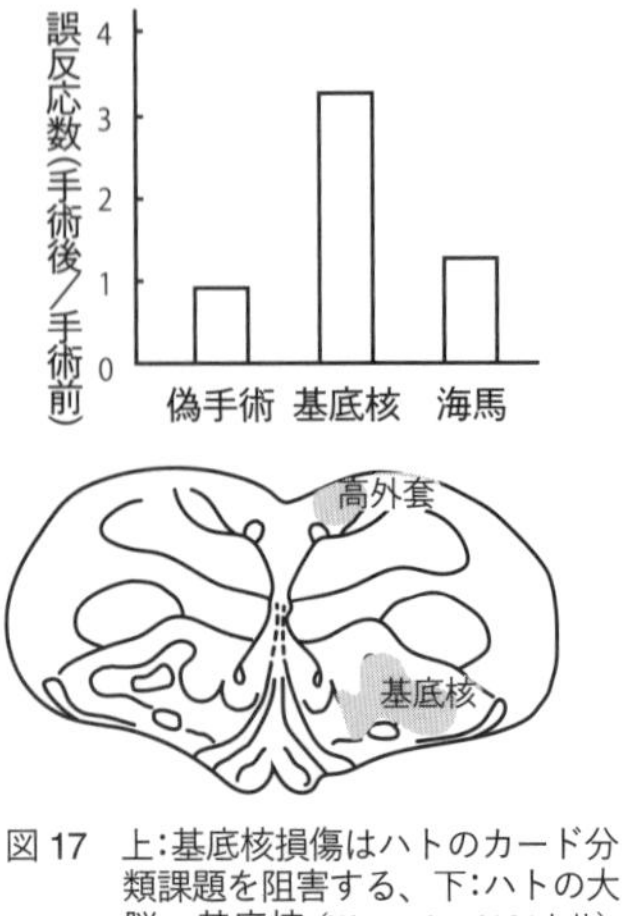

図17　上：基底核損傷はハトのカード分類課題を阻害する、下：ハトの大脳—基底核（Watanabe, 2001より）

トの前頭前野―基底核系はともに認知的柔軟性に関与していると考えられます。

e　モンティ・ホール課題

ハトの意外な認知的柔軟性を示す面白い課題があります。モンティ・ホール課題といわれる課題です（図18）。これは米国のテレビ番組に登場したものです。課題は扉の3択問題です。3択の二つにはヤギが入っています（アメリカ人はヤギが嫌いと見えます）。残り一つには景品が入っています。あなたはこの一つを選びます。しかし、まだ扉を開けてはいけません。司会者のモンティ・ホールはあなたが選んでいない二つの扉の一つを開けます。ヤギが入っていました。そこでモンティ・ホールはあなたに考えを変えて別の扉を選ぶか、それとも前に選んだ扉のままにするかと尋ねます。あなたには選択変更の機会が与えられたことになります。

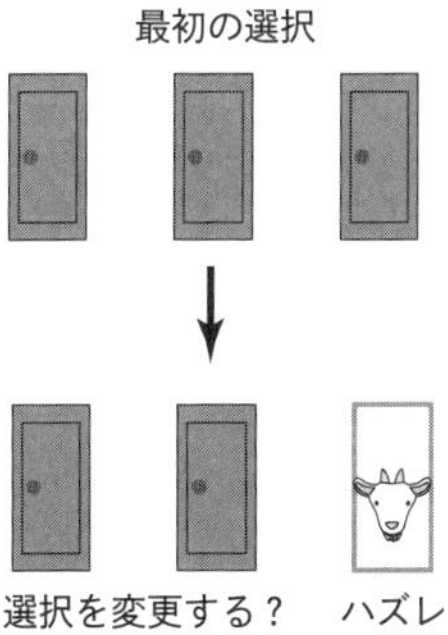

図18　モンティ・ホール課題

どうしますか？　選択を変えても変えなくても当たりの確率は同じだと感じたのではないでしょうか。違います。変えた方が当たりの確率は上がります。これは直感的な判断と違います。これがテレビ番組で放映された時に、確率・統計の専門家からも確率は変わらないのではないかという意見が寄せられたくらいです。

からくりはこうです。最初にあなたが選んだ扉が当たりである確率は3択問題ですから3分の1です。あとの2択に当たりがある確率は3分の2です。さて、モンティ・ホールがこの2択の一つを開けてヤギを出しました。したがって、モンティ・ホールが開けなかった残りの扉に景品が入っている確率は3分の2になります。あなたは選択をこの扉にすることによって当たりの確率は3分の1から3分の2にすることができるのです。大学生にこの課題を繰り返しやってもらいました。最初は間違っても仕方がありませんが、繰り返しによってその判断を変更できるでしょうか？　ヒトは判断を変更しません。ハトはどうでしょう？　三つの窓が点灯します。そのうち一つをつつきます。そこで餌がもらえるわけではありません。すべての窓が消灯します。1秒後に先ほどハトがつついた窓、他の二つのうち一つが緑に点灯します。残りの一つは点灯しません。したがって、ハトはこの窓はつつけないので、モンティ・ホールがヤギを出したことに相当します。ハトは先ほどつついた窓をもう一回つつけば3分1の確率で餌をもらえ、選択を変えて他の緑窓をつつけば3分の2の確立で餌をもらえます。

この訓練を繰り返します。ヒトは判断を変更しませんでしたが、ハトは経験によって判断を変更することを学習しました。その意味ではハトの方が認知的柔軟性を示したことになります。

7　数と計算

次は数学の問題です。正確にいうと、数がわかるかということと計算です。パリで心理学者、認知科学者、哲学者、数学者などが集まってヒトと動物の認知に関する会議を開いたことがあります。筆者の友人がオランウータンは紐で結び目を作るという研究報告をしました。数学者が手をあげて、これこそ数学の始まりであると絶賛しました。そこで著者は「もしそうなら、子どもの発達過程で、結び目を作る能力の発達と計算能力の発達に何らかの相関があるのではないか」と発言しました。その数学者は「なに、計算？　計算は数学ではない！」と断言しました。細かい説明は省きますが、確かに現代数学の基礎理論は加減乗除の規則とはかけ離れています。しかし、ここでの話は高等数学の話ではなく、動物が数を数えることができるか、ということと足し算引き算ができるか、という話です。

動物に数がわかるか、という問題は昔から人々の興味を引いていました。霊長類ばかりでなく、ゾウ、アライグマ、ラット、ハト、オウム、ワタリガラスなどで数認知の報告があります。最初のきちんとした報告はオットー・ケーラー（1889-1974）のものでハト、コクマルガラス、セキセイインコで数の認知を報告しています。しかし、動物で数がわかることを調べるには慎重に様々なテストをする必要がありますので批判も受けています。次に、どのように数認知を調べるか見てみましょう。

a　ハトとヒヨコ

例によってハトに実験箱に入ってもらいます。正面には四角の透明な窓があって、外が見られます。外にはベルトコンベアーのような装置があって箱に入った物体を次々とハトに見せることができます（図19上）。訓練では箱に小さな赤玉が4個入っている時に窓をつつけば正解で餌がもらえ、2個の場合は餌をもらえない、というものです。これができただけでは数がわかったとはいえません。数が多いと面積も大きくなります。ハトは面積の違いを区別していたのかもしれません。そこで、大きな赤玉と小さな赤玉を用意して様々な組み合わせで2個と4個を作りました。大きな赤玉2個は小さな赤玉4個より面積が大きくなります。ハトはそれでも4個と2個を区別しました。赤玉から緑玉やネジに物体を変えても4個か2個の区別ができます。特別の物体の数だけを憶えたのではないことがわかります。次に箱には4種類の違う物体（小石、小枝、クリップ、抵抗器〈電子部品〉）を入れます。これでも4と2の区別ができます。違う物でも1個ずつの数として扱えるわけです。さて、これだけで4と2の区別ができたといえるでしょうか。事によると数ではなく「多い」「少ない」の区別をしたのかもしれません。そこで1個から5個までの物体を見せるテストをしました。「多い」「少ない」の判断だったら5個で一番多く反応し、1個でもっとも少なく反応するはずです。ハトは4個の時に5個より多く反応しました。成績がよかったのは種類の違う物体の場合で、赤玉だけの場合には5個に多く反応することもありました。

イタリアのグループはヒヨコの刻印づけを利用して、ヒヨコが刻印づけされた物の「数」を弁別していることを明らかにしました。この場合も様々な条件を組み合わせて本当に数が行動を統制していることを明らかにしています。

b　大学生とグッピー

さて私たちが数を判断する時に二つのやり方があると考えられています。一つは少ない数をパッと判断する場合で「オブジェクト・システ

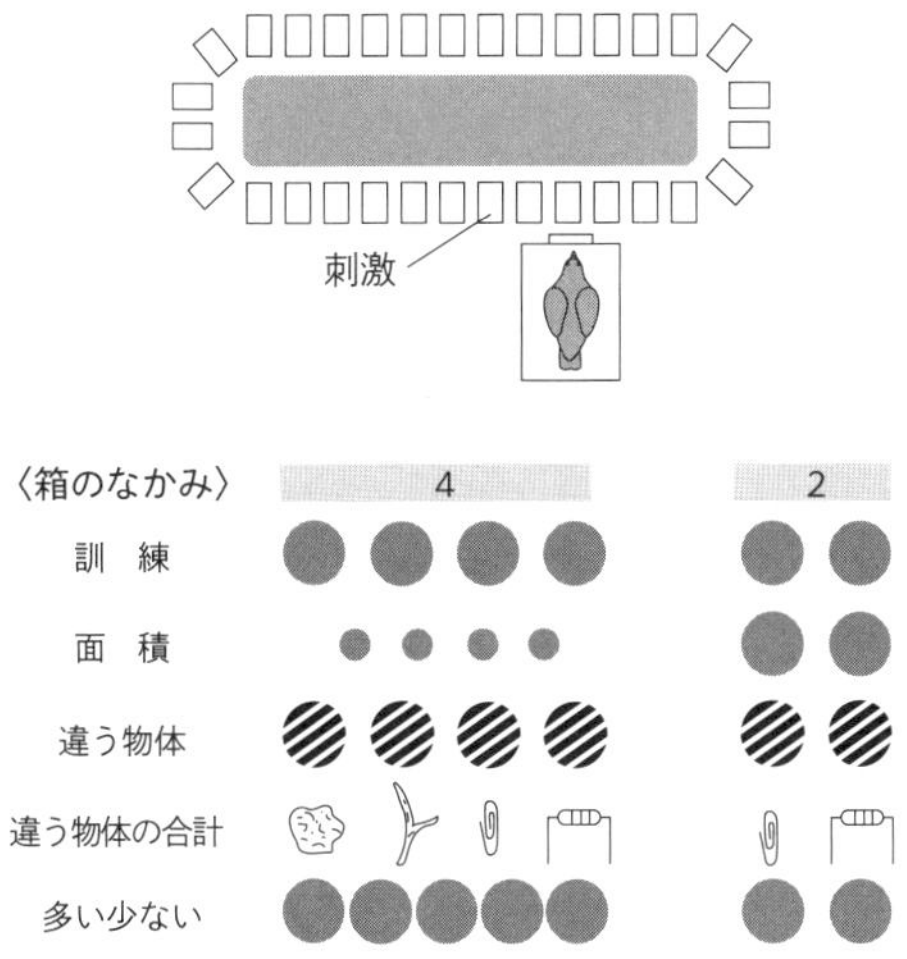

図19　ハトの「4」認知課題のテスト（Watanabe, 1998より）

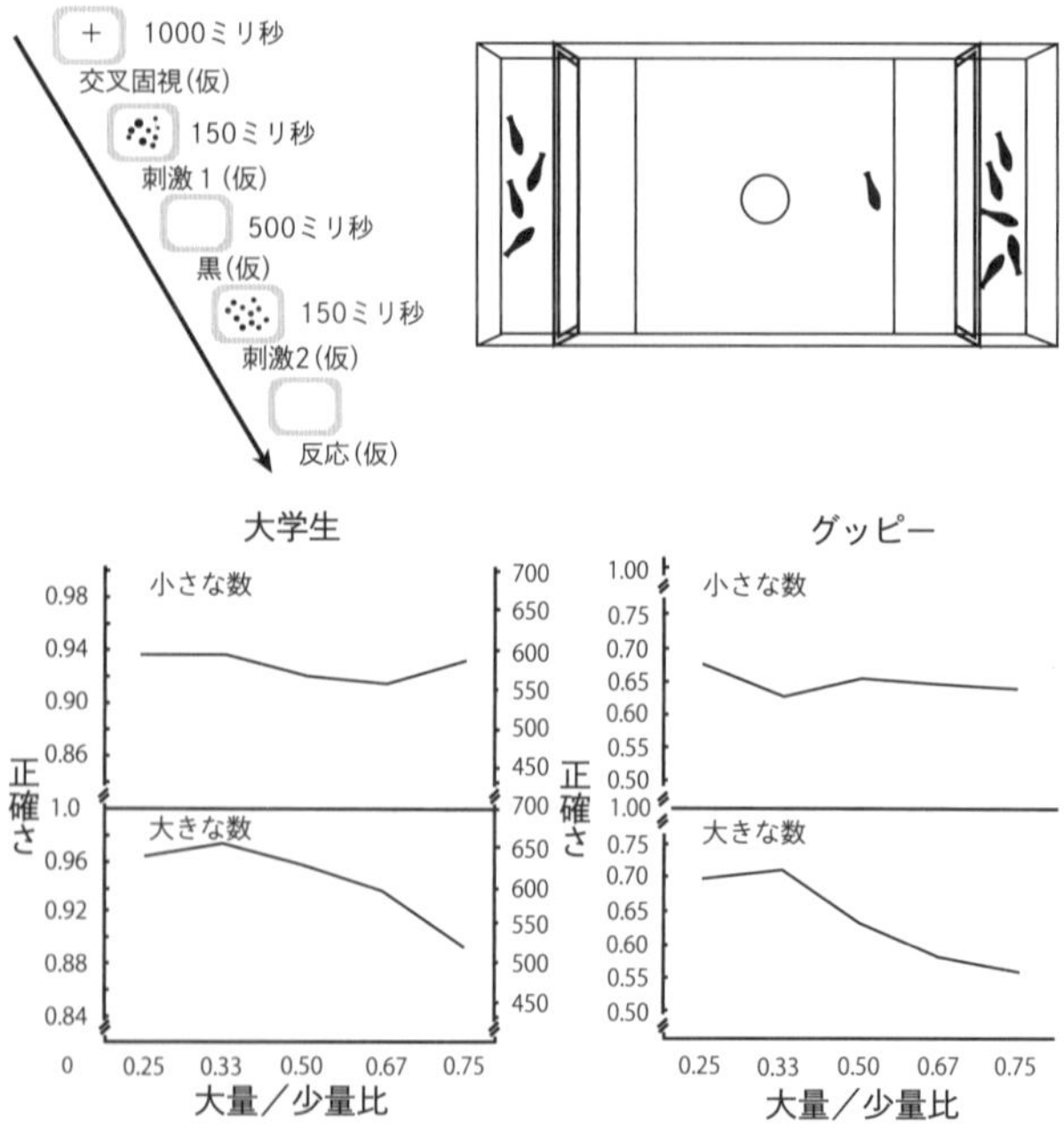

図20　上：ドットパターンの例とグッピーを入れた水槽
下：ヒトとグッピーは似たような数認知をする(Agrillo et al., 2012より)

ム」とか「サビタイズ」とかいわれます。お皿に載ったシュウマイの数がちらっと見てわかるようなものです。もう一つが「アナログ・システム」といわれるもので、これには大きな数の認知の時に使われます。大学生とグッピーを比較した論文があります。大学生には５００ミリ秒の間隔で１５０ミリ秒ずつドットパターンを見せて、どちらが多かったか答えさせます（図20左上）。グッピーは集団追従行動を利用します。水槽の両端に集団のグッピーを入れる区画を作ります（図20右上）。グッピーはより大きな集団と一緒になる習性があるので、これを利用するわけです。被験体のグッピーは中央で放され、どちらの集団の方に近づいたか測定されます。

小さな数（1から4）だと比較する数の比率を（0・25、0・33、0・50、0・67、0・75）に変化させても大学生、グッピーとも正答率はほぼ一定です。ところが大きな数（6から24）の場合は大学生でも、グッピーでも比率0・50くらいから精度が低下します。このことはサカナがヒトと同じような数処理のシステムをもっていることを示唆します。

c　序数

今まで述べてきた数はものの数（基数）ですが、数にはいくつ目の数という序数（順番）があります。ラットに並べられている6個のトンネルの特定の順番（たとえば3番）のトンネルに入ることを教えます。その後、トンネルの間隔を変えたり、大きさを変えたりしてもラットはトンネルを正しく選びます（図21左、110頁）。孵化後5日のヒヨコに類似の課題をやらせます。10個の物体が並んでいて4個目を選べば餌をもらえます。テストでは物体の数を5個に減らし、物体間の距離を広くします。ヒヨコは4個目を選びましたが、成績は偶然水準を上回る、といった程度のものです。

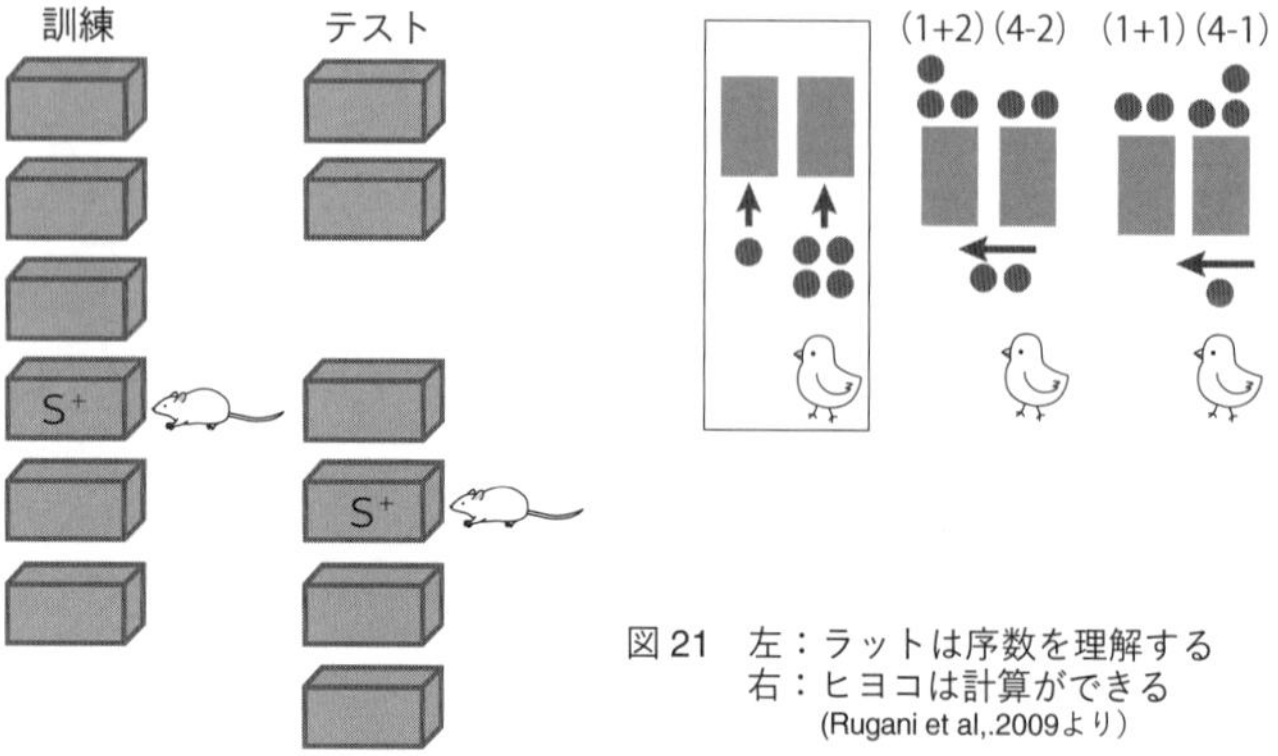

図21　左：ラットは序数を理解する
右：ヒヨコは計算ができる
(Rugani et al,.2009より)

d　ヒヨコの計算

なんとヒヨコは計算もやってのけます（図21右）。まず、ヒヨコに刻印づけをします。次にスクリーンが二つある実験箱に入れます。そして左のスクリーンの後ろに1個の刻印づけ物体を隠すところを見せます。ついで右のスクリーンの後ろには4個の刻印づけ物体を隠すところを見せます。そしてヒヨコにスクリーンの選択をさせます。ヒヨコは多い方の右を選びました。

さて、計算です。左に1個、右に4個入れた後で、右のスクリーンから2個の刻印づけ物体を左に移すところを見せます。左は1+2=3、右は4−2=2になりましたね。そこでまた選択をさせると、正しく多い方である左を選んだのです。移すのを1個にすると2個（左）と3個（右）になり、ヒヨコは右を選びます。ヒヨコが孵化後1日でテストを受けていることを考えると、この計算能力はすでにその段階で脳内に作られていたことになります。

e　ハチの計算

私たちは「＋」が足し算、「－」が引き算の記号であることを習っています。このような記号と計算の関係を理解する動物もいます。なんと、小さい頭のハチです。図22上を見てください。最初の部屋では入口に黄色で3個の刺激（図形）が描かれたボードがあります。一つは小さな黄色、二つは大きな黄色で、黄色は「引き算」の印です。この問題は「3－1」という意味で、答えは「2」です。次の部屋に行くと刺激3個の部屋と、刺激2個の部屋を選ぶようになっています。2個の部屋を選べば正解で砂糖水をもらえます。足し算は

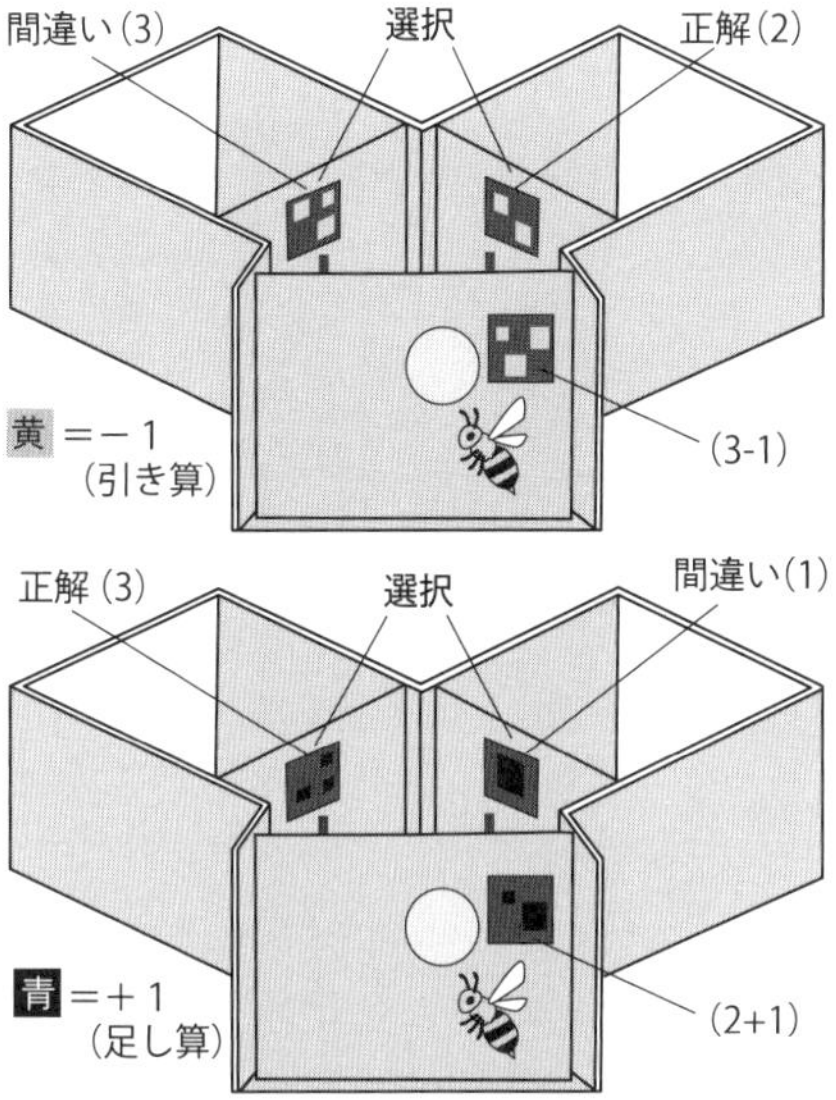

図22　ハチの計算テスト（Howard et al.,2019より）

青です。最初の入口のボードは二つの青で、小さな青一つと大きな青一つで、意味は「2+1」です。したがって次に3個の部屋を選べば正解です。刺激の図形は、四角、菱形、丸、三角が使われました。このうち3種類は訓練の時に、1種類はテストの時に使われました。ハチはおよそ100試行でこの課題ができるようになりました。

計算はヒトがもつ高等な機能のように思えますが、おそらくごく単純な神経系でも実行できることだと思われます。ハチは自然状態でその計算能力を使っているとは思えません。ハチの神経系が備えていた能力で、おそらくは他に使う学習能力を応用したのだと思えます。

f　ウマの計算

心理学者たちは長いこと計算する動物に懐疑的でした。序章でも述べました、「利口なハンス」として動物心理学史に名前を残すウマがいたからです。このウマはドイツ語を理解し、数を数えることも、計算することも、文字を読むことも、単語を書くこともできました。しかし、ドイツの心理学者たちはこのウマが計算しているのではないことを明らかにしました。実験心理学者のプフングストはハンスの飼い主の行動を詳細に分析し、ハンスが蹄を叩き始め、正答の数に達すると飼い主が「無意識」に頭を上に動かすことを発見したのです。実際、目隠しをするとハンスはやはり正答できなかったのです。サーカスなどの計算するイヌなどはこのことを積極的に使った芸です。

一見高等なことをしているような動物の行動は、単純な刺激と反応の関係で行われていることがわかったのです。これは動物研究にとって実に大きな影響をもった出来事でした。実験者は知らないうちに動物に何らかの問題解決の手がかりを与えているかもしれないのです。

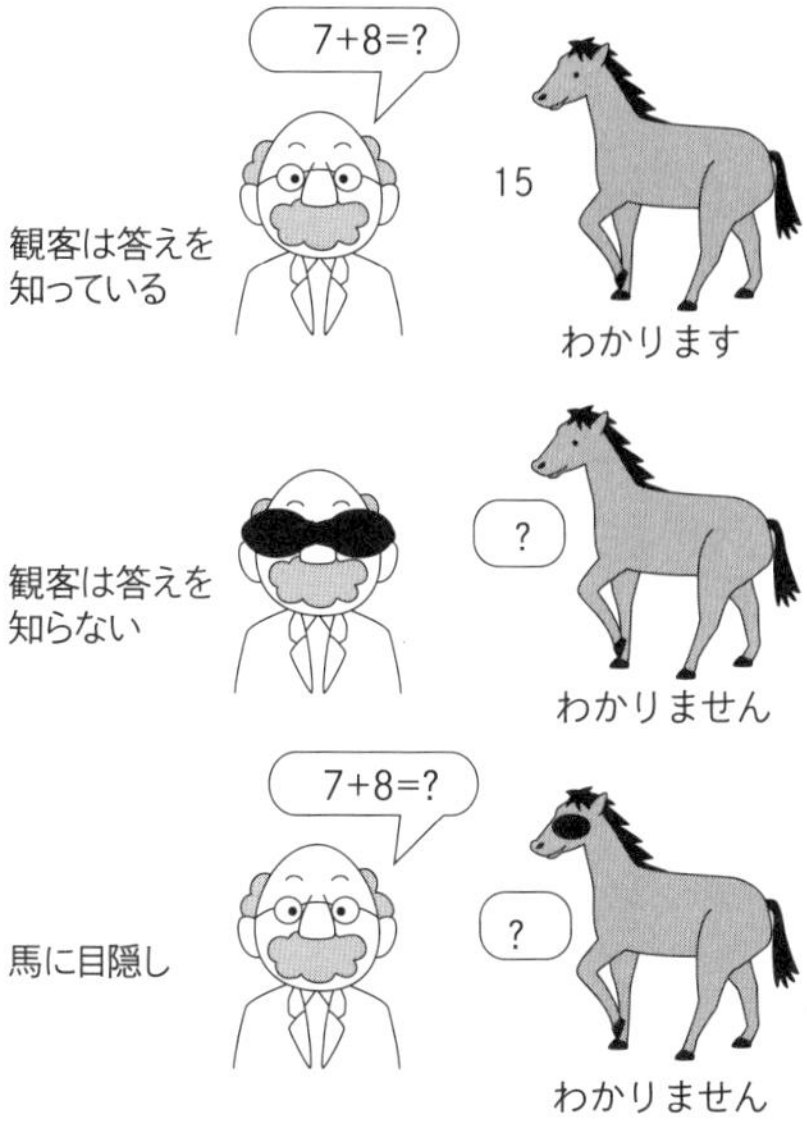

図 23　ハンスは何がわかったのか

8　まとめ

論理もまた神経系の機能です。そう考えると論理的な判断の多くが動物たちの神経系の中で認められるのはそれほど不思議なことではありません。推移的推論のように、人も動物も同じような推論の間違いをします。このことも推論をしている機械（脳）がそれほど違わないので当然ともいえます。しかし、等価性のように、動物は間違わないのに、ヒトは当然のように間違う論理的な判断もあります。間違った判断が言語の獲得に役立ったとしたら、その判断が脳に組み込まれていった可能性は十分に考えられます。計算は難しそうですが、機械を作ることを考えると計算する機械は、機械の中では単純だともいえます。神経系の仕事としてはあまり複雑でなくてもできるのかもしれません。

◎参考文献

渡辺茂『鳥脳力』化学同人社、2010年
ドナルド・グリフィン、長野敬・宮木陽子（訳）『動物の心』青土社、1995年
アイリーン・ペッパーバーグ、渡辺茂・山崎由美子・遠藤清香（訳）『アレックス・スタディ』共立出版、2003年
ジェニファー・アッカーマン、鍛原多恵子（訳）『鳥！驚異の知能』講談社、2018年

第3章　あなたは道徳的ですか

道徳や倫理には難しい理屈がたくさんあると思います。しかし、なるべく単純に考えていくと、それは社会生活の基本的な決まりであり、さらに考えていくと他人が嫌な思いをするのは避けよう、ということにたどり着くのではないでしょうか。このことは文化に依存せずに普遍的に見られるので、言語学者が人類共通の「普遍文法」があると考えているように、人類には「普遍道徳」があるのではないかと考える研究者もいます。

他人が嫌な思いをしていることはどうやってわかるのでしょう。もちろん、その人が「嫌な気分だ」と言葉で表現することもあるでしょうし、悲鳴をあげれば何か痛いことがあったなとわかります。しかし、何もいわなくても他人の気分はわかります。自律神経系の情動表出の検出です。血圧や心拍は正確にはわからなくても、顔色や息遣い、細かい筋肉の動きなどでわかります。瞳の大きさもそうです。瞳孔の大きさはもちろん明るさで変化しますが、同時に情動変化によってもコントロールされていて、これは不随意な動きです。そのため顔は笑っていても「眼が笑っていない」などということになります。

1　刺激般化としての共感

他者が嫌な思いをしているのを見るのは嫌だ、ということはヒトばかりでなく案外多くの動物で観察されており、それだけ進化的起源の古いことだと思います。霊長類ばかりでなく、ゾウ、ブタ、ネズミなどで広く認められています。実験を紹介しましょう（図1上）。ラットを実験箱に入れて二つのレバーの選択をさせます。どちらを選んでも餌をもらえるのですが、一方のレバーを選ぶと餌をもらう前に7秒間ザーという雑音を聞くことになります。他方のレバーだと7秒間録音してあるラットの悲鳴（電気ショックをかけられた時の悲鳴です）を聞かなくてはなりません。ラットは雑音側のレバーを選ぶようになります。つまり仲間の悲鳴は聞きたくないのです。しかし、この実験を繰り返していると、どちらのレバーも同程度に選択するようになります。つまり仲間の悲鳴に慣れてしまいます。

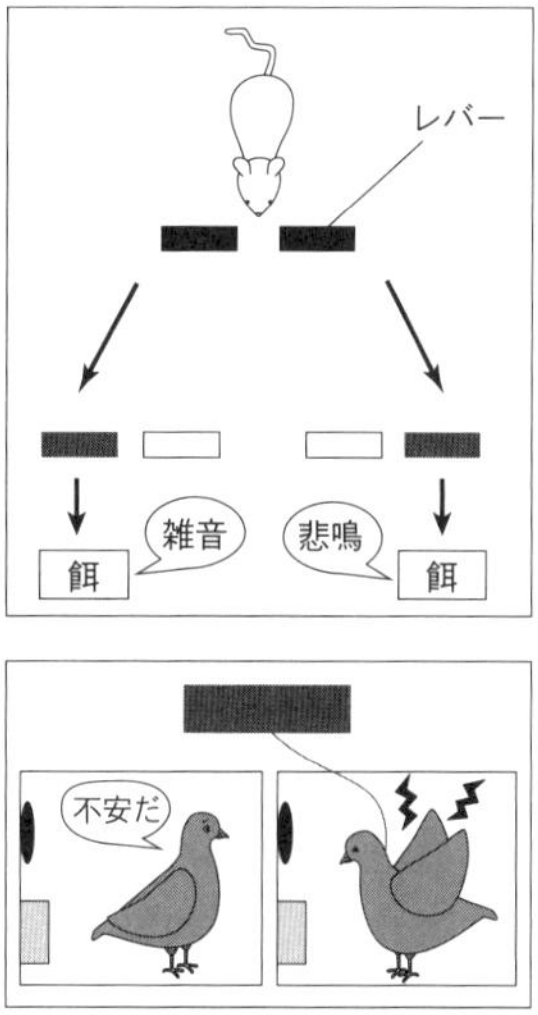

図1　上：ラットの実験
下：ハトの実験

他の方法で調べた研究者もいます。ラッ

セル・チャーチ博士はまずラットにレバー押しのオペラント条件づけを訓練し、反応が安定したところで、実験箱の隣で他のラットに電気ショックをかけてみました。もちろん、電気ショックをかけられたラットは暴れます。それを見たラットはレバー押しをやめてしまいます。つまりオペラント反応が抑制されてしまうのです。この抑制効果は先ほどの悲鳴の実験と同じように、繰り返すと急速に失われてしまいます。ところが被験体自身にもあらかじめ電気ショックを経験させておくと、抑制効果は強く、また持続的になります。

筆者たちの実験室では同じような現象をハトのオペラント条件づけで確認しています（図1下、117頁）。そして、ハトでも被験体のハトに電撃を経験させておくと、隣のハトの電撃による痛覚反応は、オペラント反応を強く抑制するようになりました。このハトにおける共感によるオペラント抑制効果は抗不安薬であるジアゼパムを注射すると軽減されますので、ハトの痛覚反応は他個体に不安を起こすのだと考えられます。

他人の痛みが嫌だという現象は心理学的には「刺激般化」として解釈できます。たとえば、ハトにある色が小さな窓に現れた時に反応すれば餌を得られるようにします（図2）。その後で、違う色を窓に出します。すると、ハトはこれらの色にも反応します。そして、もともと訓練した色に近い色ほど多く反応します。これが刺激般化といわれる現象です。自分の痛覚と他者の痛覚が類似していれば、刺激般化を起こすことになります。ヒトの機能的脳画像研究は自分が痛い思いをした時と、他人が痛がっているのを見た時に同じ部位が活動することを明らかにしました。他人の痛みは我が痛みというわけです。

これまで共感を他者の情動表出によって起こされる情動としてきました。しかし、この「他者」は必ずしも同じ種であるとは限りません。私たちは酷い扱いを受けているイヌやネコを見ると心が痛みます。動物に対する共感はペットに限りませんが、どの範囲で負の共感が起きるかには文化による違いがあります。捕鯨を限りなく嫌悪するのに、狐狩りはＯＫという文化があり、しかも時代を遡れば捕鯨を嫌がる文化圏の人が熱心に捕鯨を行っていた過去があったりします。しかし、わたしたちの共感が種を超えたものであることは認めて良いように思います。実験的にもヒトがペットの痛覚反応に共感を感じることが報告されています。ペットが喜んでいるのを見るのは楽しいと思いますが、これがどの程度一般化できるかはかなり個人に依存すると思

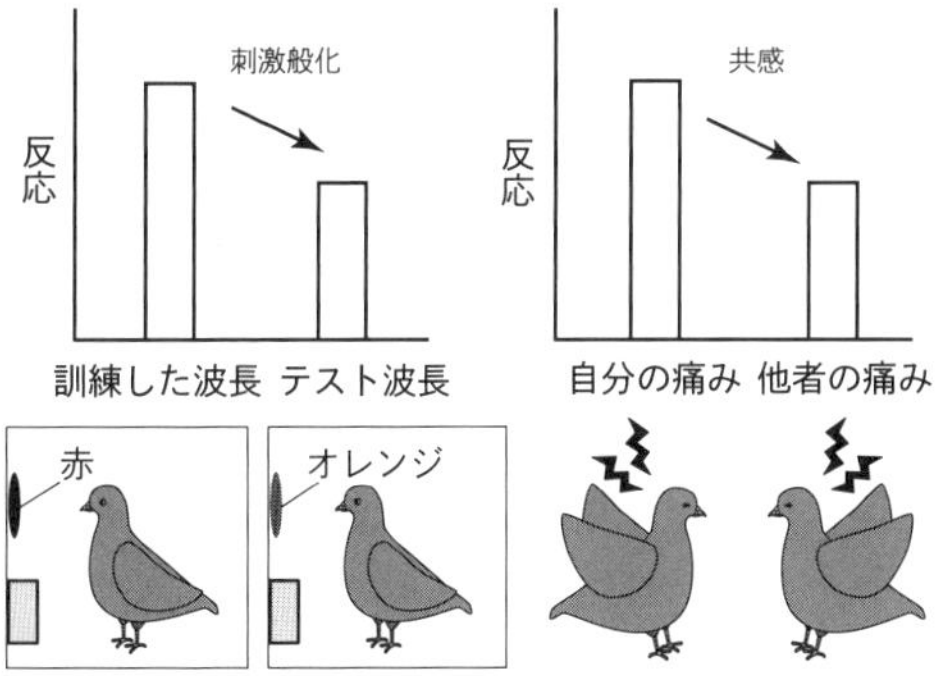

図２　刺激般化としての共感

われます。この共感の範囲はヒトがどの程度他の動物を擬人化して見るかということにも関わっています。

2　なぜ他人を助けるのか

図3左の光景は実際の写真をご覧になった方もおられるのではないかと思いますが、電車とホームに挟まれた人を乗客が力を合わせて救出しているところです。動物も仲間を助けるというエピソードが数多く報告されています。驚いたことにアリでも救援行動のようなものが観察されています（図3右）。救援行動もまた進化的起源の古い行動だと思われます。少し意地の悪い見方かもしれませんが、もし、他個体の負の情動が嫌なものであるなら、これを避けるために、救助を行っているとも考えられます。つまり。「他個体を助ける」というより「嫌なものを避ける」ので見かけ上、救援をしているように見えているかもしれません。

図3　左：ヒトの救援行動、右：アリの救援行動

a　サル

サルがレバーを引くことによって隣のサルにかかる電気ショックを止めた、という実験があります。最近の実験ではサルに他のサルが電気ショックの信号となる音を聞くところをビデオで見せるというものがあります。信号を聞いたサルは当然これから電気ショックがかかると思って恐怖の表情を浮かべます。このビデオを見たサルがレバーを引けば電気ショックはかかりません。表出された表情の認知によって他個体への電気ショックを止めたということになります。

b　ラット

救援行動はラットでも報告されています。ラットが実験箱のレバーを押すと天井から吊るされた他個体を下に降ろすことができるようにします。ラットはレバーを押して仲間を助けます（図4左、122頁）。ラットではなく物体が吊るされている場合にはあまりレバーを押しません。最近の研究では、ラットが小さな筒のふたを開けて中に閉じ込められている他個体を解放したり、水に浸けられている仲間を助けることが報告されています。この実験にはいろいろ問題があり、筆者は似たような実験をマウスで行ったことがありますが、少なくともマウスに関する限り、明白な救援行動は確認できませんでした。

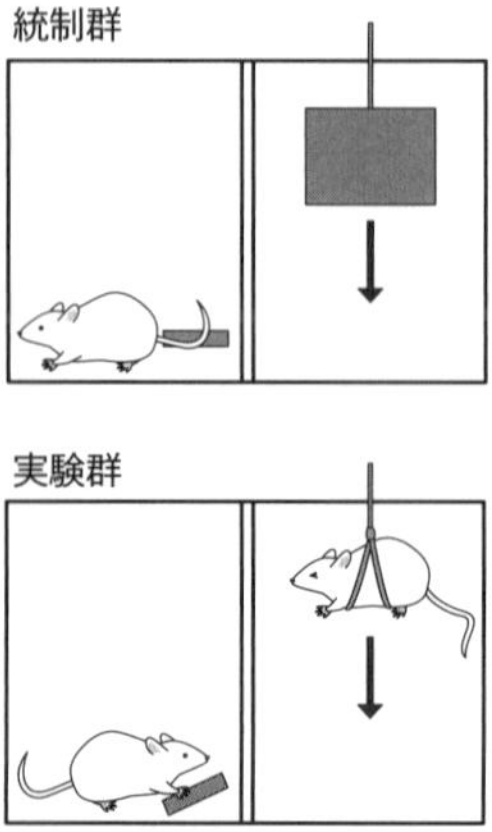

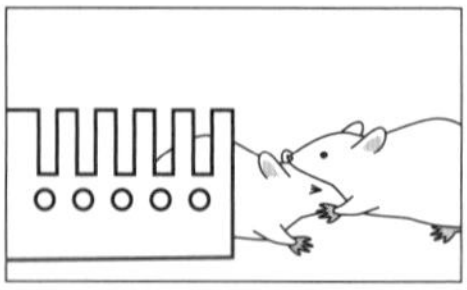

図4
左：ラットの救援行動
（Rice & Gainer, 1962より）
右：仲間を助けるラット
（Ben-Ami Bartel et al., 2011より）

　社会性のある動物では他個体との交渉は好ましい刺激になります。心理学の用語では社会的強化といいます。先ほどの閉じ込められた仲間を助けるラットの行動も、他個体が強化効果をもっているからなのかもしれません。ラットを使って、餌を強化にした場合と、筒から仲間が出てくることを強化にした場合の比較を行った実験があります。ラットがレバーを押すと餌や他個体が出てくるわけですが、1回レバーを押すごとに次の回では押さなくてはならない回数が増えるようにします。この方法は「累進比率法」といい、どのくらいの数になっても押し続けるかということが、ラットがどれだけその強化を欲しがっているのかということの目安になります。この実験の場合、餌よりは少ない回数ですが、仲間の場合でもラットはレバーを押し続けます。そうなると、仲間を助けるのではなく、社会的強化のために見かけ上救援をしていたのかもしれません。
　他者を傷つけることに嫌悪的な情動がともなうことは、文化、時代による程度の差はあってもヒトに共通しています。そのことから、ハーヴァード大学にいたマーク・ハウザー博士はヒトが民族や時代を超えて共通の「普遍文法」をもつように、ヒトに共通する「普遍道徳」があるのではないかと考えました。しかし、道徳の基盤としての共感には反論もあります。ポール・ブルーム博士は『反共感論』（2018年）という本の中で、このような情動的共感はその範囲がいわば身内に限られており、集団外のメンバーには適用されないことを指摘しました。また、共感は情動表出によって起きるものであることから、飢えた子どもの写真は共感を起こしても、飢えた子どもの統計資料は共感を起こしません。そこで、彼はむしろ理性による道徳判断の方が重要だとしています。先に共感は心理学的には刺激般化と考えられることを説明しましたが、刺激般化はもともとの刺激から遠ざかるにつれて反応は弱くなります。共感が自分と他者との距離が離れるに従って弱くなるのは当然といえます。統計資料では刺激般化は起きません。

c　ヘルパー

動物の助け合いは動物行動の野外研究のテーマでもあります。鳥類や哺乳類では繁殖する時に親以外の個体で育児を助けるヘルパーがいることが知られています。たとえば、親鳥以外の個体（ヘルパー）が自分の子どもではないヒナにせっせと餌を運ぶことが観察されています。そして、実際、このような助けがあるとヒナがよく育つことがわかっています。このようなヘルパーは多くの場合血縁のある個体です。血縁のある子どもを育てることは自分自身のもつ遺伝子と共通する遺伝子をもつ個体を助けることになりますから、結局、自分の遺伝子を拡散することになります。つまり、遺伝子の拡散は自分の子どもだけではなく、血縁者を助けることによっても達成されます。このような合計した遺伝子の拡散は「包括適応度」という考え方で説明されます。先ほどの刺激般化で考えれば、般化の次元は血縁の程度であるとも考えられます。血縁が近いほどよく助けるわけです（図5）。

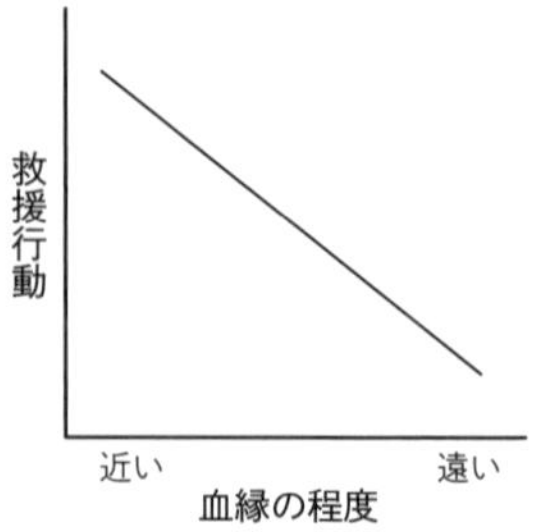

図５　血縁と救援

では他個体の救援はつまり、この包括適応度を高めること、すなわち血縁者を助けることに過ぎないのでしょうか。遺伝子解析では、必ずしも血縁がなくても救援行動が見られることがわかってきました。よく知られているのは吸血コウモリの例です。血を吸うというのは結構難儀な仕事らしく、血を吸おうと元気に飛び出しても、血にありつけずに虚しく帰ってくる個体もいます。吸血に失敗した個体にお腹一杯血を吸ってきた他の個体が血を吐き戻して分けてやります。この行動は、当初は血縁個体同士だろうと考えられていましたが、実はそうでもないことがわかってきました。さらにある個体が血を分けてもらうと、その個体が別の機会に逆に血を分ける、つまり、相互互恵の関係があるらしいこともわかってきました。そうなると、いわば貸し借りの関係になります。

筆者はブラジルの湿地帯パンタナールのロッジで山火事にあったことがあります。この場所はサンパウロから飛行機、車、船を乗り継いで行く奥地で、人類学者のレヴィ＝ストロースが探検をしたことで知られています。ブラジルの山火事の原因の一つは焼き畑ですが、乾燥した樹木の摩擦熱によっても火事が起きます。いよいよ火事が泊まっていたロッジに近づいた時に密林の中から大勢の現地人が出てきて消火活動を始めました。つまり私たちは救助されたのです。ロッジの主人によると、普段から彼らとは互助関係にあって、現地人は火事の時には救援に駆けつけ、一方現地人に病人が出た時にはロッジの主人がエンジンつきの舟で町まで病人を運ぶことになっているとのことでした。このようにヒトの場合は相互互恵関係に基づく救援行動があります。

ヘルパーの存在については育児の経験が育児をする時に役に立つとか、援助行動をしていることは自分の能力を誇示することになる、とかいったことも主張されていますが、必ずしも十分に解明されていません。

d　共感の範囲

種を超えた救援行動も報告されています。様々な動物種でエピソードが知られています。インパラ（カモシカに似た動物）をワニから救ったカバの話、アザラシが河でイヌを助けた話、チンパンジーの仲間のボノボが傷ついた小鳥を助けて梢から放した例、などなどです。イルカやウミガメに助けられた人の例もあります。もっとも「助けてもらえなかった」人の話は聞きようがないので、このような報告にはバイアスがかかっていることも忘れてはなりません。イルカのいる海でサメに襲われた人の報告があります。イルカが助けてくれるかと思ったが、じっと見てるだけだったということです。イルカやウミガメの救援を当てにしてはいけません。

実験的に他種間の救援を確かめた例はあまりありません。サルは他のサルにかけられる電気ショックを止めますが、相手がネズミの場合は止めないことが報告されています。野外での捕食者と被捕食者の関係では共感などがあってはそもそも捕食関係が成り立たちません。

共感が程度の違いはあってもある程度種を超えた現象であるのに対し共感の反対である嫉妬の対象はより限定的です。普通の人間より恵まれた扱いを受けているイヌやネコ、莫大な遺産を相続するイヌやネコがいます。それらを冗談の種にすることはあっても、嫉妬することはちょっと考えられません。同じ種内であっても圧倒的な階層差がある、スーパースターや王室などでは嫉妬よりも憧れが生じやすいと思います。自分との距離が重要なのです。このことはシャーデンフロイデ（139頁～）のところでも考えます。

救援は嫌な刺激である他者の苦しみを除去する方法ですが、嫌なものを避けるのであればもっと簡単な方法があります。他人が苦しんでいる場面から、立ち去るだけでいいのです。しかし、ヒトの場合、自ら好んで救援を行うことがあります。行方不明になった子どもを助けたボランティアが大きく報道されたことがあります。ヒトの救援や援助を単に嫌なものを避けるためとか、社会強化だけで説明するのには無理があります。そこに他の動物とは違うヒトの文化進化が見られます。しかし、その進化的基盤は今まで述べてきたものであると考えられます。

3　共通経験の効果

先ほど、他者の痛みに対する共感には共通経験が重要だという説明をしました。共通経験は他者の幸福の共感にも重要なようです。他人の喜びを我が喜びとすることはヒトではよく見かけますが、動物では比較的見つけにくい行動です。単純な喜びの例を考えましょう。喫煙とか飲酒による喜びです。筆者は喫煙の習慣がありませんが、喫煙では友人に勧められて始めた例が多いことが知られています。仲間と一緒に飲む社会的飲酒も広く見られます。一気飲みの強制などは危険ですが、一般的には仲間と飲むことは一人酒よりも楽しく、飲酒量も増えます。

a　一緒にヒロポンを打つ

さて、ここでは覚せい剤であるヒロポンが起こす快感を調べます。薬物による快感の測定方法としては条件性場所選好（CPP）を使います。これは動物が薬物投与と結びついた環境を好むようになる現象（つまり条件づけ）を利用したものです。酒呑みが赤提灯に惹かれてしまうようなものですね。白い箱と黒い箱に分けられた実験箱にマウスを入れ、どちらの箱にどのくらい滞在するかを自由探索で調べます。実際の実験では図6にあるように白と黒の間に灰色の区画があります。マウスにメタンフェタミン（ヒロポン）を投与し、ある環境（たとえば白い箱）に入れ、別の日には生理食塩水を投与し別の環境（たとえば黒い箱）に入れます。その後に、自由探索で白い箱と黒い箱の滞在時間を調べると、薬物投与と結びついた箱を選好（長く滞在する）するようになります。この時、1個体ではなく2個体一緒に薬物を投与すると、さらに長く滞在するようになります。2匹一緒の共通経験によって薬物の効果は強くなるのです。

この効果は2個体が同じ経験をすることが重要で、1個体が薬物投与の時には他個体が生理食塩水を投与して、経験が共通でないようにすると、社会的促進は認められません。まあ、素《しら》面《ふ》の友人とではあまり酒が進まない、といったところですが、共通経験の重要性がよくわかります。不思議なことにモルヒネでは2個体同時投与による強化効果の増大は認められませんでした。メタンフェタミンもモルヒネもヒトが乱用する薬物ですが、ヒトでの乱用の様子を見ると、前者がしばしば集団で摂取される（コカイン・パーティーなど）のに対し、後者はアヘン窟のようなところで単独摂取が多いように思われます。このような薬物の社会的促進効果の相違は乱用を理解する上でも今後よく検討する必要があると思われます。

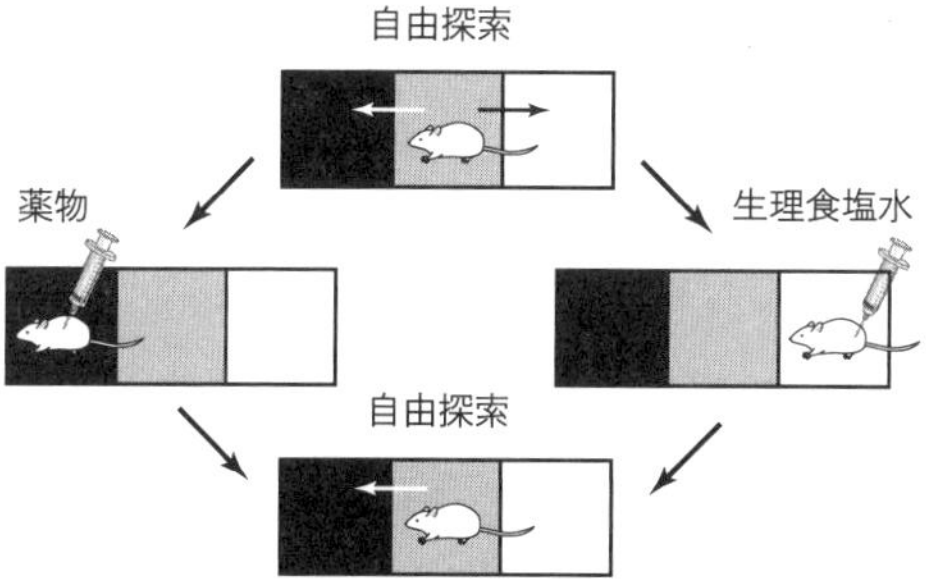

図6　条件性場所選好の手続き

b　一緒だと耐えられる

面白いことに共通経験はストレスを軽減させる効果もあります。つまり仲間も一緒に酷い目に遭っていると一人で酷い目に遭っている場合より耐えられます。同じストレスでも、自分一人でストレスを受ける場合、皆で一緒にストレスを受ける場合で感じる強さが違います。体育会の辛い練習に耐えられるのも、この皆で一緒にやっているという効果が働いていると考えられます。

マウスを使って、いくつかの方法でストレスの強さを測ってみました。まずはストレス・ホルモンであるコルチコステロン（ヒトのコルチゾールに当たる物質です）の測定です。これは採血をして測ります。ストレスをかける方法としては拘束ストレスを用いました。これはマウスをアクリル製の筒に閉じ込めるもので、一匹だけの場合、仲間と一緒の場合で血中コルチコステロンを比較しました。拘束によってコルチコステロンは上昇しますが、仲間と一緒だと一匹だけの時よりコルチコステロンの上昇が低くなります。ストレスは軽減されたわけです。

ストレスの嫌悪性記憶（嫌な経験の記憶）に対する効果も指標になります。ちょっと不思議に思われるかもしれませんが、ストレスが嫌悪経験の記憶の保持を促進することはよく知られています。事前に、マウスに拘束ストレスをかけます。ついでステップ・ダウンの「受動回避条件づけ」を行います。これは実験箱内に台があり、その上にマウスを乗せます。マウスが床に降りると電気ショックがかかるので、一定時間台に留まれば条件づけが成立されたとされます。簡単な課題なのでマウスは台から降りないことをすぐ学習します。次にマウスを強制的に床に降ろします。この時には電気ショックは与えられないので、床がもはや危なくないことを学習させることになります。このことを「消去」といいます。この後、一定時間たってからマウスを実験箱の台に乗せて床に降りるまでの時間（潜時）を計ります。消去の効果が残っていれば、マウスはすぐ床に降りますが、嫌悪記憶が強く残っていれば、降りるまでの時間が長くなります。拘束ストレスを受けたマウスはそうでないマウスより長く台に留まることがわかりました。つまり、ストレス経験が嫌悪記憶を増強したのです。

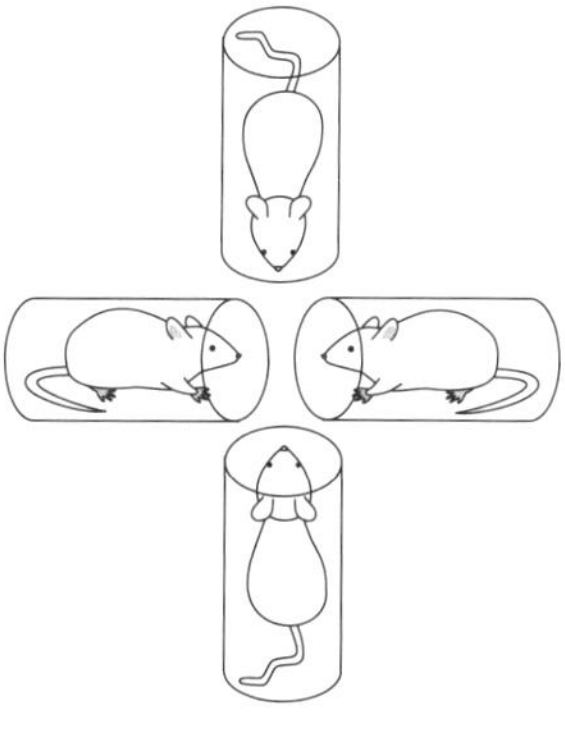

図７　一緒にストレスを受けると耐えられる

このストレスの効果は筒で拘束されたマウスが４頭一緒に実験箱の中に入れられるとなくなります（図７）。共通経験による共感によってストレス効果が軽減したわけです。そして、このことはコルチコステロンの測定結果とも一致します。

もう一つ違う方法でストレスを測定しました。体温の測定です。ストレスを与えると体温が上昇することが知られています。これは「ストレス誘発性高体温」といわれるもので、背中の褐色脂肪細胞の代謝によって生じる体温上昇です。体温は赤外線サーモグラフを用いて測ることにしました。この測定方法は新型コロナ感染症でおなじみになりましたね。これなら、動物に全く負担をかけることなく瞬時に体温を測れます。しかも、何個体かを同時に測定できるので、社会的状況での実験には便利です。

ストレスをかける方法は、これまでと同じで筒での拘束ストレスです。あらかじめ自由な状態で体温を測定しておき、それからマウスを筒に入れます。筒の上部にはスリットが入っていてこの部分は体表がむきだしになっているので、ここからサーモグラフによる体温測定を行うわけです。一匹で筒に入れられるとストレスによる体温の上昇が見られます。ところが、4匹同時に筒に入れて体温を測ると、上昇が見られません。これらの結果はこれまでのコルチコステロン測定や記憶増進作用の結果と一致するものです。このように様々な測り方をしても、「一緒だとストレスに耐えられる」ことが確認できました。なぜでしょう?

マウスは天敵に食べられる動物、被捕食者です。誰かに食べられないか、ビクビクして暮らしています。皆と一緒にいれば、自分がつかまる確率は低くなります。ヒトの場合はどうでしょう。私たちは万物の霊長などといっていますが、過去を遡ると、私たちもヒョウなどの捕食者に普通に食べられていました。私たちがマンモスなどの大型草食獣を絶滅させたことは事実ですが、無敵のハンターだったわけではありません。ごく普通のキャット・フードでもあったのです。獲物を狩るのにも頭を使いますが、狩られないようにするのも大変です。私たちの知能の進化には狩られないようにする、対捕食者行動も重要な役割を果たしています。みんなと一緒にしていて目立たないようにするのは対捕食者行動の基本です。みんなで渡る赤信号が怖くないのも、このような起源をもつのかも知れません。

4　不平等は嫌ですか

私たちは不平等が嫌いです。同じ仕事をしていて給料が異なるのは納得できません。経済格差が良いことだと考える人は珍しいでしょう。不平等には二つの種類があります。一つは「損な不平等」といわれるもので、普通に不平等というと、この損な不平等を指します。動物実験ではエモリー大学のフランス・ドゥ・ヴァール博士たちのフサオマキザルの実験がよく知られています。実験者とサルが物々交換を行う実験で、サルが物を差し出すと、実験者は交換にキュウリを与えます。サルはすぐこの交換ゲームになれます。しかし、隣のサルにはキュウリではなく、サルの好きなブドウを交換で与えると、キュウリをもらったサルは受け取りを拒絶したというものです。キュウリだって食べられるし、何もないよりは良いはずです。しかし、隣と較べることによってキュウリの価値は著しく下がってしまうわけです。この実験はインターネットで映像を見ることができます（https://www.ted.com/talks/frans_de_waal_moral_behavior_in_animals）。

不平等というものは集団につきものです。アンリ・ルソーは『人間不平等起源論』でヒトの集団に不平等がいかにして生まれたかを論じましたが、この「他者との見較べ」はルソーが「不平等の起源」として考えたことです。ヒトがいかに幸せの絶対値ではなく相対な比較に重きをおいているかは数多くの社会心理学の実験が明らかにしています。わたしたちは不平等に対する嫌悪感を強くもっていることは確かです。

a　不平等な食事

筆者の研究室では不平等嫌悪をマウスで検討しました。まずマウスを空腹にしておきます。被験体のマウスは透明アクリルの囲いの中でチーズを与えられ、複数のケージ・メイト（同じ飼育箱に住んでいる仲間）がその周囲でチーズを与えられます。これは平等条件です。そして、被験体にはチーズが与えられず、ケージ・メイトがチーズを食べているのが不平等条件です（図8上）。嫌悪の指標としては先ほどのストレス誘発性高体温を用いました。不平等状態では明らかな体温上昇が見られました。この不公平嫌悪は餌の摂取が競合的であると考えれば理解できます。自分は摂食できずに他個体が摂食できる状況は自分の食物資源の枯渇を意味するからです。なお、マウスでは食べ物の量の不平等嫌悪を見られますが、質（一方は固形飼料、他方はチーズ）では嫌悪が認められないので、フサオマキザルの不平等嫌悪とは少し異なるようです。

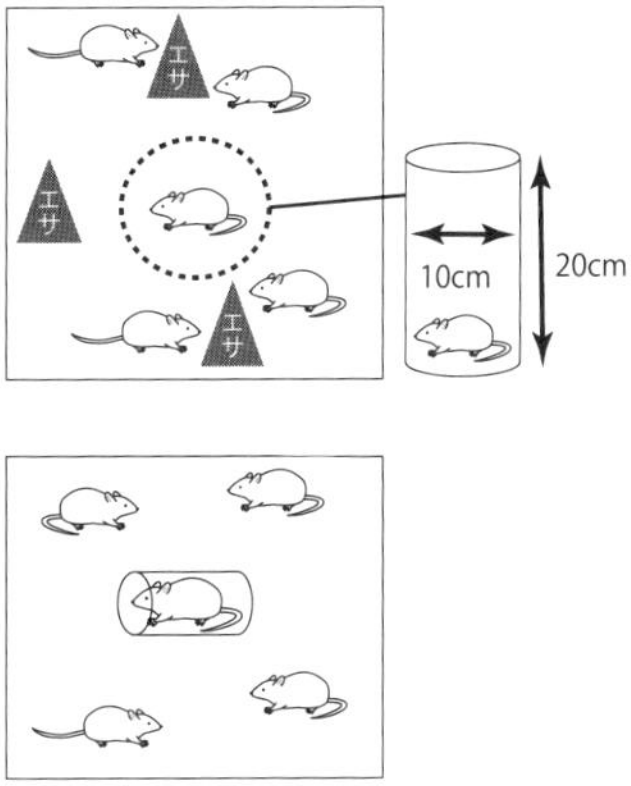

図8　上：餌分配の不平等
下：拘束の不平等

b　不平等に拘束される

拘束ストレスでも不平等な場面を作ることができます。被験体は拘束されていて、ケージ・メイトが自由に動ける状態です（図8下）。被験体の体温を測定すると明らかに単独で拘束された場合よりストレス誘導性高体温が強くなります（図9、136頁）。拘束ス

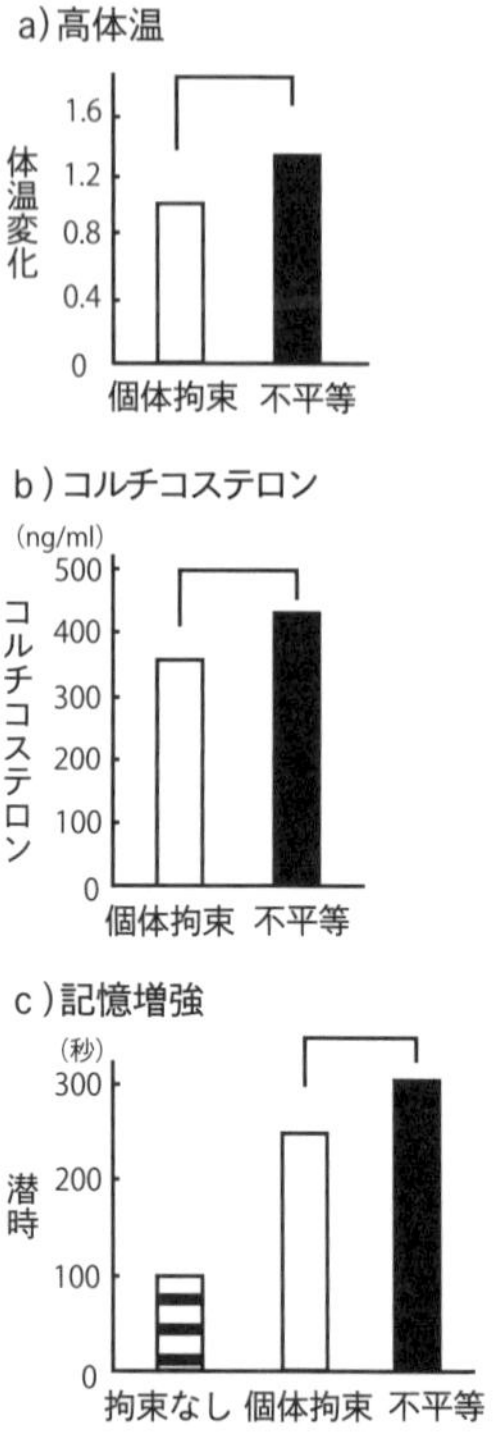

図９　拘束の不平等はストレスを強める（Watanabe,2011; 2015より）

トレスによるコルチコステロンも単独の場合よりも上昇し、さらにストレスによる嫌悪記憶の増強作用も強くなります。つまり、様々なストレス指標が単独の場合よりも上昇します。これは社会的不平等が嫌悪性をもち、ストレスを増強していることを示します。平等にストレスを受ける場合と全く反対のことが起きているわけです。

先に述べましたように、食べられる側（被捕食動物）は集団で同じ行動をすることによって被捕食率を下げることができます。希釈効果といわれるものです。1個体のみが拘束されている不平等な状態では被捕食の可能性が高まり、それがストレスを生むと考えられます。

さて、もう一つの不平等は「得な不平等」といわれるものです。被験体のマウスはチーズを食べますが周囲のケージ・メイトは食べられないという状態です。テストすると被験体の体温は多少上がるものの損な不平等ほどではありません。また、被験体は自由に歩き回れますが、ケージ・メイトは拘束されているという得な不平等でも被験体の体温上昇はほとんど見られません。ヒトの場合は自分が不平等に得している状態は落ち着かないものですが、その嫌悪性は損な不平等よりはるかに低いものです。共感研究の第一人者のドゥ・ヴァールが「わたしたちは平等性に大賛成だ、それが自分にプラスになる限りは」と表現しています。

5　社会的相対比較と公正性

不平等嫌悪は動物が自分と他個体の「社会的比較」ができることを示しています。この比較は自分の状態と他個体の状態です。そこで、実験自体としては損な不平等条件ですが、被験体が事前にチーズを十分食べられるようにしました。被験体は満腹なので、周りのケージ・メイトだけがチーズを食べていても、自分が空腹ではないという意味では平等です。被験体は損な不平等であるにもかかわらず体温上昇を示しません。利益のある不平等でも、ケージ・メイトが事前に十分チーズを食べている条件では、そうでない利益のある不平等より体温上昇は低下します。不平等嫌悪を起こしているのは単にチーズを食べているかどうかではなく、個体間の空腹状態の比較なのです。

ヒトの行動は社会的相対比較によって強くコントロールされています。そして、その相対比較はこれまで述べてきた動物の不平等嫌悪とは少し違うようです。経済学者はヒトが必要以上に富を追い求めることを明らかにしてきました。かつて、作家のヘンリー・ミラーは「ニューヨークは百万長者と雖も不幸な顔をしている町だ」と表現しました。1ブロック歩くと自分よりもっと金持ちに出会うかもしれないからです。自分より金持ちがいることは不平等嫌悪を起こすからです。逆に小林一茶の俳句に「秋の風乞食は我を見くらぶる」というのがあります。乞食はみすぼらしい格好をしていますが、もっとみすぼらしい一茶を見て、自分の方がましだと束の間の幸せに浸るわけです。

マウスでこのことを実験しました（未発表）。先の損な不平等に似ていますが、被験体は筒の中で十分な大きさのチーズを与えられます。ところが、筒の外ではケージ・メイトがさらに大きなチーズを与えられます。結果はマウスが不平等嫌悪を示さない、というものでした。ヒトにおける過剰な富の追求は、おそらく個体維持のための生物学的欲求の相対比較とは違うものです。経済学者は欲求と欲望を区別し、欲求には上限があるが、欲望には上限がないと主張しました。動物の世界でこれに似たものを探すと性選択があります。クジャクのオスの尾羽、シカのオスの巨大なツノはひたすら相対比較によって過剰な進化を遂げたものです。メスの配偶者選択はオス間の相対比較に基づき、相対比較には上限がありません。おそらくヒトの過剰な相対比較の追求もその基盤としては性選択があるのだと思います。

6　他人の不幸は蜜の味か

さて、「得な不平等嫌悪」と逆なのが「得な不平等選好」です。他者の不幸が快感につながるというのはかなり特殊な社会的認知といえます。たとえば補食される場面などを考えると他者の不快な経験は自分の不快な経験の信号になる可能性があり、これを避ける方が合理的だと思えます。他者の不快が強化効果をもつことは論理的ではありません。しかし、他者と自分との社会的関係によっては、他者の不幸で快を覚えることが合理的だと思えます。競合関係にある他者の不幸は歓迎されるものでしょう。

「シャーデンフロイデ」といわれるものは他者の不幸が楽しいことをさします。シャーデンフロイデはドイツ語で、シャーデンは残念、気の毒、といった意味で、フロイデは喜びという意味です。日本語では単語でこれに対応するものがありませんが、意味としては「他人の不幸は蜜の味」というのがそれに当たると思います。

ある心理学の実験では参加者に2種類のビデオを見せます。一つはいかにも秀才の大学生が素晴しい設備の実験室で仕事をし、ハーヴァード大学の構内を闊歩したり、BMVに乗るといったものです。社会的に優位であるわけです。もう一つは普通の学生で、バスで通学し、地味な女子学生とピザを食べたりします。つまり社会的位置としてはパッとしません。このビデオを見せた後で、質問紙で嫉妬の程度を測ります。次に、このビデオの学生が覚せい剤所持でつかまるというビデオを見せます。そこで2回目の質問紙テストを行うわけです。今度はシャーデンフロイデを測る項目が含まれています。その結果、最初のテストで嫉妬の程度が高いほどシャーデンフロイデも強いということがわかりました。つまり、自分より上位のものの失敗はより大きな喜びをもたらすわけです。

筆者の研究室ではマウスのシャーデンフロイデの可能性を検討しました。3区画からなる実験箱の一方にごく薄いフォルマリン水溶液を後肢に注射された個体を入れ、他方の区画に未処置の個体を入れます。フォルマリン水溶液の注射は痛いので、注射されたマウスは足を舐めたりしていかにも痛そうにします。中央の区画に被験体のマウスを入れて、どちらの区画にどのくらい滞在するかを測定しました。この3個体はいずれもケージ・メイトです。被験体のマウスはフォルマリンを注射された個体の側に多く滞在しました。もし、より長く滞在することが強化効果を反映しているならば、マウスは他個体の痛覚反応を好んだことになります。つまりマウスはシャーデンフロイデをもっていたことになります。

しかし、別の解釈もあります。マウスは痛がっている仲間を気遣って近寄ってきたのかもしれません。あるいは単なる好奇心（痛がっているネズミの行動は普段見られない不自然な行動なので注意を引く）なのかわかりません。確かに痛い思いをしている仲間に近づき、その原因を確かめることは自らの安全を図る上で重要かもしれません。この行動には危険もあります。仲間は捕食者に襲われているのかもしれないし、何かの感染症に罹っているのかもしれないからです。マウスに痛覚反応を起こさせ、仲間が近づくかどうか確かめた研究では、腐臭を発する物質と痛がっている仲間を一緒にしておくと仲間のマウスは近づかないことがわかりました。場合によっては、痛がっている仲間を避ける場合もあるのです。

この実験で困ったことは個体差が大きいことでした。よく調べると、痛み反応のある個体の方に行くマウスもいるが、無視する個体も、さらにそれを避ける個体もいます。先のヒトの研究でわかるようにシャーデンフロイデが起きる要因の一つは相対的な社会的順位があります。そこで、マウスの社会的順位を調べてみました。順位は小さなチーズを2個体のマウスのどち

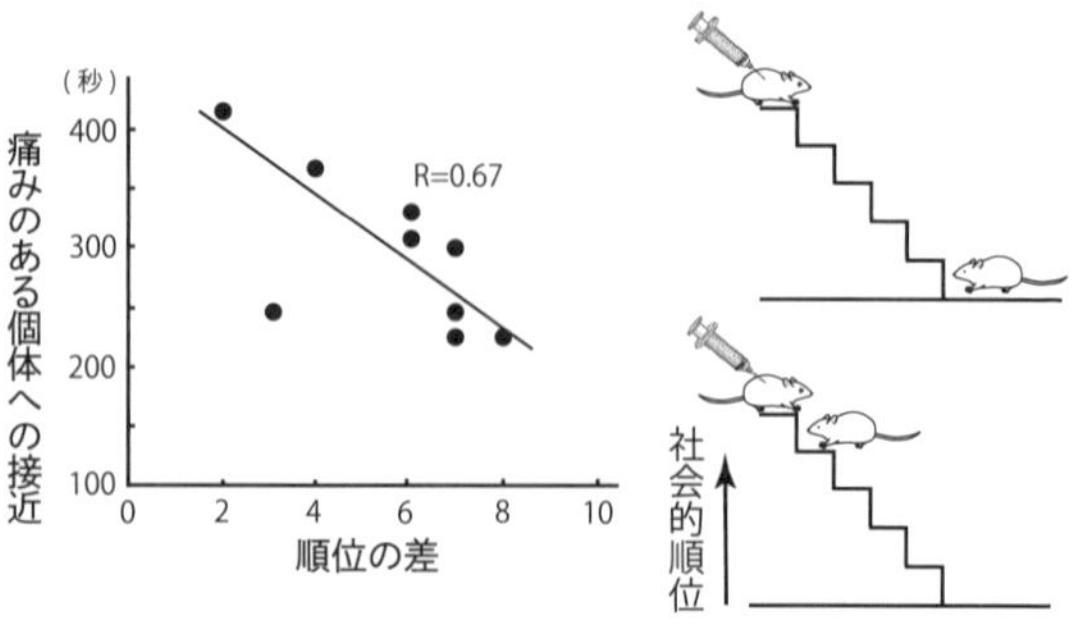

図10　社会的順位とシャーデンフロイデ（Watanabe, 2014より）

らが取るかで判定しました。もちろん、一回だけの対戦ではわからないので、何回も対戦させて上位個体、下位個体を決めます。順位ですから、すぐ近くの上位もあれば、すごく離れた上位もあります。そして下位のマウスに注目して、下位マウスが痛がっている上位のマウスの方に行くかどうか調べました。下位マウスは痛がっている上位マウスに接近する傾向があります。一方、上位マウスを被験体として調べると、痛がっている下位マウスに接近する傾向は見られませんでした。マウスでもシャーデンフロイデは下位が上位に対して感じるようなのです。

さらに、この順位の格差と痛覚反応を起こしているマウスへの接近反応を調べたところ、面白いことに、ちょっと上位の個体が痛覚反応を起こしている時によく接近反応が起きることがわかりました（図10）。比喩的にいえば社長の不運はあまり興味を引かないが直属課長の不運は多いに興味がある、といった現象なのです。上位他者の不幸は下位にとって下剋上のまたとない機会かも知れません。野生状態でも、捕獲のために野生のヒヒに麻酔薬を塗った矢を射ると、麻酔がかかり始めるやいなや他のヒヒがこれを襲うことが報告されています。階層のある社会では、階層を這い上る一つの方法は上位のものの失敗です。上位の失敗や不幸こそが自分が上位に立つ可能性を示すものであり、シャーデンフロイデを生み出すのだと考えられます。

他者の不幸が負の共感を起こすか、シャーデンフロイデを起こすかを決めるものの一つに不幸の原因があります。他者の不幸の原因が他者自身にある場合、負の共感は弱められ、シャーデンフロイデが起きやすいのです。有名なイソップの寓話で、夏の間に遊んでいたキリギリスが冬になって食べ物がなくなり、夏の間に働いていたアリに食物を分けてもらえなくなります。この場合、「因果応報」とか「自業自得」だと納得してしまい、共感が起きません。イソップの話は動物が主人公ですが、不幸の原因に依存したシャーデンフロイデを動物実験で確かめるのはちょっと難しいように思います。

ヒトは「公平性」に強くバイアスがかかっており、特に自分が不幸で他者が幸福という状況は公平性に強く抵触します。ヒトは費用を払ってでも不公平なことをしている他者を罰しようとします。これ自体は、いってみれば不合理な行動です。先にヒトの機能脳画像研究で他人の痛い様子を見ると自分が痛い場合と同じ脳部位が賦活されるということを述べましたが、画像測定前にゲームをさせて、フェアでない（これはサクラです）相手であれば痛い様子を見てもこのような賦活がありません。ヒトの嫉妬の特性は長期的な社会であるのと同時に記憶のスパンが長く、言語化することによって繰り返し嫉妬を追体験できることに関係があるかも知れません。

シャーデンフロイデの軽いものは冗談としてすませます。他人の失敗を面白がるというのはある程度は社会的に許容されているわけです。いわゆる自虐ネタが受けるのもそのような機能をもっているのだと思います。しかし、深刻な不幸になるとこれをおおっぴらに喜ぶのは社会的に禁忌とされます。つまりヒトのシャーデンフロイデは秘匿された情動なのです。シャーデンフロイデの表出自体が攻撃を誘発する可能性もありますが、仲間の不幸をおおっぴらに喜ばないことは長期持続社会には必要なことなのでしょう。

7　まとめ

ヒトの共感は大変洗練された行動ですが、その基盤となる行動はどの民族でも見られており、ホモ・サピエンスに共通する行動傾向だと考えられます。さらに、マウスなどの動物でもその基盤的行動が認められます。このことはヒトの共感が進化的連続性をもっていることを示しています。シャーデンフロイデの表出抑制などはヒトの特徴だと思われますが、これには発達段階での学習、躾けが関与するので、文化差があるかもしれません。

◎参考文献

渡辺茂・菊水健史（編）『情動の進化』朝倉書店、2015年
フランス・ドゥ・ヴァール、柴田裕之（訳）『共感の時代へ』紀伊國屋書店、2010年
フランス・ドゥ・ヴァール、柴田裕之（訳）『道徳性の起源』紀伊國屋書店、2014年
リー・ドガトキン、春日倫子（訳）『吸血コウモリは恩を忘れない』草思社、2004年

第４章　鏡の中のあなた

おそらく女性のほとんどが小型の鏡を携帯しておられると思います。白雪姫の継母は鏡を見ながら「世界で一番きれいなのは誰？」と問いかけています。神社のご神体の多くは鏡です。このように、鏡はわたしたち人間にとって特別なものなのです。ヒトが鏡の中の自分がわかるのは2歳くらいからで、それ以前は鏡を避ける行動が見られ、6ヶ月から1歳くらいまでは鏡の中に他者がいるかのように振る舞います。鏡の使い方には、鏡を利用して直接見えないものを見る、という道具としての鏡使用と、鏡の中の自分の像が自分だとわかる、鏡像自己認知があります。これは重複する部分もありますが、必ずしもイコールではありません。ここでは鏡使用ではなく、鏡像自己認知に話を絞ります。

1　口紅テスト

a　チンパンジー

動物に鏡を見せる実験は動物心理学では昔から行われている実験の一つですが、どうしたら自分がわかっているといえるかが問題です。もっとも有名なのは、ゴードン・ギャラップ博士がチンパンジーで行った、口紅テストです（図1）。この実験では、チンパンジーを鏡に十分慣らした後で、麻酔をかけ、その間に額に口紅でしるしをつけます。もちろん匂いや触覚などが手掛かりにならないように色素を慎重に選んで実験します。麻酔から覚めた後で、鏡を見せるとチンパンジーは、鏡を見ながら口紅のしるしを触るという行動を示しました。このことが鏡の中の自分がわかる証拠とされたのです。

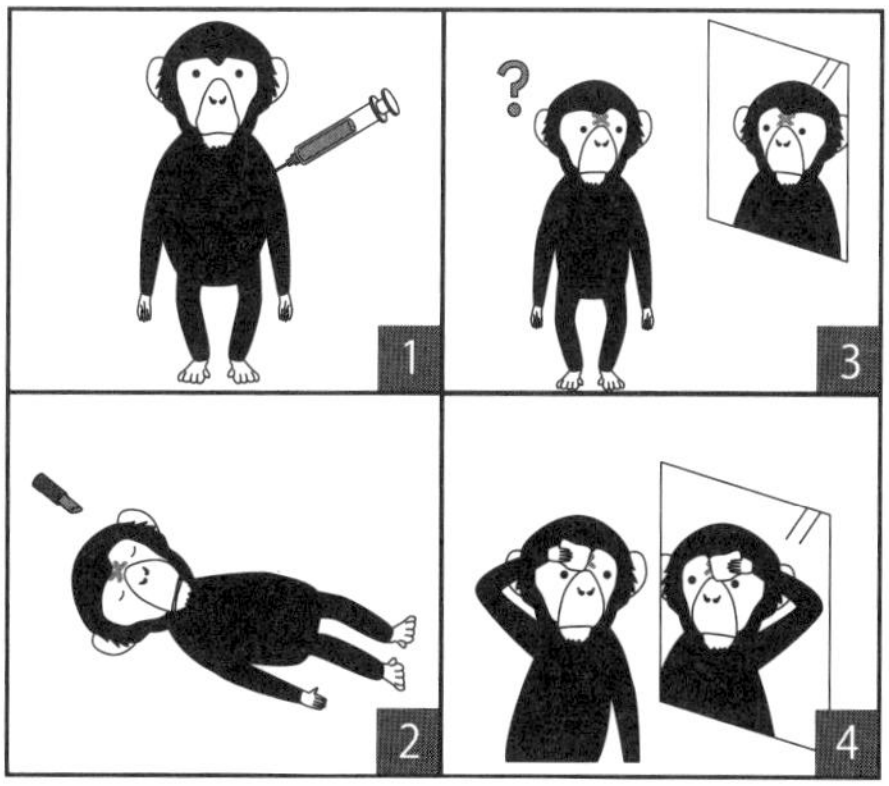

図1　口紅テスト

10ヶ月から39才までのチンパンジーを調べたところ、6才以下では5パーセントのチンパンジーしか鏡による自己認知を示さないのに、8才から16才では80パーセントが自己認知を示しました。面白いことに20才を超すと35パーセントしか自己認知を示さなくなります。また、野生で捕らえられたチンパンジーではなく、隔離飼育されたチンパンジーでは鏡像自己認知ができませんでした。大型類人猿ではオランウータン、ボノボ、ゴリラが口紅テストに合格します。ただ、ゴリラについては多少疑問視されています。ところが、類人猿ではないサルはテストをパスできませんでした。アカゲザルは鏡に対して他個体に対するような行動を示します。檻の中に鏡を入れておいて慣らしますと、このような行動はなくなりますが、5日間だけ鏡を取り除いて、再び鏡を見せるとまた社会的行動を示しました。鏡像自己認知は大型類人猿に限られた能力だと考えられました。

b　他の動物

しかし意外なことがわかりました。サルの電気生理学の実験では頭にソケットのようなものをつけます。もちろん、痛みがあるわけではありません。しかし、このようなアカゲザルに鏡を見せると、鏡を見て頭のソケットを触る行動が観察されたのです。この実験には色々問題がありますが、鏡像自己認知が類人猿限定ということは怪しくなりました。

実は霊長類以外の哺乳類ではゾウ、イルカ、シャチが、鳥類ではカササギが口紅テストにパスしています。ただ、カササギの実験は2008年に報告されましたが、最近（2020年）になって再現性がないという批判論文が出ました。大阪市立大の幸田博士はホンソメワケベラに鏡を見せました（図

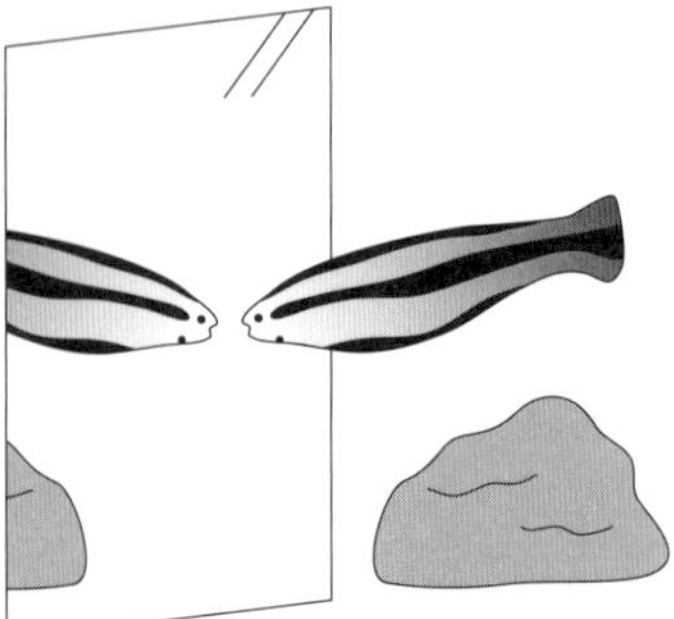

図2　ホンソメワケベラの鏡像自己認知

2）。自分では見えない喉などに色素を注入してから鏡を見せると、体をこすりつけて色素を取り除こうとします。これは多分、寄生虫を除こうとする行動だと思われます。重要なことは魚類もまた口紅テストに合格したということです。魚類ではマンタ（大型のエイ）がテストに合格していません。他の動物でもパスしない動物もいます。哺乳類ではウマとパンダが、鳥類ではシジュウカラが、魚類ではシクリッド・フィッシュがテストをパスしていません。鏡像自己認知が報告されている種でもすべての個体が口紅テストをパスするわけではありませんが、少なくとも霊長類に限られた能力ではないことは明らかなようです。

2　鏡に対する社会行動

動物に鏡を見せるだけの実験も多く行われています。サル、チーター、トカゲいずれも鏡に他個体に対するような社会行動を見せました。トリに鏡を見せる実験も行われています。セキセイインコ、イエツバメ、ミヤマオウム、キンカチョウ、アオライチョウ、ヒメレンジャク、ユキヒメドリなどいずれも鏡像自己認知は報告されていません。フラミンゴに大きな鏡を見せた実験でも、フラミンゴの典型的な社会行動である行進行動（皆で同じ方向に歩きます）を示しました。オウムに鏡を見せると、しばしばクチバシをあけて鏡に触れる行動が見られました。これはオウムの「クチバシ相撲」として知られる仲間同士の行動に極めて似たものです。さらに言葉をしゃべる1羽のオウムは鏡に向かって「you come」「you climb」と話しかけたといいます。これらの行動はオウムが鏡像同種他個体として見ているためだと思われます。また、鏡から立ち去る行動も見られ、これは2才児で見られる自己像認知以前の行動に似ています。

a　攻撃行動：カラス

わたしたちの研究室ではカラスに鏡を見せました。自然状態で鏡に似たものは水面、つまり水鏡です。そこでカラスに垂直に立てた鏡と水平にした鏡を見せて比較しました（図3）。明らかに多かったのは鏡をつつく行動でした。しかも鏡が垂直だった場合にこの行動が目立ちました。次に多かったのは羽をぱたぱたさせる行動でした。鏡をつついたり、羽をはばたかせる行動は鏡像に対する社会行動（攻撃行動）だと考えられます。カラスは鏡像を自己ではなく、他のカラスだと見ていると思われ

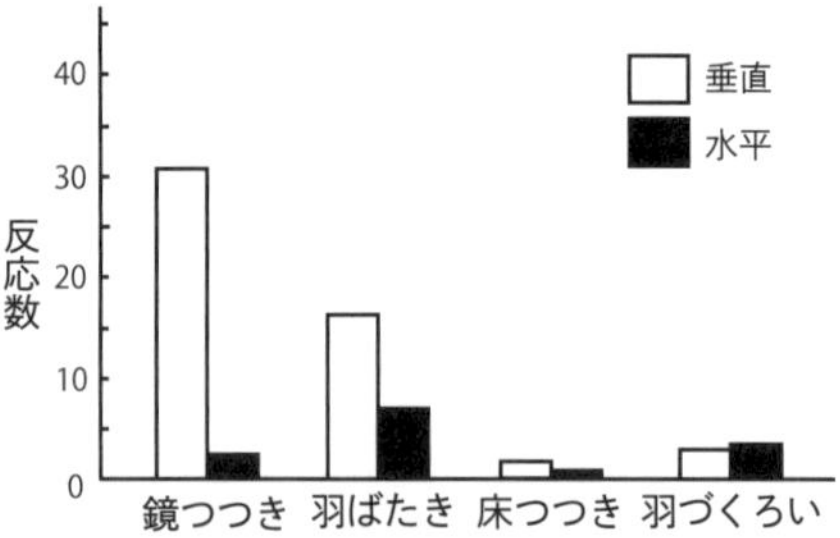

図3　カラスの自己鏡像に対する社会行動
（Kusayama & Watanabe, 2000より）

ます。垂直の鏡と水平の鏡を較べると垂直の鏡の方が多くの行動を起こしています。確かに自然の鏡は水面ですが、都市生活者のカラスはビルのガラスなどで、垂直な反射面に曝される機会も多いのかもしれません。鏡像が他個体だとすると水平な鏡像は奇妙なものかもしれません。

b　鏡への八つ当たり：ハト

図4　ハトの八つ当たり

八つ当たりということがあります。動物にもこれがあります。オペラント箱で実験をします（図4）。オペラント箱の中にはハトがつつくことのできる窓と餌が与えられる給餌装置があります。お腹のすいたハトは訓練によって窓をつついて、餌をもらうようになります。ただし、窓をつつけば毎回餌がもらえるのではなく、3分後にしか餌がもらえないようにします。つまり、それまではいくらつついても無効ですが、3分たって1回つつけば餌がもらえ、次に餌がもらえるようになるのは、また3分後です。ハトは餌をもらった直後には反応せず、3分に近づくに従って一生懸命窓をつつくようになります。しかし、空腹のハトにとっては折角反応してもなかなか餌がもらえないからストレスがかかります。この時にオペラント箱に別のハトを入れておくと、餌がもらえない時にこのハトが攻撃されます。八つ当たりです。実際のハトではなく鏡を入れておくと鏡をつつく行動が起きます。このことはハトが鏡を他個体と見なして攻撃していることを示しています。

c　鏡を好む：ブンチョウ

トリが鏡を見たがるかどうか（選好があるかどうか）をブンチョウで調べました。装置は二つの鳥かごを連結したものです。最初の実験では一方の鳥かごでは鏡を、他方の鳥かごでは磨りガラスの鏡を置きました（図5左）。磨りガラスの鏡では、何かが動いていることはわかりますが、何の像であるかはわかりません。鏡と磨りガラスの鏡の比較では圧倒的に鏡の方にいます。2番目の実験では鏡と実物のトリの比較をしました。この比較では実物のトリの方が好まれました。実物のトリの場合では社会的な相互作用があるし、なにしろ鳴き交わしが可能です。そこで3番目の実験では実物のトリの方では磨りガラスを入れて像を不鮮

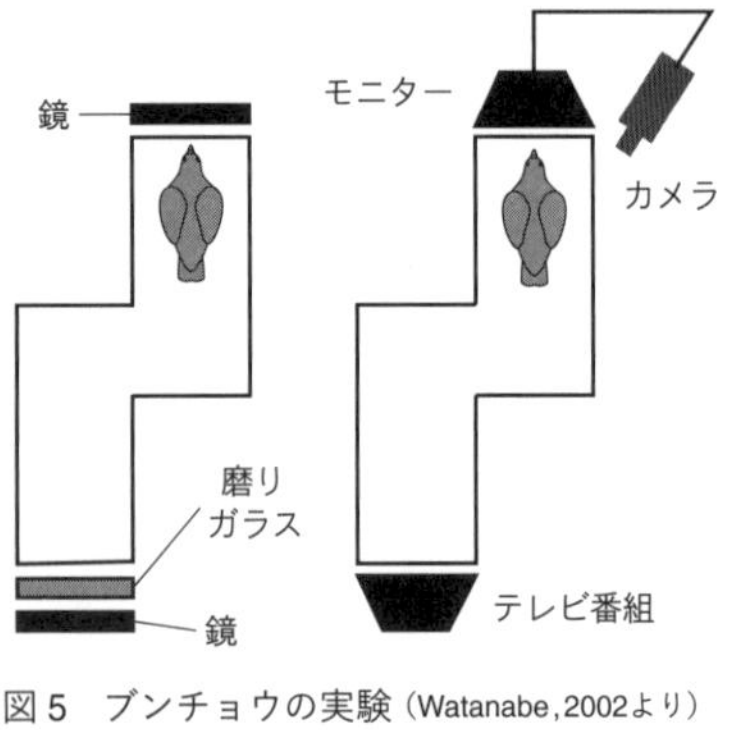

図5　ブンチョウの実験（Watanabe, 2002より）

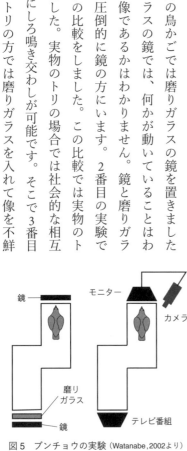

明にしました。もちろん鳴き声は聞こえます。このようにしてしまうと、鮮明な鏡とほぼ同じくらいの選好になりました。仲間の聴覚刺激だけでほぼ鏡と同じくらいの選好があるということになります。

モニターテレビはどうでしょう。一方の鳥かごではモニターで自己像が、他方の鳥かごではテレビの野球放送が映されます（図5右）。ただし、音声は消してあります。明らかにブンチョウは自己像の方を好みました。このようにカラスでもブンチョウでも鏡像に興味をもちますが、自己像ではなく、他個体と見ているようです。

d　抗ストレス効果：マウス

マウスではどうでしょうか。ブンチョウと同じような実験をしました。一方の部屋には鏡、他方の部屋には別の見知らぬマウスが入っています。どちらの部屋に長くいるかを調べました。マウスは鏡の部屋の方に長くいました。別のマウスが同じケージの仲間だと、鏡と差がなくなります。

第3章で紹介しましたが、マウスを小さな筒に閉じ込めてサーモグラフで体温を測ると、拘束ストレスによって体温が上がります。この時、マウスを一匹だけでなく、同じケージの仲間

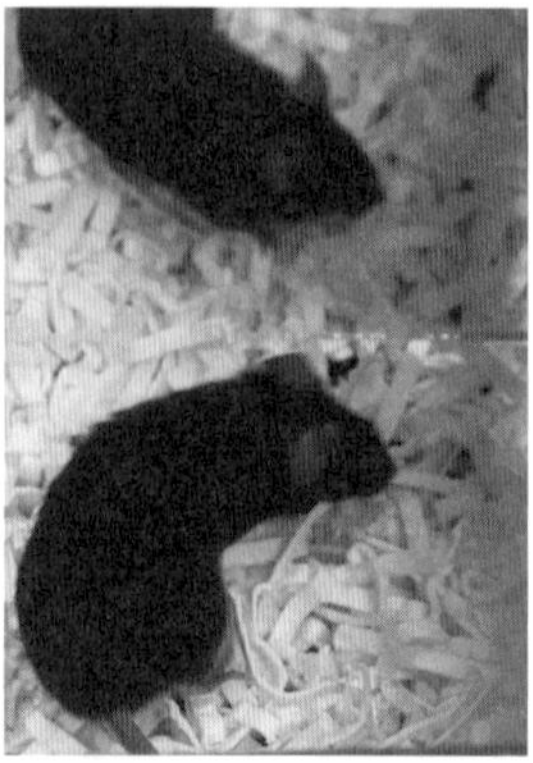

図６　鏡を見るマウス

も筒に閉じ込めて一緒にしておくと、ストレスが低下して、あまり体温が上がらなくなりましたね。そこで、マウスを一匹で筒に入れますが、ケージメイトの代わりに周りを鏡で囲いました。すると、仲間と一緒に筒に入れられた時のように体温の上昇が少なくなりました。どうも鏡は仲間と同じ効果をもつようです。

3　口紅テストの功罪

さて、口紅テストに戻りましょう。この方法は先のギャラップ博士が発明したものですが、大変有名になり、これさえできれば自己認知ができるということになりました。ただし、ギャラップ博士自身はこれが自己認知の定義ではないといっています。実はこのテストにはいくつかの前提があります。まず、体に触る行動ができなくてはなりません。これを「自己指向行動」といいます。たとえ、口紅が自分についていることがわかっても、それを触らないだけかもしれません。次に鏡の反射を利用することができなくてはなりません。しかし、鏡を使って直接見えない物を見つける鏡使用の能力は、必ずしも鏡像自己認知と同じではありません。ニューカレドニアカラスは道具を作ることでよく知られており知能が高いと考えられています。彼らは鏡使用ができますが、鏡像自己認知はできません。同じような口紅テストの成績と鏡使用成績の不一致はサルでも知られています。

a　ハトは口紅テストに合格するか

オペラント条件づけの創設者であるスキナーの晩年の弟子であるエプスタイン博士たちはハトに鏡像自己認知の前提となる行動の訓練を行いました。まず、ハトの羽や胸、首などに青いしるしをつけ、ハトが自分でそのしるしをつつけば餌を与えるようにします。つまり、自分の身体に対する行動（自己指向行動）を形成させます。次にハトが入れられている実験箱の壁に青い点を出し、それをつつくようにします。そして、実験箱に鏡を入れて、ハトが鏡を見ている時に、鏡に点が映るように素早く点を出すようにします。つまり、ハトは鏡の中で壁の点を見ることができますが、実際の壁の点は見ることができないようにします。ハトがふりかえって実際に壁の点があったところをつつけば餌がもらえます。つまり鏡を利用することの訓練です。ここまででハトは自分の身体の青い点をつつけば餌がもらえることと、鏡の中の青い点と

図7　ハトの鏡像自己認知
（Uchino & Watanabe, 2014より）

壁の青い点が対応することが訓練されているわけです。

最後にハトにエリザベスカラー（体を舐めないようにイヌやネコにつけるじょうごを逆にしたような形状のカラー）をつけて、胸に青い点をつけます。ハトはカラーのために直接点を見ることはできませんが、鏡を見れば自分の胸に点がついていることが見えます。ハトは鏡を見て、自分の胸の点をつつく行動を示したのです（図7）。

この実験は口紅テストをパスしない動物でも、それの前提となる行動を構成する行動を訓練しておけば、テストをパスできることを示した重要な知見でした。しかし、その後、別の研究者が追試しようとしたところ成功せず、長いこと論争に決着がつきませんでした。

そこで私たちの研究室で再現実験をしてみました。エプスタインの実験を可能な限り忠実に再現しました。ハトは明らかに口紅テストをパスしました。再現に失敗した実験例を詳細に調べると、前提となる行動の訓練が十分でないようです。実はエプスタインが使ったハトたちはハーヴァード大学の心理学研究室で何年にもわたって様々な訓練の経験のある、いわばエリートのハトです。実際エプスタインはハトたちが予備訓練をたちまち習得したことを報告しています。私たちのハトは初めて実験に使われた個体です。データを比較すると、私たちのハトは予備訓練に膨大な時間がかかっています。しかし、それさえできていれば、ハトでも口紅テストはパスできるわけです。

b　サルの口紅テスト

サルでも同じことを試みた研究者がいます。まず、サルに鏡を使って直接見られないレーザー・ポインターの光点を触る訓練をします。これに数週間かかっています。その後、鏡の前にいるサルの顔にレーザー・ポインターを当てたところ、自発的に光点を触りました。予備訓練さえしっかりしておけば、口紅テストに合格したわけです。ただ、大型類人猿、ゾウ、イルカは特別な予備訓練なしに口紅テストに合格しているので、その意味では種による違いがあります。

4　遅延のある自己像がわかるか

年の瀬になると、ベートーベンの交響曲第9番がしきりと流されます。少し前のことですが、

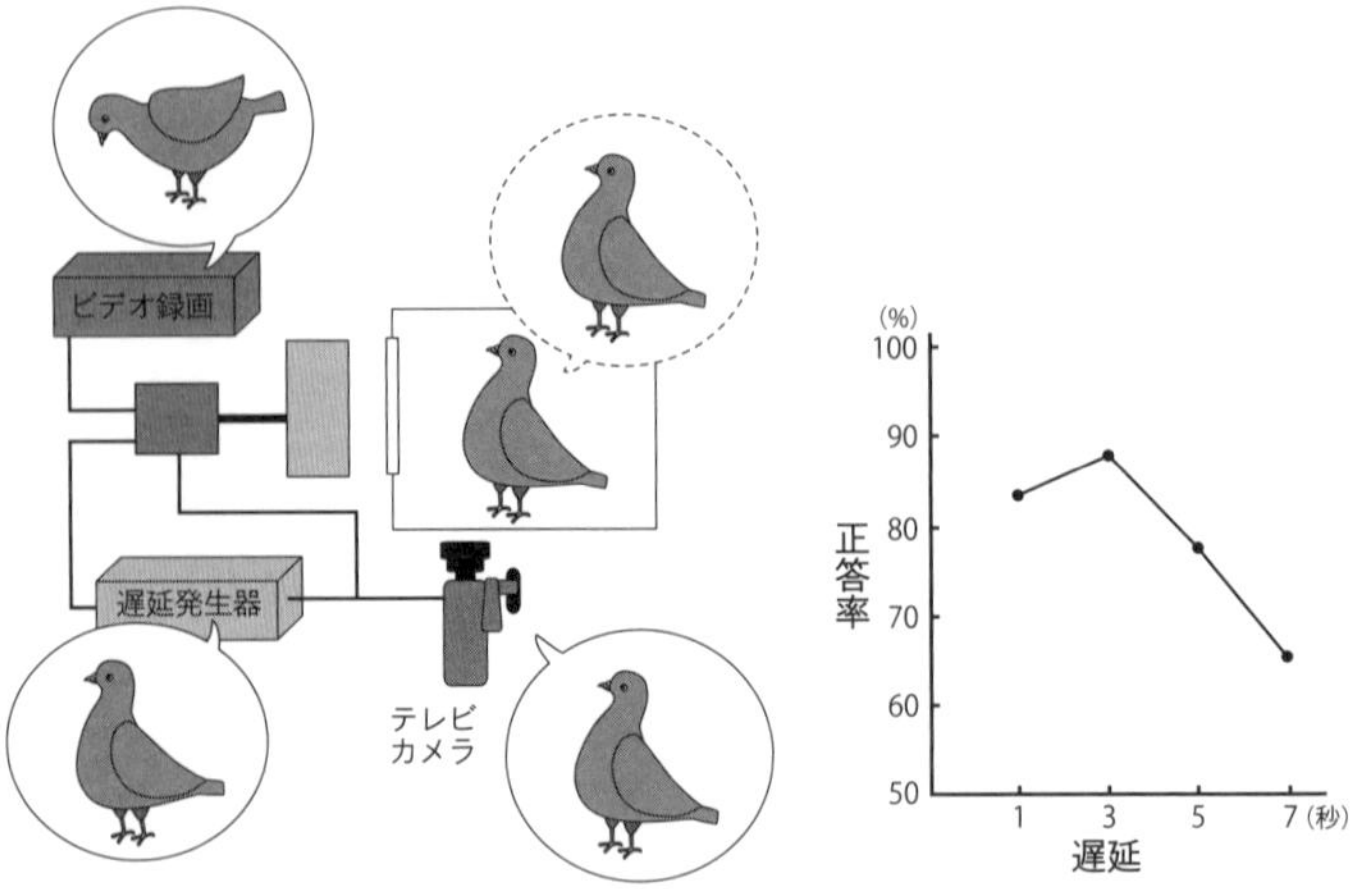

図8　ハトは遅延再生された自分のビデオがわかる
（Toda & Watanabe, 2010より）

小澤征爾が世界中の複数の楽団を同時に指揮するという試みがありました。もちろん、映像で指揮をするわけですが、問題は映像の遅れです。そこでNHKが映像に遅れを発生する装置を開発しました。この装置を使いますと世界中の楽団を時間のズレなしに同時に指揮できるわけです。私たちの研究室ではこの装置を使いました（図8）。街角などでモニターテレビが置いてあることがあります。テレビに映っているのが自分かどうかを確認するために手を振ったりしますね。自分が右手を上げて映像の人物も手を上げれば、自分の像だとわかるわけです。この映像に遅れを入れると、大変奇妙な感じがします。つまり、映像は何秒か前の自分の動作が見えるわけです。それでも自分の映像だとはわかります。

まず、ハトに自分の現在の映像と、すでに録画してある自分の映像との弁別を訓練します。現在の映像をつつくと餌がもらえますが、録画映像との違いは、現在の自分の行動と映像がマッチしているかどうかです。ハトはこの弁別を憶えます。そこで遅れのある映像を見せます。ハトは数秒の遅れがあっても自分の現在の映像だとわかります。実はヒトの子どもでも3歳くらいまではこの遅れ映像の認知ができません。

5　エコノモ細胞

特別な訓練なしで鏡像自己認知ができるのは大型類人猿、イルカ、ゾウです。これらの動物は近縁ではありません。したがって、鏡像自己認知はそれぞれの動物で別々の進化の結果できたものと考えられます。行動の収斂です。彼らに何か共通点があるでしょうか。もちろん、頭の良い動物たちだと思えます。しかし、面白い共通点が見つかりました。それが大脳皮質にあるエコノモ細胞（紡錘《ぼうすい》細胞、エコモノは発見者の名前です）です。普通の神経細胞は細胞体がピラミッドのような形をしていますが、この細胞は紡錘形をしています。ヒトの大脳の帯状《たいじょう》回《かい》

図９　口紅テストに合格する動物

という場所で見つかります。他の大型類人猿でも見つかりますがサルでは見つかりませんでした。ところが、イルカの大脳皮質第５層で見つかりました。そして、なんとゾウの第５層でも見つかりました。そうなると、鏡像自己認知能力とエコノモ細胞の存在が対応することになります。

しかし、その後研究が進むに従って、大型類人猿以外のサルでも、ヒツジ、ブタ、シカ、ウマなどでも次々とエコノモ細胞が見つかり、鏡像自己認知とエコノミ細胞との対応はつかないことになりました。鏡像自己認知のような高次機能は神経細胞の回路によってできるのであって、特定の細胞の存在によってできるのではないように思います。

6　まとめ

自己のことがわかるという意味での自己認知は多くの動物で見られると思います。薬理学の研究で薬物弁別という実験があります。たとえば、ラットにヒロポンが注射されていれば、二つのレバーのうち左のレバーを押し、生理食塩水が注射されていれば右のレバーを押すように訓練することができます。ラットは薬が起こす自分の状態を判断してレバーを選択できるわけです。第1章で述べたカラスが自分の記憶の鮮明さによって課題をパスするのも同じように、自分の状態の認知です。鏡はそのような自己認知を調べる方法の一つなのです。口紅テストはわかりやすいテストですが、動物によっては事前の訓練が必要です。口紅テストそのものを訓練しなくても前提となる行動を訓練しておけばテストに合格できる可能性があるのです。

◎参考文献

渡辺茂『ハトがわかればヒトがみえる』共立出版、1997年

ジャック・ヴォークレール、鈴木光太郎・小林哲生（訳）『動物のこころを探る』新曜社、1999年

レスリー・J・ロジャース、長野敬・赤松眞紀（訳）『意識する動物たち』青土社、1999年

第5章　あなたは美がわかりますか

今度は美です。美には、⑴何が美しいか、⑵何が快いのか、そして、⑶どのように美を作るか、という三つの問題があります。心理学の用語では、それぞれ、弁別、強化、技能といいます。絵画、音楽、建築について動物たちがどのようなことができ、ヒトの美とどのような共通点があるのか見ていきましょう。そして最後に私たちの美の起源を探ってみたいと思います。

1　絵画

a　動物は絵を描くか

意外なことに、絵を描く動物というのは昔から知られています。葛飾北斎がニワトリの足に赤い絵の具をつけ、川の絵の上を歩かせて紅葉にしたという話もあります。ネコの描いた画集もあります。中には美的鑑賞に耐えうると思われるものもあります。もちろん、これらはネコのマーキングとしての引っ掻き行動の結果であってネコは絵を描こうとしているわけではありません。

イヌも絵を描きます。『絵を描く犬』（１９９８年）という本はポーランドの絵を描くイヌ、ホモ・セプテムスの話ですがどうも出典がよくわかりません。本の写真を見ると筆は前足にくくりつけてあります。条件反射を利用したものだそうですが詳細はわかりません。シバイヌの描画はインターネットで見ることができますが、それを見るとひと筆ごとにご褒美が与えられています。このイヌの絵は「Etsy」というサイトで購入できるようですが、物によっては40万円もするようなので、ご注意を。それ以外にも、ブタやウマ、イルカなどが描画をします。ユニバーシティ・カレッジ・ロンドン（ロンドン大学の一つ）のグラント動物学博物館では動物絵画の展覧会を開催したことがあります。

①チンパンジーの絵画

古くから研究されているのはチンパンジーの描画です。もっとも古いのはドイツのターザン2世というチンパンジーのもので1928年に報告があります。ケロッグ夫妻がチンパンジー（7ヶ月）の絵画と夫妻の10ヶ月の子どもとの比較研究をしました（1933年）。次に古い報告はナディタ・コーツ（1935年）でやはり類人猿の幼体の絵画とヒト幼児の絵画を比較しています。その後の研究によってチンパンジーは単なる殴り書きだけではなく、一定の様式や規則性をもった絵を描けるようになることがわかりました。チンパンジーは扇形に広がる線画を描き、オマキザルも扇形の絵を描いています。扇形というのがサル類の好みの様式らしいのですが、何かを手元に引き寄せる、という行動から派生しているのかもしれません。この点はネコ画伯とちょっと似ています。日本では京都芸術大学の齋藤亜矢博士がチンパンジー絵画の研究をされています。

チンパンジーの描画研究ではチンパンジーが「自発的」に描くと述べられています。これらの実験はほとんどが動物と実験者との対面場面で行われているので、チンパンジーが絵らしきものを描くと実験者が、自分が意図しなくても声をかけるとか触るとかいった報酬を与えているかもしれません。面白いことに、エドモンド・モリス博士は餌を描画の褒美として与えると描画はむしろ減少するとしています。おそらく描画はそれ自体楽しい行動で、餌があることでむしろ描画自体の楽しさを隠してしまうのかもしれません。ゾウの描画行動も餌なしに維持されています。動物は何かのために描くのではなく、描くために描くのかもしれません。

チンパンジーは何らかの絵の完成を目指して描いているのでしょうか？　モリスはコンゴという名のチンパンジーが頭の中に「完成図」をもっており、完成すると鉛筆や紙を返し、その後に描画を続けさせるのが困難だったとしています。逆に、描画の途中で紙を取り上げるとチンパンジーが怒ったといいます。ただし、完成した作品そのものに執着するわけではなく、多くの場合引き裂いてしまいます。この点はヒトと違います。

チンパンジーの絵画はある対象を描いた具象画ではないのでヒトの抽象絵画のように見えます。あるオークションではチンパンジーの絵画に1万2000ポンドの値がついたといいます。現在でも楽天などで購入できるようです。しかし、専門的な画家の絵、子どもの絵、動物が描いた絵に「画家」、「動物」、「子ども」というラベルをデタラメにつけてヒトに評価させると、画家が描いた絵をもっとも好んだという報告があります。

② ゾウの絵画

霊長類以外ではゾウの描画が有名です。ゾウの絵画には具象画（?）があります。筆者もインターネット・オークションに参加し、一枚の見事な花の絵を競り落としました。自慢して、人に見せたりしていましたが、ある時ユーチューブでゾウが絵を描く動画を発見しました。ゾウは筆者の所蔵するのと同じ花の絵を次々と描いていました。つまり、花模様の絵を大量生産していたのです。訓練者の介在はもちろん想像しましたが、実際にゾウが描く映像を見ると、ゾウ使いの指示によってゾウが絵を描いていることは明らかです。現在、ゾウの描画はインタ

図1　ゾウの絵（筆者蔵）

ーネット（ユーチューブなど）で見られますが、この映像ではゾウ使いはゾウの陰に隠れています。

ゾウたちは分業もしていて、あるゾウはもっぱら花の絵、別のゾウは木の絵を描きます。ゾウの繊細な運動調整能力を示すことになりますが、ヒトが「絵画を描く」というのとはちょっと違うでしょう。

b　動物はヒトの描いた絵を楽しむか

絵画はヒトによる、ヒトのための絵画です。動物のためのものではありません。動物がヒトの絵画を楽しむかを見てみましょう。私たちの研究室ではブンチョウのために廊下のように横に長い実験箱を作り、3本の止まり木を取り付け、それぞれの位置にテレビモニターを設置しました（図2上）。テレビモニターには日本画（浮世絵）、西洋画（モネなどの印象派）、別の西洋画（ピカソなどのキュビスト）の3種類の画像と絵画ではなく白黒のパターンが映されます。絵画は10秒ごとに同じカテゴリーの別の絵画に換わります。そして、各止まり木の滞在時間を計りました。いわばギャラリーでどの絵画を長く見ているかを調べるようなものです。

この実験では7羽のブンチョウを使いましたが5羽は印象派よりキュビストの方に長く滞在

しました。一方、印象派と日本画では選択的な好みは見られません。印象派は浮世絵から影響を受けていることはよく知られていますから、ブンチョウにとっても似たものに見えるのかもしれません。

マウスではどうでしょう。モンドリアンとカンディンスキーの絵画を用いて調べました。絵画のお好きな方はご存知だと思いますが、カンディンスキーは画家の頭の中のイメージを絵画に表現することを重んじ、モンドリアンは絵の要素を突き詰めて結局直線や矩形にまで落とし込むことを考えた人です。つまり極端に画風が違う画家です。3連の部屋からなる装置で、両端の部屋にはそれぞれディスプレイ（iPod）が置かれています。それぞれのディスプレイはモンドリアンかカンディンスキーの複数の絵画を見せます（図2下）。20匹のマウスで調べましたが統計的に一方の絵の部屋の方に有意に長く滞在したのはたった1匹だけでした。

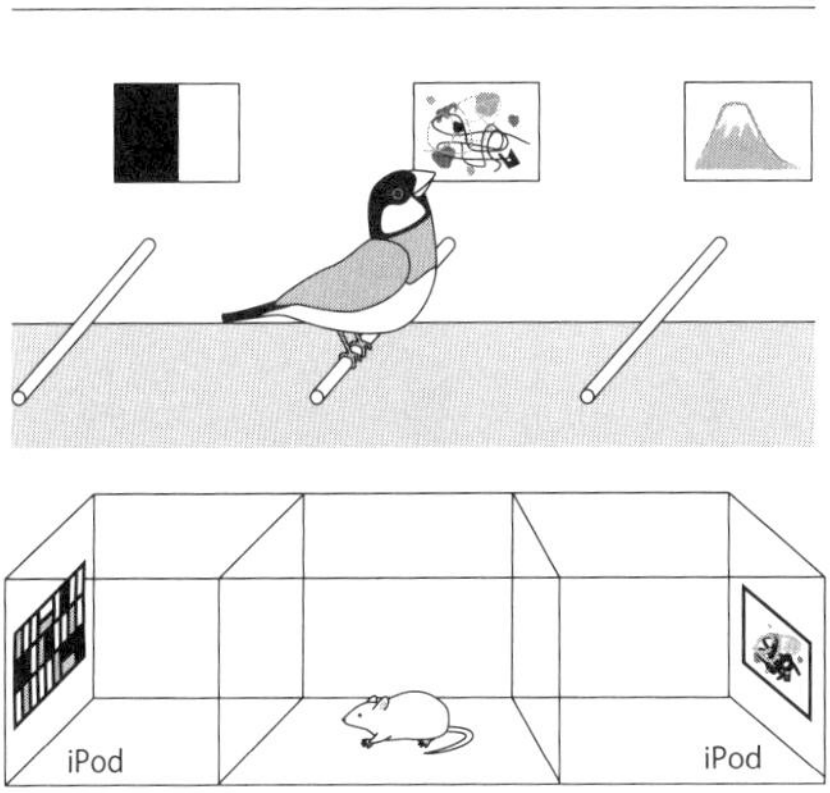

図2　上：ブンチョウの装置（Ikkatai & Watanabe, 2011より）、下：マウスの装置（Watanabe, 2013より）

モンドリアンとカンディンスキーはどちらも抽象

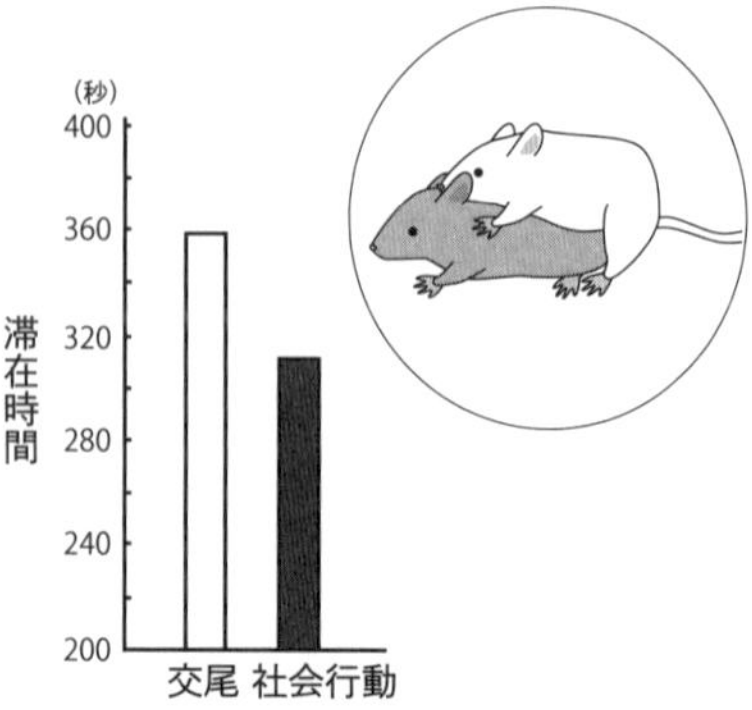

図3　マウスは交尾ビデオを好む
（Watanabe et al, 2016より）

絵画です。絵心のないネズミには興味がなかったのかもしれません。そこで、ピカソとモネの絵でも同じ実験をしました。12匹のマウスで調べたところ、統計的に有意に一方の部屋にとどまったのは1匹だけでした。どうやらマウスはほとんど絵画の好みがないといえそうです。おそらく、鳥類は視覚を重要な情報源としているのに対し、マウスは嗅覚や聴覚を重要な情報源にしており、鳥類は細かい視覚感受性が発達したのかもしれません。

ではマウスは視覚刺激を楽しむことは全くないのでしょうか。ヒトはAVビデオを楽しみます。今は簡単にインターネットで観ることができるので、依存の問題すらあるくらいです。でも、考えてみると他人の性行動を見るのがなぜ面白いのでしょう。これはヒトにしかない嗜好かもしれません。そこで、マウスにマウス用AVビデオを作って見せました（図3）。マウスが交尾しているビデオです。先ほどの絵画選好の実験と同じ装置を使って、一方のiPodでは普通に活動している2匹のマウス、別のiPodでは交尾しているビデオを見せます。明らかにマウスは交尾ビデオの部屋に長くいます。マウスは刺激によっては視覚刺激を好むことがわかります。なお、この実験で使ったマウスはオスですが性経験はありません。

c　動物は絵を見分けられるのか

わたしたちは、初めて見る絵でも、これはピカソの絵だろうとか、ゴッホだろうとかいうことがわかります。画家には画家の画風というものがあります。もちろん、わたしたちは過去にピカソやゴッホの絵を見ていますから、学習の結果なのです。

①ハトの絵画弁別

ハトにピカソの絵とモネの絵を10枚ずつ使って訓練しました。ピカソの絵がスクリーンに見えた時にスクリーンをつつけば餌がもらえ、モネの時はもらえない、という群と、反対にモネの時につつけば餌がもらえ、ピカソの時にはもらえない、という群を作ります（図4、174頁）。ハトはおよそ20日の訓練で正しくスクリーンをつつくようになります。

そこで訓練で使わなかった絵でテストをします。モネと同じ印象派のルノアール、セザンヌ、ピカソと同じキュビストのマチス、ブラックなどの絵も見せます。ハトは初見の絵でもピカソ

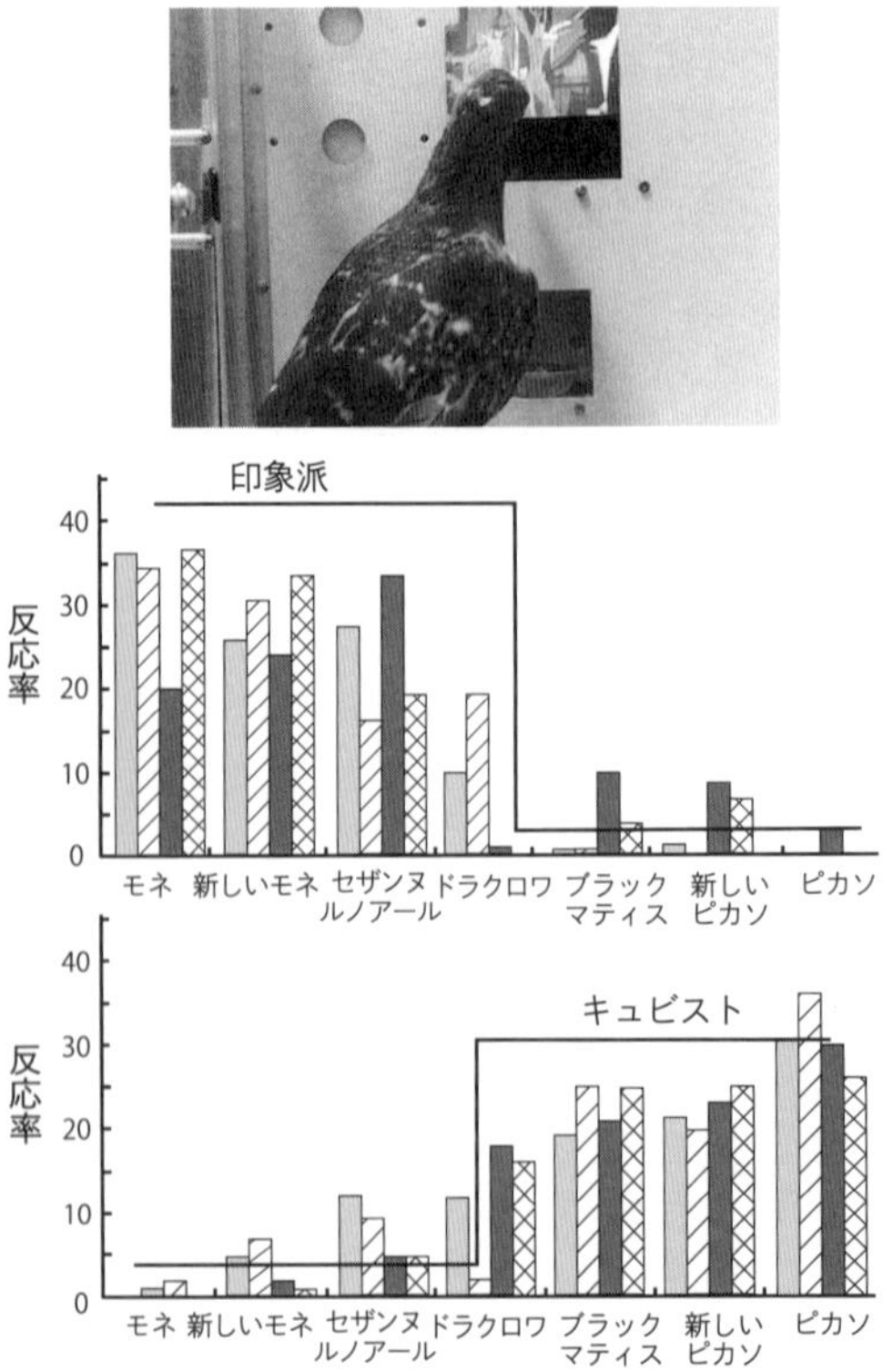

図4　上から、実験の様子、ハトの絵画弁別のデータ（Watanabe et al., 1995より）

とモネの区別をしたばかりではなく、ピカソをつつくように訓練されたハトは他のキュビストの絵でもスクリーンをつつき、モネをつつくように訓練されたハトは他の印象派の作品でもスクリーンをつつきました。ピカソと他のキュビストの画風が似ており、モネと他の印象派の画風が似ていることがわかったようです。絵がお好きな方は、ピカソといっても青の時代もあるし、同じ作家でも時代によって画風が違うと思われるかもしれません。この実験はハトに鑑定を教えるものではありません。訓練にはピカソの青の時代の作品などは使っていません。素人が考えるピカソらしいピカソの絵だけを使っています。

ハトはどうやって区別をしているのでしょうか？　色の違いでしょうか。白黒の絵画を見せるテストをしました。それでもハトは弁別ができます。もう一つの可能性は輪郭です。キュビストの絵画にははっきりした輪郭がありますが、印象派は朦朧としています。ピンぼけにしたピカソの絵を見せました。ハトはそれでも弁別ができます。となると、考えられるのは、ハトが何か一つの手がかりだけで弁別しているのではなく、複数の情報を統合して、ある情報が十分な手がかりを与えない時には別の情報を使う、そんな認知をしている可能性です。わたしたちも絵画の弁別のような複雑な視覚認知をする時にはハトと同じことをしています。

このような絵画弁別はピカソとモネばかりでなく、違う画家（ゴッホとシャガール）でも、またハトではなく他のトリ（ブンチョウ）でも認められているので、かなり一般性のある鳥の能力です。映像などで、個人が特定できないようにモザイクをかけることがありますね。モザイク処理をするとその単位面積内の情報は平均化され、色の濃淡も平均値の値になります。モザイクの単位面積を大きくするほど局所的な情報は失われ、大雑把な情報だけが保存されるよ

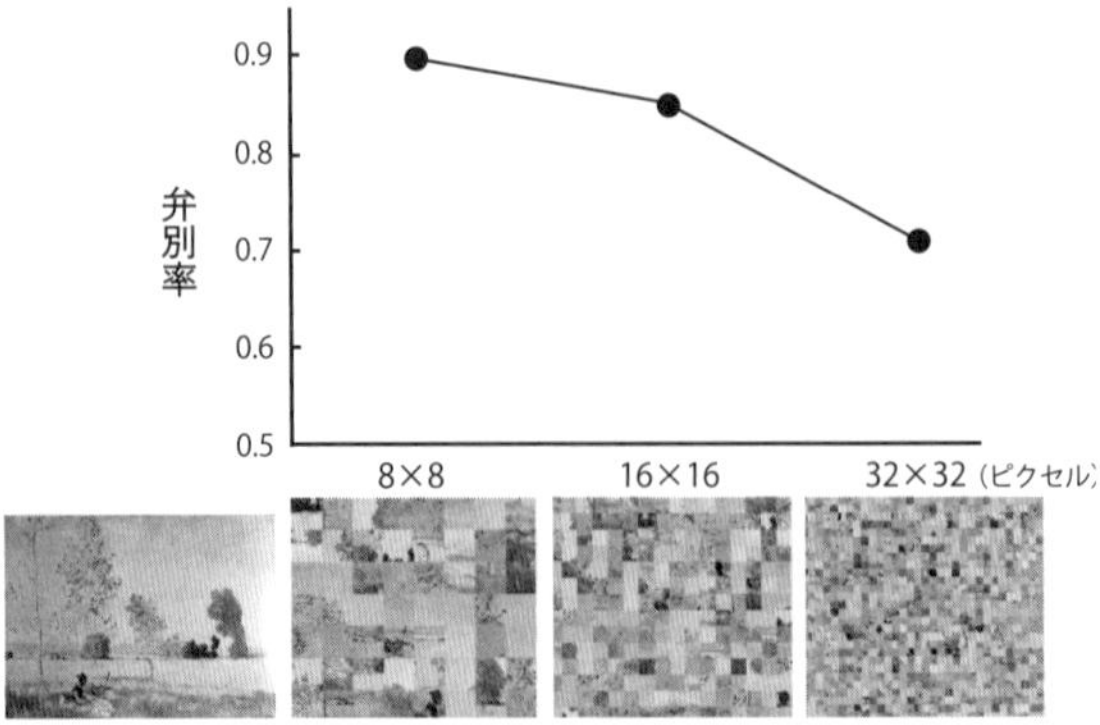

図5　ハトはスクランブルした絵画を見分ける（Watanabe,2017より）

うになります。ゴッホとシャガールの弁別の後にこのようなモザイク処理をした絵画でテストをすると、単位面積が大きくなるとだんだんと弁別が悪くなります。それはヒトの場合と同じです。

鳥類は絵画のような人工的な刺激を認知するために視覚能力を進化させたわけではありません。私たちと鳥たちは違う仕方で絵画の弁別をしているのかもしれません。ウィーン大学のフバー博士はハトに人の写真を弁別させた後、写真を小さな矩形にきりわけて、もう一度それらの矩形をデタラメに並べ直した「スクランブル刺激」を使ってハトの視覚認知をテストしました。これらの刺激はヒトが見ると元がなんであったかちょっとわかりません。しかし、ハトはかなり細かな矩形に切り分けても弁別を維持します。

わたしの研究室では西洋画（印象派）と日本画の弁別をしたハトにこのスクランブル刺激を見せてみました（図

5）。このような刺激でも西洋画と日本画の弁別ができました。フバー博士の結果が絵画弁別でも確かめられたのです。スクランブル刺激では絵画の大きな構図や位置関係は失われますが、逆に局所的な情報は保たれています。ハトはスクランブル刺激で訓練して原図でテストしても、逆に原画で訓練してスクランブル刺激でテストしても正しい判断ができます。ということは、ハトは局所的なごく小さな特徴をつかんで画風の弁別をしていたことになります。

筆者はなんとかして、画風ではなく「美しい」ということが動物にわかるかという問題に挑戦したいと考えていました。何が美しいかというのは難しい問題でいわゆる見解の相違も多々あります。しかし、たとえば小学生の絵などのごく素朴な絵を見た時には、それが上手か下手かは割合簡単に判断ができるし、それほど見解の相違はなさそうです。そこで児童画に目をつけました。小学生の成績の良い絵と悪い絵の写真を使いました。

これらの刺激を使って今までの訓練と同じやり方でハトに上手な絵と下手な絵を弁別させました。画風の弁別とそれほど違わない日数で弁別ができました。それらを使って訓練すると、ハトは上手な絵で餌をもらえる訓練でも、下手な絵で餌がもらえる訓練でも同じように弁別ができるようになりました。その後、訓練に使わなかった上手な絵、下手な絵でテストをすると、

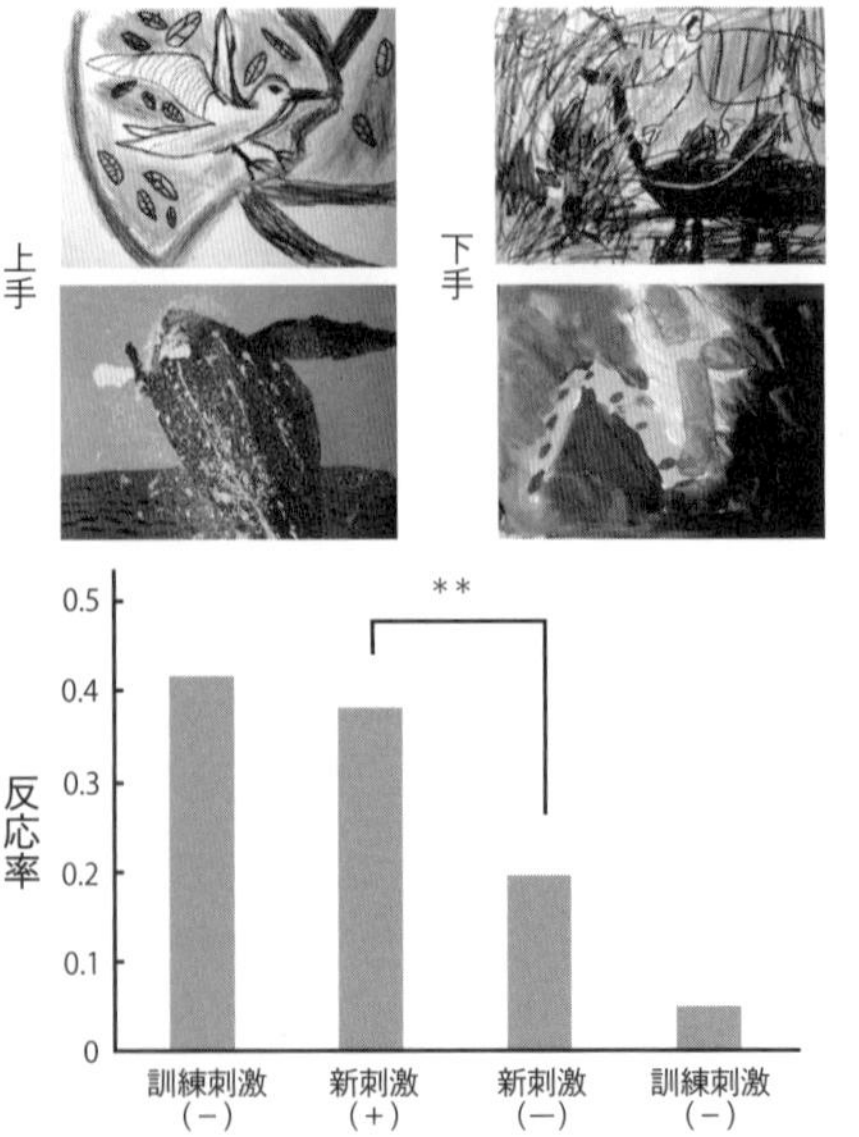

図6　上手な絵と下手な絵の弁別（Watanabe, 2010より）

初めて見る絵でもハトはその上手下手が区別できました。図6では上手な絵で餌をもらえるハトと下手な絵で餌がもらえるハトの結果がまとめてあります。「＋」は餌がもらえる刺激、「－」がもらえない刺激です。新刺激が初めて見る絵画です。したがって、児童画のような素朴なレベルであれば上手下手は動物にもわかることになります。画風の弁別実験では絵を白黒で見せても弁別が維持されましたが、上手下手の弁別では白黒にすると成績が大幅に低下します。やはり色情報も上手下手の判断に使っていたようです。モザイク処理でも弁別が悪くなるので、全体のパターンもまた上手下手の弁別に使われていたのだと思います。さらに、スクランブルにすると弁別は維持できません（図7）。上手下手の弁別は画風の弁別とは違う方略で弁別されていたようです。

ヒトと鳥類の優れた視覚認知には進化的背景があります。一般的に哺乳類は視覚認知が得意ではありません。元来が夜行性で光があまり役に立たなかったのです。わたしたち霊長類は例外です。一方、鳥類の多くは優れた視覚認知をもっています。鳥の中には私たちの三原色に加えて紫外線領域にも感受性のある視細胞をもつものがいるし、猛禽類の視力は圧倒的です。実は霊長類と鳥類は似たところがあります。例外はありますがどちらも昼行性です。視覚が役に立ちます。どちらも木から木に飛び移ります。この3次元生活にはなんといっても視覚が重要です。遠近感は視覚情報によって可能になりますし、樹上では多くのものが部分的に葉に覆われているので、部分情報から全体を推定するためには優れた視覚情報処理が必要です。食べごろの果物も色がわからないと区別できません。白黒写真だと赤リンゴか青リンゴかわからないのです。

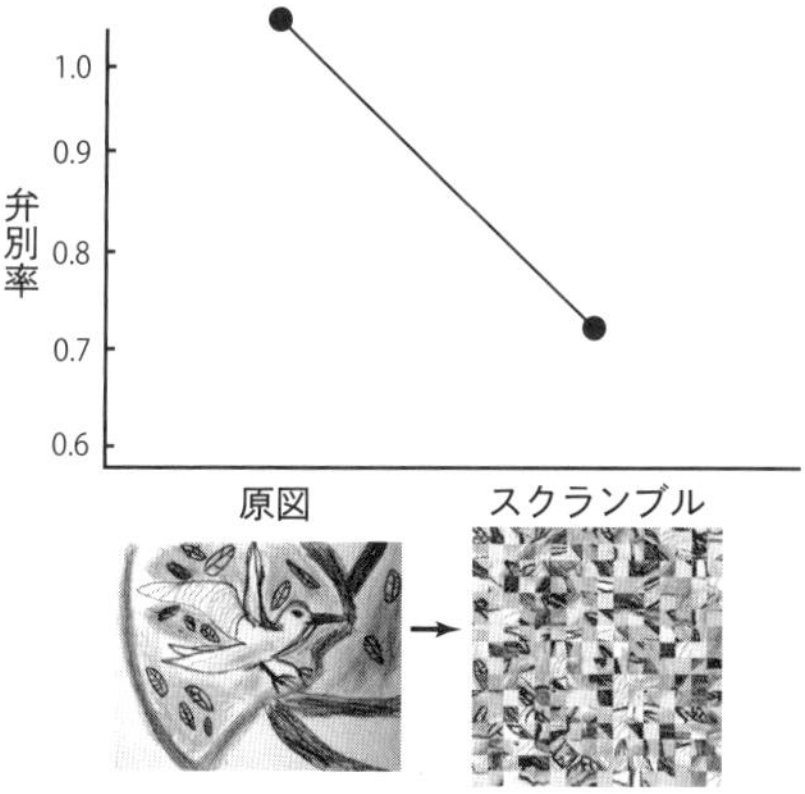

図7 「上手な絵」はスクランブルにするとわからなくなる（Watanabe, 2017より）

② マウスの絵画弁別

次はネズミの実験です。ネズミは夜行性で、嗅覚やヒゲの触覚が優れています。警戒フェロモンを出

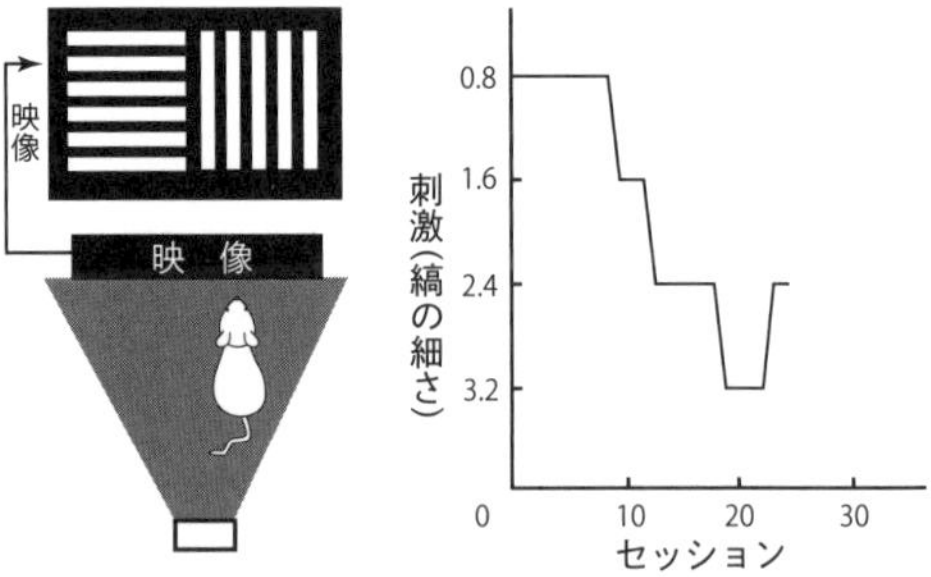

図8　マウスの視力検査の装置と結果（Simbo et al.,2018より）

して危険情報を伝え合うこともします。しかし、最近になってネズミも案外視覚情報を使っているのではないかということがわかってきました。マウスが仲間の痛覚反応の認知に視覚を使っている可能性が指摘されています。まずは縦縞と横縞の弁別を使って視力検査をしました。タッチスクリーンのついたコンピュータースクリーン上にごく粗い縦縞と横縞を並べて見せます（図8）。マウスが正しい方（たとえば縦縞）に触れれば薄めたコンデンスミルクがちょっぴり飲めます。正解が続くと縞の粗さを一段階細かくします。それも弁別できるようになると、さらに縞を細かくします。このようにしてマウスがどのくらいまで縞を弁別できるかを調べました。ヒトに較べると見劣りしますが、結構弁別ができます。

そこでいよいよ絵画の弁別を訓練しました。絵画はカンディンスキーとモンドリアンです。一対のカンディンスキーとモンドリアンの絵を用いて訓練しましたが弁別ができるまでにおよそ一ヶ月かかりました。次に、同じマウスで別の新しい一対のカンディンスキーとモンドリア

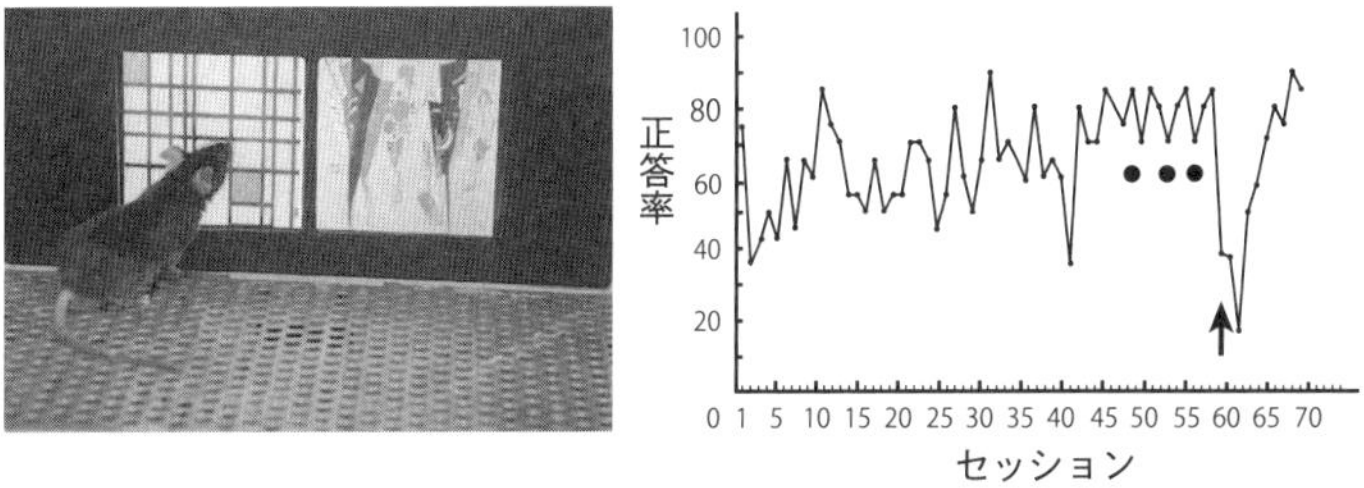

図9　左：マウス絵画弁別の装置、右：実験結果（Watanabe,2013より）

ンの絵で訓練します。マウスはより少ない日数で学習しますと、その後、新しい絵画の対で次々に訓練をします（図9右、小さな黒丸のところで新しい対に切り替えられます）。マウスは新しい対になっても弁別を維持します。一方、大きな矢印は絵画をピカソとモネの対に替えたところで、成績は急に悪くなります。訓練方法が異なるので直接ハトとの比較はできませんが、マウスもカンディンスキー、モンドリアンの画風の視覚概念が獲得できたようなのです。

2　建築

a　動物は建築をするか

「動物の建築」という言葉はノーベル賞受賞者であるフォン・フリッシュが名付け親です（そういう名前の著書もあります）。何かを構築する行動は無脊椎動物から哺乳類まで様々な動物で見られます。その中でも、鳥の巣やクモの巣にはため息が出るくらいに美しいものがありますし、アリの作る蟻塚の大きさは圧倒的です。

動物の構築物とヒトの構築物の類似点には建築家も注目しています。巣と家はつまりは隠れ場所、シェルターなので同じ機能を求められます。構築物は二つの力に耐えなければなりません。一つは上からの力、もう一つは一方を固定して引っ張った時にかかる力です。これらの強度は素材が同じ場合には、建築家も動物も同じ力学上の制約があります。その結果、動物の巣と人間の建築物は類似性を示します。

図10　美しい鳥の巣

鳥の巣の目的はそもそも卵をかえすことと育児です。一番単純なのは地上の巣で、ダチョウなど飛べない鳥は地上に巣を作ります。チドリの仲間も小石を集めて巣を作ります。素材は土や木や葉、海藻、石、貝殻、自分の羽を使うものもいます。なにぶん鳥の卵というのは転がるのでいずれにしても皿型です。

地上の巣の難点は天敵がすぐ近づけるということです。樹上の巣でも素朴なものは皿形ですが、もう少し手が込んだのはトリがすっぽり中に入るカップ型のものです（図10左）。しかし、木の上では地上と違って空間的な自由度がありますから、結構美しいデザインのものがありま

図11　左：ニワシドリの巣の並木路型、右：同メイポール型

す。多くの場合は枝の組み木細工で、釘も接着剤も使いませんが、クモの糸を固定に使うトリもいます。素晴しいのはサイホウチョウで、クモの糸で文字通り葉を縫って袋状の巣を作ります。屋根つきの巣もあります。屋根ができると保温性は格段に良くなるし、雨も避けられます。

巣作りについて大変興味深いのは巣作りが求愛行動として使われる場合があることです。ニュージーランド、オーストラリアに棲むニワシドリの巣は大変見事なものです。ニワシドリの巣は求愛のためにメスに見せびらかすためだけのもので、そこに住んだり、抱卵するためのものではありません。東屋には二つのタイプのものがあります。「メイポール型」といわれるものは中心に柱があり、それを様々に飾り付けます。この柱のまわりにはある種の回廊があって、回って見ることができます。もう一つは「並木路型」といわれるもので、装飾された柱の間に小路がある構造で、いわば装飾を施されたトンネルです。装飾には花や葉、骨、羽、など様々な材料が使われます。驚くことには塗装までするトリもいます。これは果汁や唾液を混ぜてクチバシにくわえた樹皮のブラシで並木の壁を塗るものです。東屋作りは年齢が増すにつれてより豪華になります。

b　建築は何を伝えるのか

東屋はメスにとって何かの信号になっているのでしょうか。一つは、美しい東屋は作り手が寄生虫などに集られていない健康なオスであることを示すという健康説です。2番目は認知・運動技能を示すというものです。複雑な構築物は運動技能を反映しますが、そればかりではなく、目の錯覚を利用して奥が広く見えるように作るという、かなりのハイテクもあります。さらに面白いのは東屋が社会的地位を表すという3番目の説です。

ニワシドリのオスは装飾品を奪い合います。強いオスは弱いオスの装飾品を取り上げて自分の巣の飾りにします。したがって装飾品の多さは社会的地位を表すことになります。赤いベリーはメスを惹き付けますが、同時により優位なオスの攻撃も誘ってしまいます。過度の装飾は身の程知らずというわけです。つまり、攻撃を避けるためには、ほどほどの装飾をすることが重要です。人工的に東屋にベリーを置いてより豪華にしてしまうと、その東屋の主人はそのべリーをみずから取り除いてしまいます。より優位なオスの攻撃を避けるための自粛です。このような自己規制があれば東屋はその主人の地位を示す信号になるわけです。

このような建築は陸上だけではありません。水の中にも素晴らしい美術家がいます。アマミホシゾラフグ（名前も素敵です）です。このサカナは2012年に発見された新種ですが、何よりその華麗な巣作りで研究者を魅了しました。サカナの大きさは手のひらサイズですが巣は直径2メートル近くになります。巣は円形で、車輪のように見えます。基本は砂のお城ですが、サンゴや貝殻を使った装飾も施します。オスは中心でメスを待ち、オスが気に入ったメスは中心にやってきます。その後、オスは孵化まで卵を守って中心にいます。面白いことにタコも貝殻を積み上げて、ある種の共同住宅を作ります。これはオクトポリス（タコ都市）と呼ばれています。

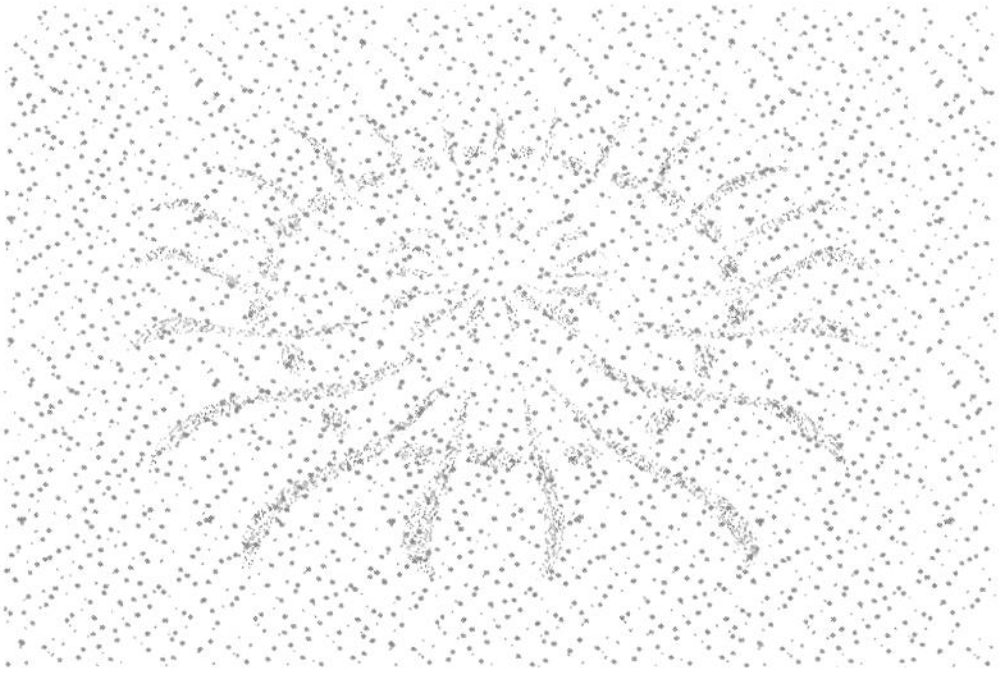

図12　アマミホシゾラフグの巣（Kawase et al.,2013より）

3 音楽

a 動物は音楽を作るか

動物の自然状態での活動でわたしたちが芸術性を感じるものに鳥の歌があります。鳥の歌と音楽が似ていることは多くの研究者が指摘しています。実際、認知科学者のドミニク・レステル博士は鳥の歌を西洋音楽と同じように分析し、多くの類似点を発見しています。クープランの「恋するサヨナキドリ」やヴィヴァルディの「ゴシキヒワ」など鳥の名前を題名にしたものもあるし、オリヴィエ・メシアンは鳥の歌の採譜（聴いた音を楽譜で書き表すこと）を熱心に行い、作曲に利用しています。技法に関する限り、音楽と鳥の歌はかなり似たところがあるといえます。

小鳥の歌は生まれつきのものではなく、生まれてから学習しなくてはなりません。多くの場合、父親から学びます。多くの種では、歌うのはオスでメスは歌いません。ヒトの言語とは違いますね。しかし、トリの中にはオスとメスでデュエットする種もいます。そしてデュエットの方が祖型であると考

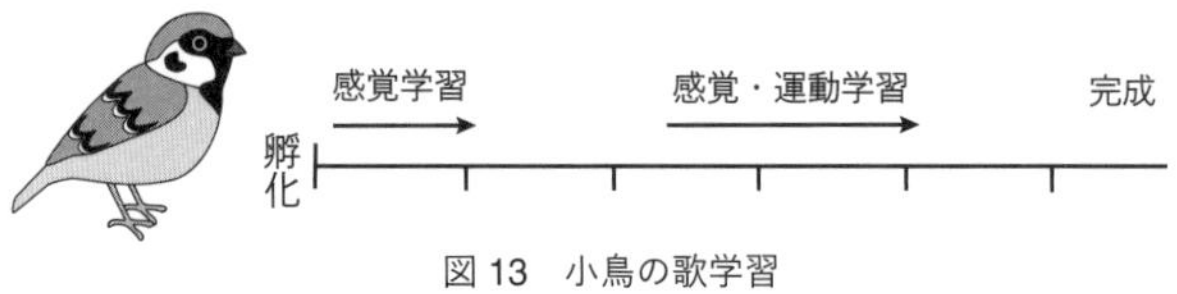

図 13　小鳥の歌学習

えられています。歌を歌うと捕食者に自分の位置を知られることになるので、メスは歌わなくなったと考えられます。この学習は歌がどのようなものであるかを耳で憶える感覚学習の過程と、自分で歌えるようになる運動学習の過程があります（図13）。最初は断片的にしか歌えませんが、その歌を最初に憶えた歌と一致するように修正していき、最後にちゃんとした歌（「結晶化した歌」といいます）が歌えるようになります。この点は始めに喃語をしゃべり、だんだん言葉になるヒトの言語獲得と似ています。

鳥の歌はそもそもヒトの音楽に当たるものなのでしょうか、それともヒトの言語に当たるものでしょうか。その美しさから見れば音楽だといいたくなります。しかし、その機能は言語に近いもの、つまりコミュニケーションの手段なのです。生まれてからある期間に憶えなくてはならないこととか、脳の中で左右の片側に歌の中枢があることなど、小鳥の歌にはヒトの言語に似た面も多くあります。しかし、複雑な鳥の歌も結局は求愛か縄張りの主張なのですから、伝える内容はお粗末だといわざるを得ません。ヒトの言語はなんといっても要素の組み合わせ方で違う意味を伝えられることが強みです。小鳥の歌については次の言語の章でも取り上げます。

b　動物はヒトの作った音楽を楽しむか

絵画と同様に、私たちの音楽は私たちのためのものです。私たちは音楽を聴くことを楽しみます。音楽の種類によっては、リラックスしたり、活動をあげたりする効果があります。子守り歌は子どもを睡眠に誘導します。パチンコ店では売り上げ促進のために軍艦マーチが流されています。音楽はゾウやネズミでも血圧を下げる効果があり、心臓移植手術を受けたマウスは椿姫やモーツァルトを聞かされると、ただの音よりも予後が良いという報告もあります。音楽で気分が変わること広くは知られており、少々古い話ですがフランスでは「暗い月曜日」というシャンソンを聞いて自殺する人がいたり、日本でも電車のホームで流される発車メロディーが飛び込み自殺を誘発すると話題になったことがあります。

ご存知の方も多いと思いますが、「モーツァルト効果」はカリフォルニア大学のフランシス・ラウシャー博士が学生にモーツァルトのソナタを聴かせると知能検査の検査が上昇したと報告したことに端を発しています。モーツァルト効果は米国で商標登録され、大きな問題となりました。しかし、２００7年には「モーツァルト効果は存在しない」というドイツ教育省の公式な報告が出て、現在ではまじめに考える人はいないと思います。モーツァルト効果の動物実験もたくさん報告されていますが、結果はまちまちです。

動物が音楽を楽しむということは実はあまり報告されていません。コモンマーモセット、ワタボウシタマリン、いずれも音楽選好を示しません。チンパンジー、ゴリラも好みを示しません。メンドリに二つのキィ（丸窓）つつきをさせ、どちらのキィをついても餌が得られるが、一方では「ローカル・ヒーロー」（映画）のテーマが聴けるようにした例では何の効果もなかったと報告されています。

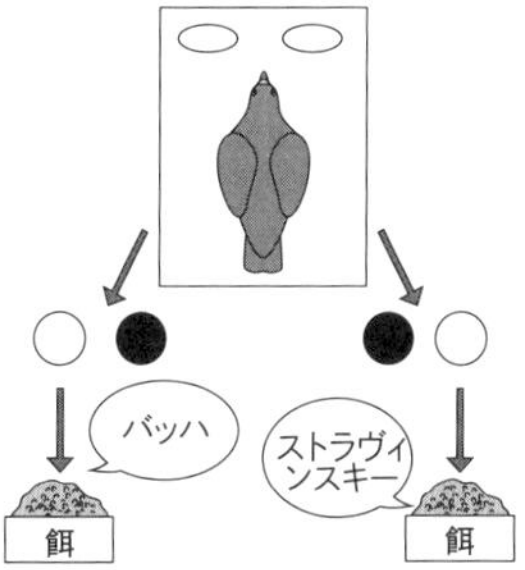

図14　ハトの実験装置（Yamazaki, Suzuki & Watanabe, 2009より）

① ハト

私たちの研究室ではハトにバッハの「トッカータとフーガ」、ストラヴィンスキーの「春の祭典」からの曲、または雑音を聴かせる実験をしました（図14）。二つのキィのどちらをつついても餌がもらえますが、一方のキィを選択すると7秒間ある音楽が流されてから餌がもらえ、他方のキィを選択した場合には7秒間別の音楽が流れます。4羽のハトを使いましたが、個体ごとに見ると統計的には一方の音楽への隔たりが見られる個体もありましたが、60％以下の選好であり、もし音楽の好みがあっ

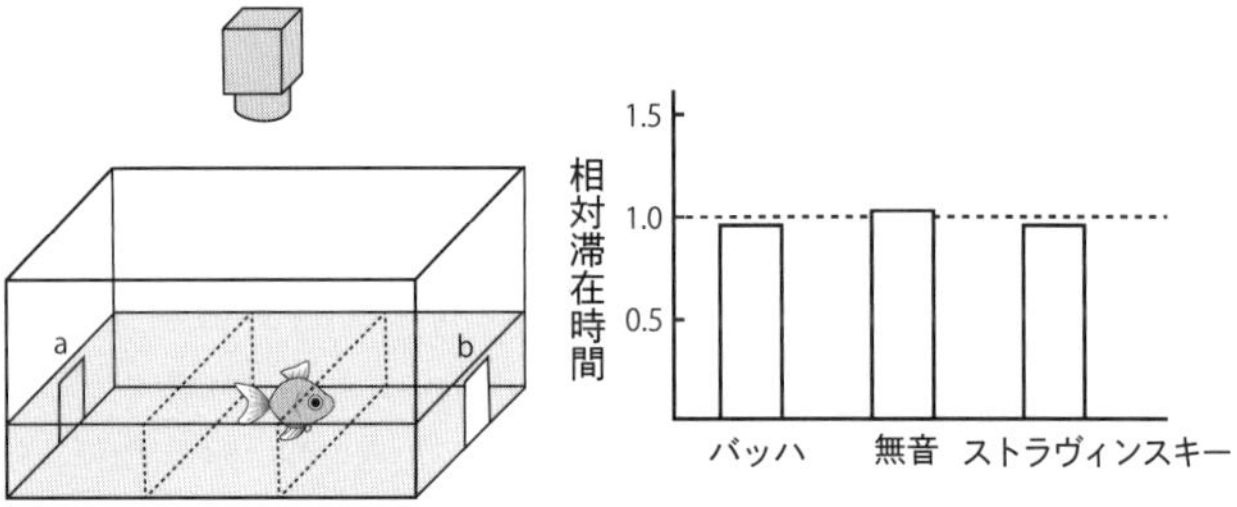

図15　左：キンギョの実験装置、右：実験の結果（Shinozuka et al.,2012より）

たとしてもごく弱いものです。メンドリの結果と同じです。

②ラット

ラットでも同じ音楽を使って実験をやってみました。ラットの場合はキィをつつくのではなく、二つのバーのどちらかを押すとそのバーに応じてバッハかストラヴィンスキーの曲が聴こえます。結果はハトと同じで、全く選好が見られません。

③キンギョ

さらにキンギョでも実験しました（図15）。キンギョを水槽に入れてカメラでどこにいるのかを検出します。そしてキンギョの位置によって違う音楽が水中スピーカーから聴こえるようにしました。音楽が流されている区画の滞在時間の比率を音楽の好みの指標とすると6個体のうち1個体で統計的に有意にストラヴィンスキーが聴こえる区画への滞在時間が増え、バッハの区画での滞在時間が減少しましたが、他はいずれも統計的に有意な差は見られません。キンギョもまた音楽への好みがほとんどなかったのです。

④キンカチョウ

このような研究からどうも音楽の好みはヒト固有で他の動物では見られないと考えられるようになりました。少し古くなりますが、２００７年の雑誌「ネイチャー」は音楽への好みはわれわれ人間と鳴禽（私たちの研究結果です）だけで認められるとしています。私たちが使ったのはブンチョウです。実験箱には3本の止まり木がありセンサーによってどの止まり木にいるかがわかります。両端の止まり木に止まると左右によって違う音楽が流れます。真ん中の止まり木にいる時には音楽は聴こえません。最初の実験ではバッハ（「フランス組曲」）とシェーンベルク（「ピアノ組曲」）の音楽を使いました。すべてのトリではありませんが、バッハの聴こえる止まり木に多く止まっていることがわかりました。面白いことにシェーンベルクの止まり木よりは中央の止まり木にいます。これはシェーンベルクの曲が聴きたくない音楽であることを示しています。ま、音楽に造詣のない人（トリ？）にとってはシェーンベルクの曲は不快かもしれません。バッハとシェーンベルクが作曲した別の曲に替えても同じ結果が得られました。

次の実験では、ヴィヴァルディ（「ヴァイオリン協奏曲」）とカーター（「オーケストラのための変奏曲」）にしてみました。カーターは現代音楽の作曲家で、これまた、音楽に造詣のない人には不快かもしれません。ブンチョウはヴィヴァルディの聴こえる止まり木に多く止まり、カーターの止まり木よりは音楽なしの止まり木に長くいることがわかりました。この実験はヒト以外の動物で音楽の好みをはっきり示した最初の研究です。

異なる動物は異なる可聴域をもち、自分たちの得意な音域をもっています。動物の聴覚コミュニケーションの特性に合わせた音楽を作って聴かせるという試みもなされています。チャールズ・スノードン博士はワタボウシタマリン（サルの一種）の聴覚コミュニケーションを分析し、威嚇する音声の特徴、仲良くする時の音声の特徴をもつように調整した音楽を作りました。タマリンに聴かせたところ、ヒト用の曲では何の効果もないのですが、ワタボウシタマリンの威嚇する音声に似るように編集すると不安行動を促進し、仲良くする時の音声に似るように調整すると鎮静効果が見られたことを報告しています。

また、スノードン博士たちは「コズモ・エアー」と「ラスティのバラード」をネコの音域に合わせてネコ用に編集した曲をネコに聴かせたところ、未編集のものを聴かせた場合より音に近づく反応が多く見られたといいます。この研究は飼い猫の行動観察という実験なので厳密さには欠けますが、動物の音楽選好は音楽そのものを動物仕様に変えることによって認められるようになる可能性を示しています。

⑤デグーと民族音楽

さて、これまで述べてきた音楽の実験にはあるバイアスがあります。それは使われている音楽がいずれも西洋音楽だったことです。鳴禽以外で音楽選好が見られなかったのは、西洋音楽への選好が見られなかったということかもしれません。サウスウェスタン大学のモルガン・ミングル博士はチンパンジーにアフリカ音楽、インド音楽そして日本の太鼓を聴かせるということを考えつきました。実験はチンパンジーの飼育エリアで行われ、カセットで各音楽を流して、チンパンジーがどのくらい音源の近くにいたかを記録します。チンパンジーはアフリカ音楽とインド音楽が聴こえる時には音源の近くにいることがわかりました。一方、日本の太鼓にはこのような効果はありません。著者たちによれば日本の太鼓と西洋音楽は一定の予測可能なリズムがあり、これはチンパンジーの威嚇リズムに似ているとのことです。このことが正しいかどうかはわかりませんが、西洋音楽以外で動物が好みを示す可能性は否定できません。

南米チリ原産のデグーは子猫くらいの大きさのネズミの仲間で、複雑な聴覚コミュニケーシヨンをもつことで知られています。筆者はヒトと鳴禽で音楽選好が見られるのは両者が複雑な聴覚コミュニケーションと社会性をもつからだと考えました。デグーはまさにこの条件を満たす動物です。しかし、実験してみると、バッハとストラヴィンスキーの間では選好が認められません（図16）。残念ながら、筆者のこの仮説は否定されたわけです。

ところが、彼らの故郷であるチリの民族音楽と西洋音楽の選択では、民族音楽への選好が見られました。同じ南米のペルーの音楽でも西洋音楽より選好を示します。民族音楽はその音楽が生まれた土地の環境音や音響特性に影響を受けていると考えられます。物理的なものばかりでなく、そこに住む動物たちが動く時に出す音、鳴き声、なども環境音を構成します。これらの複合した音環境を「ビオフォニ

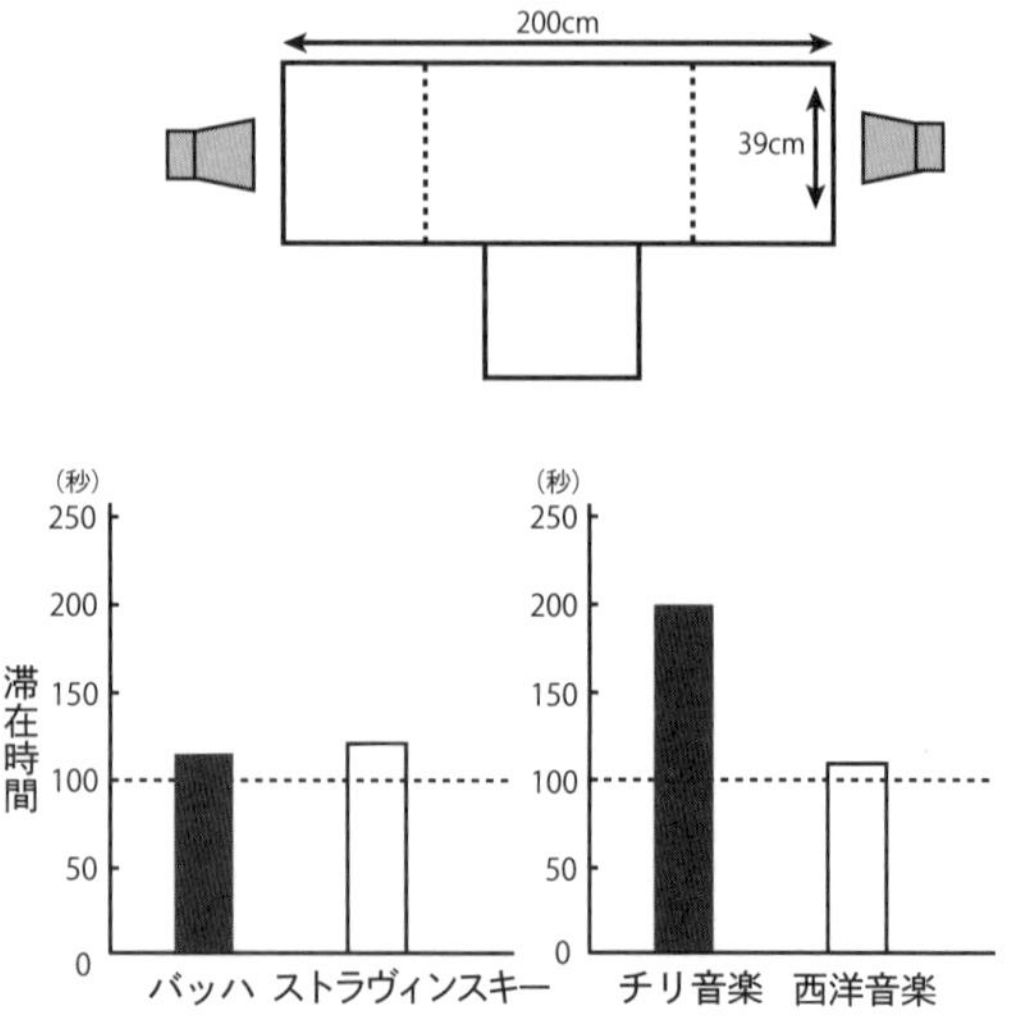

図16　上：デグーの実験装置
下：実験データ（Watanabe et al.,2018より）

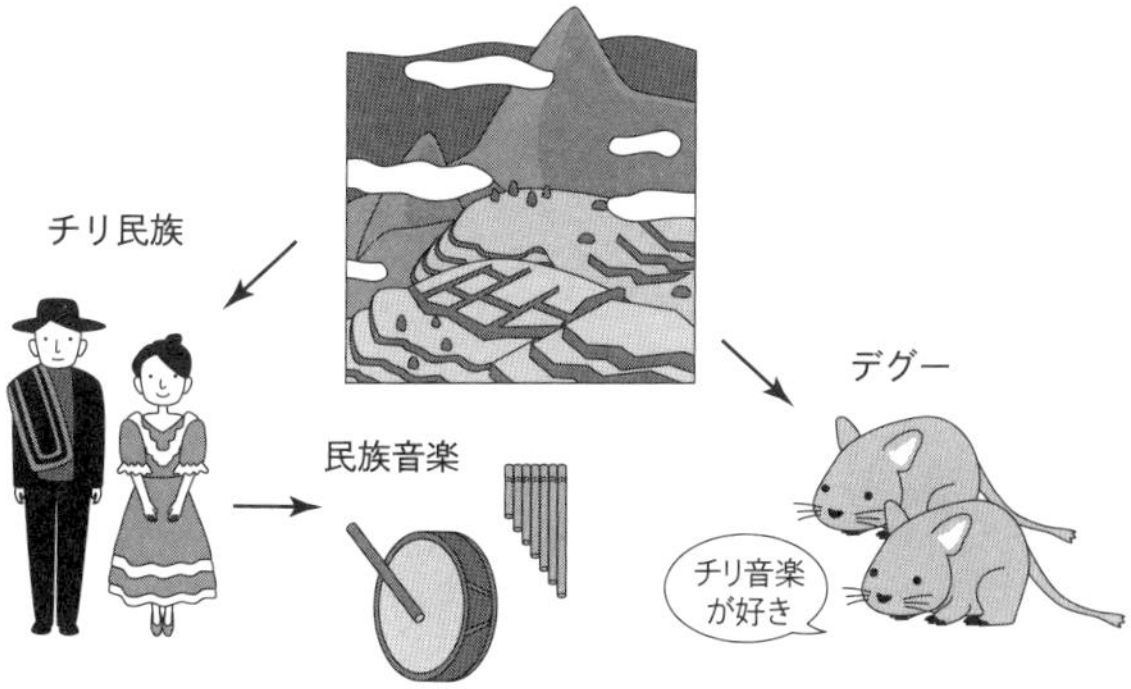

図17　ビオフォニーはその環境に住むすべての動物に影響を与える

ー」（強いて訳すと「音響風景」）といいます。夏のセミの音、せせらぎの音、鳥の鳴き声、これらはすべてビオフォニーの一部です。そしてビオフォニーが民族音楽に影響を与えていることは民族学者が突き止めています。同じようにビオフォニーがその環境に住む動物の音の好みに影響することは十分考えられます。その結果、デグーは生まれ故郷の民族音楽に好みをもつと考えられるのです。もう一つ面白いことがあります。私が実験に使ったデグーは野生のものではありません。実験室で繁殖させているものです。したがって、彼ら本来のビオフォニーには晒されていないのです。このことはビオフォニーによる好みは遺伝的に組み込まれていることを示すのかもしれません。

c　音楽がわかるか

動物（多くの場合鳥類）による音楽の弁別は数多く報告

されています。音楽の弁別は絵画の弁別と同じで感覚的カテゴリーの弁別です。

①ラット

私たちの研究室はバッハの「トッカータとフーガ」とストラヴィンスキーの「春の祭典」の弁別をラットに訓練しました（図18）。速いラットは20日くらいで弁別できますが遅いのは２ヶ月くらいかかります。ネズミは聴覚に優れていますが、聴くことのできる範囲がヒトとは異なります。もっともよく聴き分けられる音はヒトでは１２００〜１３００ヘルツ、ハトで１０００ヘルツ程度ですがラットでは１万ヘルツくらいで５００ヘルツ以下は聴こえません。音楽はもちろん人間のために人間が作ったものだから音域は人間用ですので、ラットにとってはちょっと不利になります。

バッハの「トッカータとフーガ」とストラヴィンスキーの「春の祭典」を弁別ができたラットにバッハとストラヴィンスキーの他の曲を聴かせてみると、楽器が異なるのにもかかわらず弁別を維持できます。多少ハンディがあっても、ラット

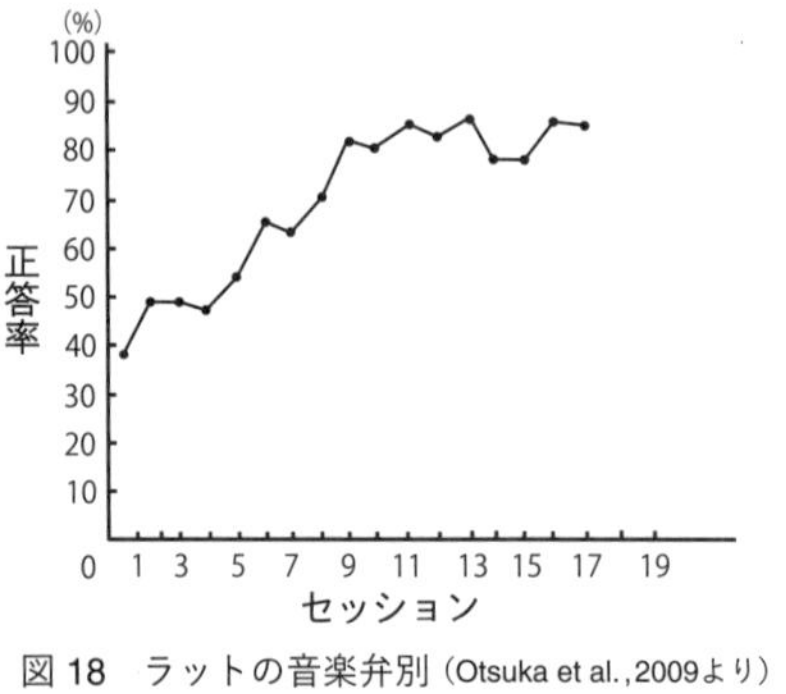

図18　ラットの音楽弁別（Otsuka et al., 2009より）

もある程度音楽の聴覚カテゴリーができるようです。

②ブンチョウ

聴覚が優れているといえばなんといっても鳴禽です。シジュウカラは同種の40種類の歌を聴き分けることが知られています。この能力は自分の縄張りと境を接する隣人の歌を理解するのに役立っています。隣人とは安定した関係ですが、聴き慣れない新しい歌を歌うトリは侵入者かもしれません。私たちはブンチョウにバッハとシェーンベルクの弁別を訓練しました（図19）。実験箱の中に2本の止まり木があり、バッハの曲が流れた時に止まり木を飛び移ると餌がもらえ、シェーンベルクの時はもらえない（あるいはその逆）、という訓練です。40日くらいで弁別ができるようになります。この弁別ができたブンチョウは初めて聴くバ

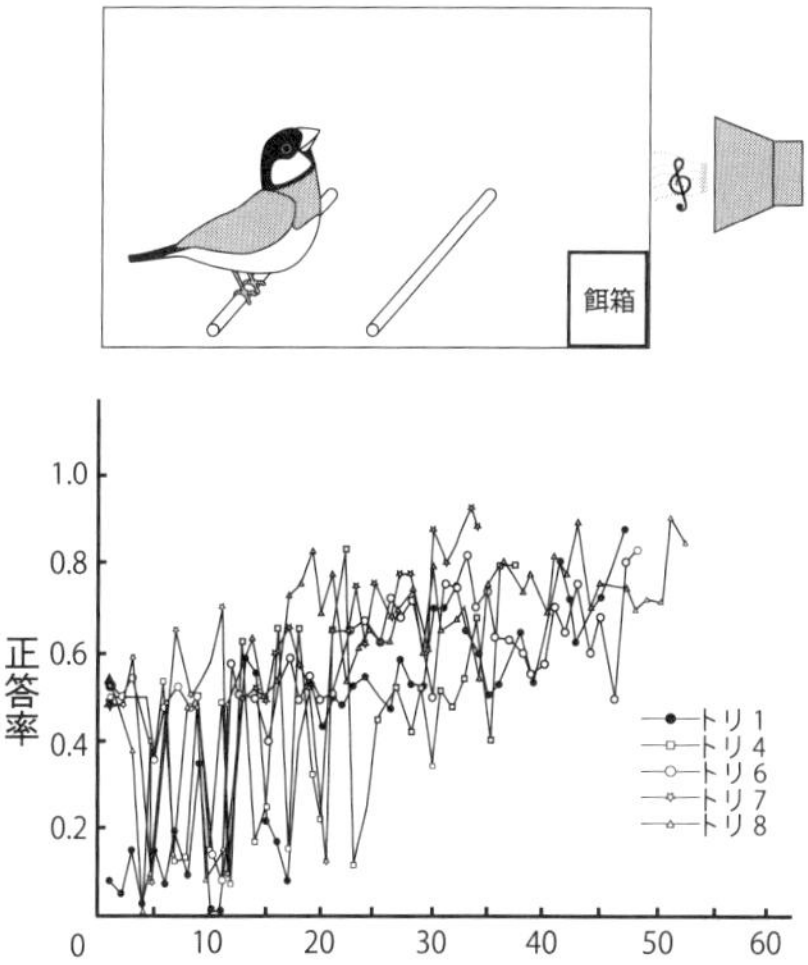

図19　上：ブンチョウの実験装置、下：音楽弁別のデータ（Watanabe & Sato, 1999より）

ッハとシェーンベルクを聴き分けるだけでなく、バッハからヴィヴァルディ、シェーンベルクからカーターへの般化も示しました（ヴィヴァルディはバッハと同じ古典音楽に属し、エリオット・カーターはシェーンベルクと同じ現代音楽です）。このことは音楽選好の結果とも一致しますね。どうやら古典音楽と現代音楽の区別ができるようです。ハトも音楽弁別ができますがバッハからヴィヴァルディへの般化は示しません。そういう点では鳴禽であるブンチョウの音楽認知はよりヒトのものに似ているのかもしれません。

③キンギョ

キンギョは聴覚に優れた種で、古典的条件づけ（パヴロフの条件づけ）を使った実験でキンギョが純音の弁別ができることが示されていますが、音楽そのものを使った例はほとんどありません。私たちの研究室ではキンギョにラットの実験で使ったのと同じバッハの「トッカータとフーガ」とストラヴィンスキーの「春の祭典」の弁別を訓練しました（図20）。水槽にビーズ玉のついたナイロンの糸が下がっていて、キンギョがこれを引っ張れば自動的に上から餌が落ちてくる装置を作りました。弁別はできるのですが、個体によっては200日近くも訓練日数がかかりました。音楽弁別に関して私たちの研究室でこれまでに扱った動物の中では弁別にもっとも時間がかかりました。この実験をやってくれた篠塚博士（現・理化学研究所）に感謝です。

キンギョはハトやラットと違って新しい音楽への般化を示しません。キンギョは音楽の聴覚カテゴリーを獲得できなかったことになります。一方、キンギョと近いコイでは古典音楽とブルースの弁別が可能でしかも般化を示しているという報告があります。ただ、コイの実験では曲の同じ部分が繰り返し聞かされているのに、キンギョでは毎回ほぼ違ったパートが聞かされている点が大きく違います。

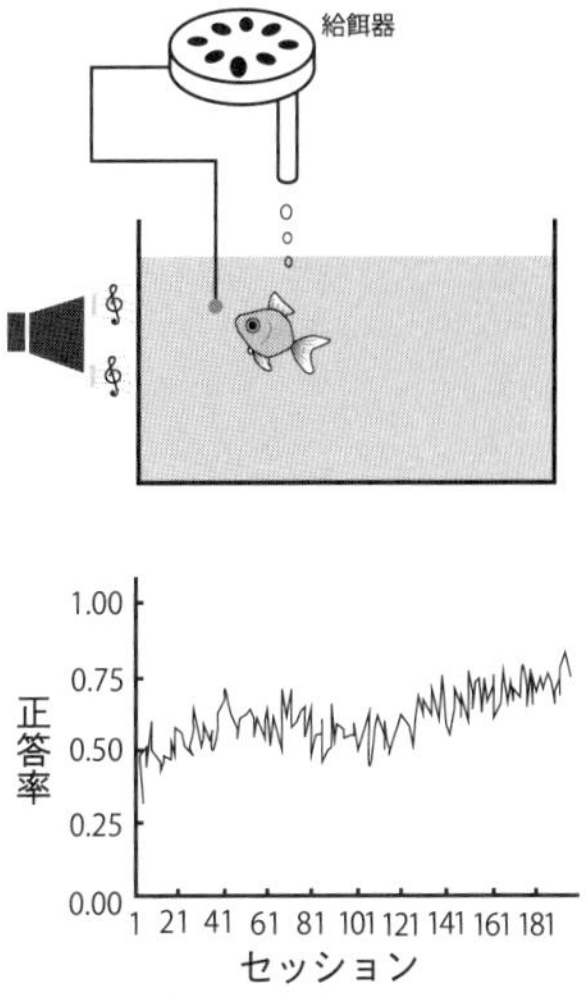

図20　上：キンギョの装置、下：実験データ（Shinozuka et al., 2013より）

4　美の進化的起源

高校までに美術の授業はあっても美学の授業はないと思います。美学は上手に絵を描くための術でなく、なぜある絵を美しいと感じるかを考えようという難しい学問です。かつては審美学といわれたこともあり、文豪森鷗外が慶應義塾で教えていたのは「審美学」という名前の講義でした。僕は個人的にはこの名称の方が好きです。

a　実験美学

美を哲学ではなく、実験科学として捉えた最初の研究者はドイツ人のグスタフ・フェヒナー（1801-1887）です。心理学を勉強すると必ずフェヒナーのことを教わります。彼は心理物理学（少し古い言い方では精神物理学）という感覚の測定法を開発した人物で、その方法は今日なお使われているからです。フェヒナーは美についてもそれが知覚現象として測定可能であるとしました。

カナダのトロント大学にいたダニエル・バーライン博士は従来の美の測定方法である、言語判断や心理物理学に加えて行動による測定を加えました。これを「新実験美学」と名づけました。もし、美が行動を通して測れるのなら、動物でも美の研究ができるはずで、バーラインの新実験美学は文字通り新しい研究領域への扉を開けるものでした。この章で取り上げた実験の多くが、バーラインの考えに立っています。なぜ、美しい絵画を長く観るのでしょうか？　それは美しい絵を観ることが楽しいから、快感を起こすからです。バーラインのアイデアは美を心理学の強化として捉えるというものでした。

b　自然選択と美

民族にかかわらず、木や水、人や動物のいる風景画が好まれることが知られています。ヒトの好む原風景はヒト発祥の地であるアフリカのサヴァンナの特徴に似ているからだとするのが「サヴァンナ仮説」です。サヴァンナは豊穣な土地で、多くの食物は地表近くにあります。ヒトの好む風景には見通しと避難という特徴もあります。丘の上の建物、城などは遠くまでの展望を与えるし、木陰、崖などは遮蔽物としての効果をもちます。これらは対捕食者行動としての風景の選択といえます。ただ、これで美のすべてを説明するのは難しいと思います。わたしたちはサヴァンナに似た風景だけでなく、けわしい山もまた美しいと感じます。食べ物などなさそうな岩山や万年雪に覆われた山の絵も美しいと感じます。実際、山岳画は洋の東西を問わず絵画の一つの題材で、山岳美学という言葉もあるくらいです。もう一つの美の特性は適度な複雑さです。中程度の複雑さとはそこから何か「新しい情報」が得られる可能性を意味します。適度に予想に反した、新しい情報が求められるのです。

進化心理学者のスティーヴン・ピンカー博士は美が過去の適応の副産物であるという「チー

ズケーキの仮説」を提唱しています。食物が手に入りにくかった時には脂肪や糖に富んだ食物を積極的に摂ることは適応的でしたが、いまやチーズケーキの大量摂取は適応的ではありません。ピンカーは美もまた同じようなものだと考えます。高脂肪で糖分の多いものへの嗜好がもはや適応的でないのと同じで、美に進化的起源はあっても、現在では適応的価値のない嗜好ということになります。

c　性選択と美

生存に有利だと思えないクジャク尾羽などの進化を説明するためにダーウィンは「性選択」を考えました。ダーウィンはメスがある種の「美学」をもっていて、美しい尾羽をもったオスを配偶者として選択するので、そのような形質が進化していったと考えました。こうすれば個体の生存には役に立たない進化も説明できます。

配偶者選択の情報価としての美には情報の送り手と受け手の駆け引きがあります。化粧や衣装、その他遺伝とは関係なく見せびらかすことのできるものがたくさんあります。身体特徴の調整ばかりでなく言語行動（つまり口説き文句）にも多くの偽情報が入ってます。しかし、高価な着物や化粧、高額な自動車などはコストがかかるから、余裕がなくては維持できません。

豪華な花束や宝石は余計なコストを払える指標になります。進化生物学者のいう「ハンディキャップの原理」です。ハンディキャップの原理とは、個体の生存に不利なものをもつことは、それだけのハンディがあっても生きていける優秀なオスであることを示す、というものです。

美のすべてを進化によって説明することはできないと思いますが、わたしたちがもつ美の感覚の一部は過去のより良い環境を求めた結果だと考えられるし、別のあるものは性選択に起源を求めることができます。現代アートの一つの特徴はメッセージ性ですが、動物たちの美はずっと前からメッセージ・アートだったのです。情報伝達手段としては言語の方が正確で、現代アートのメッセージは説明されないとわからないものが多く、これでは情報価としては問題が多いといわざるを得ません。しかし、ある種の情動的情報は言語に変換しにくいものがあり、芸術作品を介することによって、よりよく伝達できるのではないかと思います。

5　まとめ

美の弁別、強化、技能を考えると、ヒト以外の動物でも一定にそのような能力をもつものがいると思います。つまり、進化的連続性があります。人にとって、美が美となるのは作品の社会

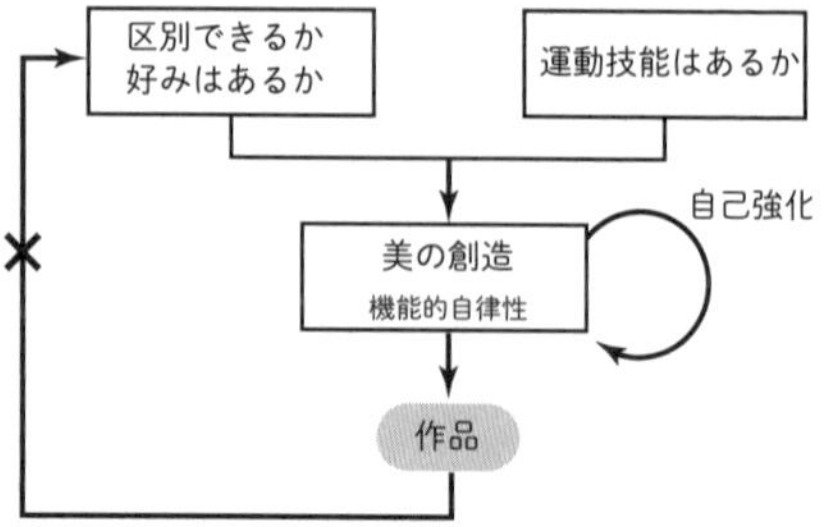

図21　動物の美の限界：社会(仲間たち)は作品を楽しむか？

的承認が必要で、心理学的にいえば作品が他個体に対して強化効果をもたなくてはなりません。この社会的承認による作品の価値はヒト以外の動物では認められないと思います。そこにヒトの美と動物の美の違いがあります。ヒトにとって美はアートとして社会的に認められ、それによって経済的な価値も生じます。ニワシドリの東屋はメスに対するメッセージをもちますが、それは求愛という限られた範囲に限定されています。求愛を離れて巣の美しさが認められるということはありません。

◎参考文献

石津智大『神経美学―美と芸術の脳科学』共立出版、2019年
渡辺茂『美の起源』共立出版、2016年
渡辺茂『ピカソを見わけるハト』日本放送出版協会、1995年
デズモンド・モリス、小野嘉明（訳）『美術の生物学』法政大学出版局、1975年
デズモンド・モリス、別宮貞徳（監訳）『人類と芸術の300万年』柊風社、2015年
ジョナサン・バルコム、桃井緑美子（訳）『魚たちの愛すべき知的生活』白揚社、2018年
セミール・ゼキ、川内十郎（監訳）『脳は美をいかに感じるか』日本経済新聞社、2002年

第6章　あなたの言語

1　動物に言語を教えられるか

ご自分がどのように母国語を獲得したかは憶えておられないと思います。特に何の努力もなく、気がつくと母国語をしゃべっていたのだと思います。一方、外国語の習得には随分な努力をなさり、それでも母国語と同じようには聞いたり話したりできないのではないでしょうか。日本人が日本語を話せるのは日本人として日本語で育てられたからで、中国人が中国語をしゃべれるのは中国人として中国語で育てられたからです。言語には聞く、読むという言葉の理解という面と、話す、書く、という言葉を発するという面があります。これらは別の機能で、失語症には言葉が話せなくなる運動性の失語と、意味がわからなくなる感覚性の失語があります。

動物に言語を教える場合にも、言葉の意味を理解させようという研究と、言葉を出させようとする研究の両方があります。

a　類人猿に言語を教える

ではチンパンジーを人間として育てれば人間の言葉をしゃべれるようになるでしょうか。チンパンジーの子どもを人間の子どもと全く同じように育てたヘイズ夫妻の実験があります。結果は無惨なものでした。チンパンジーはかろうじて「パパ」とか「ママ」としゃべれるようになっただけで、人間の言葉の発達とはかけ離れた能力しか示せなかったのです。映像を見ると、空耳よりはちょっとまし、といった程度です。しかし、この実験には無理がありました。犬や猫の子を人間と同じように育てる人は少なくありません。しかし、それによって犬や猫がヒトの言葉を話せるようになると思っているわけではないでしょう。犬や猫の口は人間の言葉を発することができないことがわかっているからです。チンパンジーも喉と口の構造から人間のことばを発せない構造だという批判がでました。つまり、この実験はそもそもないものねだりの実験だったというわけです。しかし、その後の研究では、喉の構造ではなく脳も含めた発声系の問題ではないかと指摘されています。サルの喉でも構造的にはヒト音声が出せるというシミュレーションもあります。

図１　チンパンジーの言語訓練、左から「音声」「手話」「記号」

でも、もし本当に喉と口による発話だけが問題だったら、しゃべる代わりに他の方法をとればどうでしょう。もちろん、動物相手のことだから筆談というわけにはいきません。手話はどうでしょう？　幸いチンパンジーは手先が器用です。この実験を思いついたのは米国のガードナー夫妻です。そして実験は成功を収めたように見えました。この研究は大喝采を浴びました。筆者は１９７６年にパリで開かれた国際心理学会でガードナーの講演を聞きましたが、会場は立ち見が出るほど盛況でした。人間はついにソロモンの指輪（それをしていれば動物と自由に会話ができるという魔法の指輪）を手に入れたかと思えました。そして、手話を話すチンパンジーやゴリラは小説や映画にも登場するようにもなりました。

しかし、現在では手話でサルが言語を獲得できると考えている研究者はほとんどいません。実験のビデオをよく調べてみるとチンパンジーが手話で答える前に研究者がわずかに正しい答えのヒントを与えていて、チンパンジーはそれを真似しているのに過ぎないことがわかったのです。類人猿と人間は円滑なコミュニケーションをしているように見えますが、それは人間同士のものとは異なったものだったのです。この批判をしたのはコロンビア大学のハーバート・テラス博士でしたが、その厳しい批判の結果、多くの研究者が類人猿での言語研究から離れていきました。

もう一つの試みは記号が描かれたプラスチック片やタッチパネルを使う方法で、タッチパネルにはたくさんの記号が並んでいて、記号の意味を憶えれば、「バナナをちょうだい」とか「私をくすぐって」などと表現することもできます。言語には「理解」（聞いたことがわかる）と

「産出」（しゃべることができる）の両方の機能がありますが、プラスチック片はこの両方に使えます。この方法はコミュニケーションの方法としては、それなりに有効なのですが、「言語」を獲得したかどうかは疑問があります。米国のデイヴィッド・プレマック博士は長年チンパンジーを使ってプラスチック片の実験を続けましたが、結局チンパンジーの言語獲得を明らかに示すことはできませんでした。

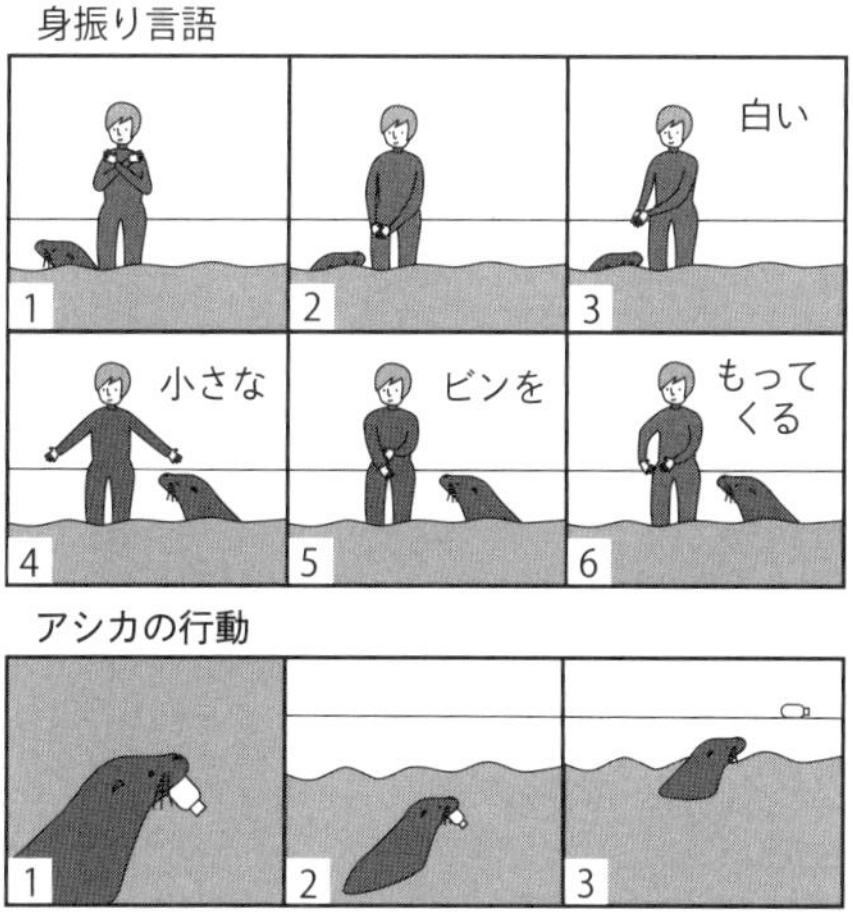

図２　アシカの身振り言語（Schusterman & Grace, 1989）

b　アシカに身振り言語を教える

優れたコミュニケーション能力をもつイルカやアシカで研究しようと思いついた人もいます。ドナルド・シュスターマン博士もそのような発想をもったアシカ研究の第一人者です。図２はそのような身振り「言語」の例です。水族館でアシカやオットセイの芸を見ると調教師が身振りで指示を与えています。ただし、身振り言語の場合は言語理解の研究だけということになります。シュスターマンはこれを体系的に利用しました。研究の場所はサンフランシスコから車で1時間くらいのサンタクルスにある海洋研究所で、筆者も一度訪ねたことがあります。ロッキーというアシカは訓練の結果、7語からなる文（たとえば「白くて大きな輪を黒い小さなボールまで運ぶ」）を理解し、指示通りに行動することができました。これはすばらしい研究ですが、アシカはヒトと話したわけではなく、人間の複雑な指示がわかったに過ぎません。いわば、一方向のコミュニケーションなのです。また、「白い黒い輪」と指定されると、ヒトは白い輪と黒い輪のどちらを選べば良いのかわかりませんが、アシカは迷わず黒い輪を選びます。つまり「輪」に近い方の「黒い」を優先します。ヒトの言語理解とは違うようです。ただ、ヒトの体の動きを使った動物とのコミュニケーションはそれなりに有効で、イヌ用手話（K9 Sign Language）といったものも開発されています。

c　オウムに音声言語を教える

人間の言葉（音声言語）をしゃべる動物がいます。オウムやキュウカンチョウなどの物真似鳥がそうです。音響的には彼等の音声は人間のものとかなり異なりますが、上手なオウムやキュウカンチョウの言葉はそれと知らないで聞くと、本当にヒトが話しているように聞こえます。

これらのトリの行動は当然研究者の興味を引きましたが、長いことまじめな研究課題として取り上げられてきませんでした。理由はこれらのトリが言葉の内容を全く理解しないままに人間の言葉を真似しているだけだと考えられたからです。１９５４年にアメリカ心理学会の会長がオウムのおしゃべりは単なる物真似であるという演説を行っています。つまり物真似鳥の言葉は見かけ上、人間の言葉に似ているだけだとされ、それ以降まじめな研究対象とは見なされてきませんでした。

図３　オウムと会話するペッパーバーグ博士（イメージ）

この問題に果敢に挑戦した研究者がいます。アイリーン・ペッパーバーグ博士です。彼女はハーヴァード大学で化学の学位を取得したという、心理学者としては変わった経歴の人ですが、インディアナ大学で、有名になったアレックスという名前のオウムで研究を始めました。音声言語訓練はアシカの身振り言語と違って、言語の理解と産出の両方を調べることができますが、彼女の目的は、動物の言語獲得そのものではありません。彼女の関心は動物の認知そのものであって、オウムに言語を教えたのはその手段です。

まずは、彼女の訓練風景を眺めてみましょう。訓練は二人とオウム一羽で行われます。一人は先生で、もう一人はお手本とライバルを兼ねた係です。先生があるもの（たとえば玩具の自動車）を指してオウムに「これは何？」と聞きます。オウムは玩具の自動車が欲しいけれども、もちろん最初は「自動車」と答えることはできません。そこでお手本係の登場となります。お手本係は「自動車！」と答えて、その玩具をもらってしまいます。つまり、お手本の係はどのように答えれば良いかのお手本ですが、同時に玩具を持っていってしまうライバル役でもあります。先生は「はい、これは自動車です」といって、ライバルに玩具をわたしてしまいます。お手本係でもあるライバルはオウムにわかるようにゆっくり「自・動・車」という発音を繰り返します。このようにして、少しでも「自動車」に近い音をオウムが発するように導いていきます。

この訓練方法自体はペッパーバーグではなく別の人が考案したものですが、彼女はこれを利用して次々とアレックスに言葉を教えました。気がつかれたかも知れませんが、この訓練では動物にお腹を空かさせておいて、うまく行動したら餌をやる、ということをするわけではありません。オウムはうまく発音すれば、欲しい玩具をもらえますが、訓練は基本的にはオウムをほめることで成立しています。先に紹介したアシカでは正解すれば報酬として魚がもらえるというものですので、アシカの訓練の方が伝統的な心理学の手法をとっています。

ペッパーバーグが最初にテストしたのは、アレックスの発音が「空耳」でないことを確かめることでした。そのためにオウムの訓練に参加していない人にテープを聞かせて判断させることをしています。アレックスは2年以上をかけて、色、形、材質などの名前を憶えることができました。その結果、「これは何?」という質問に「赤い三角の紙」という複雑な解答ができるようになりました。さらにはいくつかのものを見せられた時に、「灰色のものは何?」といった質問にも答えられるようになりました。

オウムやキュウカンチョウを飼われた方はおわかりだと思いますが、かれらは「自発的」によくしゃべります。実はこれが心理学者を悩ました問題でした。一体、彼等は何のためにしゃべるのでしょうか? 心理学者たちの結論は結局、しゃべること自体が楽しいからだろう、というものでした。当たり前みたいですが、この発音すること自体が楽しいということはカナリアやキンカチョウが歌を憶える時にも、人間の子どもが言葉を憶える時にも重要な役割を果たしています。そしてアレックスは質問に答えるだけでなく、「……が欲しい」とか「……へ行きたい」といった自分の要求を伝えることもできました。つまり、コミュニケーションは一方向ではなく双方向なのです。

オウムは本当に文法のようなものを理解して文を作っているのでしょうか。ペッパーバーグ博士のビデオを見るとアレックスはかなり長い文も話しています。たとえば「I am sorry（ごめんなさい）」とか「you wanna go back（帰るの）」といった文を話しています。しかし、それは文法に従って文を構成しているのではなく、丸ごと一つの情報を伝えているのに過ぎないかも知れません。ペッパーバーグ自身は文の産出にはあまり興味がなく、アレックスの文については文法的産出ではなく、一つの意思表示のために丸暗記したものだという考え方です。長いといえば日本では「ジュゲム、ジュゲム……」などを唱えるオウムがいますね。

d　小鳥にヒトの言葉を聞かせる

第5章でも述べましたが、小鳥は音楽を聴き分け、また、ある音楽を他の音楽より好みます。中国語と英語は、たとえそれらの言語を習得していない人でも、それらの音韻的特徴から区別がつきます。ハーヴァード大学のハウザー博士はタマリンという小型のサルを使ってオランダ語と日本語の弁別を訓練したところ、サルはこの区別をやってのけました。ついで、オランダ語と英語に挑戦させましたが、この弁別はできませんでした。オランダ語と日本語ではリズムが違いますが、オランダ語、英語では同じリズムになるからかもしれません。

著者らはブンチョウに中国語と英語の弁別を訓練してみました。香港育ちで英語、中国語ともに母語である話者に「源氏物語」の英訳と同じ部分の中国語訳を朗読してもらって録音しました。ブンチョウは一方の言語が流された時に止まり木を飛び移れば餌がもらえます。他方の言語の時には飛び移っても餌はもらえません。ブンチョウは二つの言語を聞き分けることができました。そこで、源氏物語の中のまだ聞いたことのない部分の朗読を聞かせるテストをしました。ブンチョウはそれでも聞き分けができました。さらに、「我輩は猫である」の英訳、中国語訳を聞かせましたが、これでも弁別ができました。最後に話者を変えてみましたが、多少成績は下がるものの、それでも弁別できます。ブンチョウは二つの言語の何らかの聴覚的特性による弁別をしたわけです。

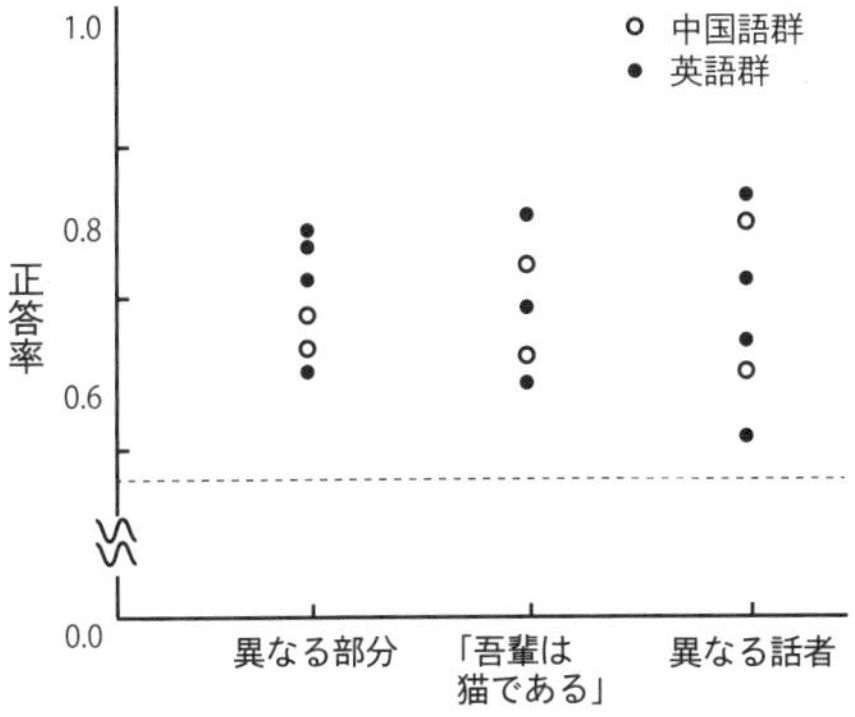

図４　ブンチョウの言語弁別（Watanabe et al.,2006）

私たちも全く習ったことのない違う言語をある程度、聞き分けられるように思います。その言語に特有の音の性質があるからです。言語学の専門の方に伺うと、どうも英語と中国語で母音と母音との時間的距離が違うようです。小鳥はこのような微妙な違いを聞き分けられるということです。

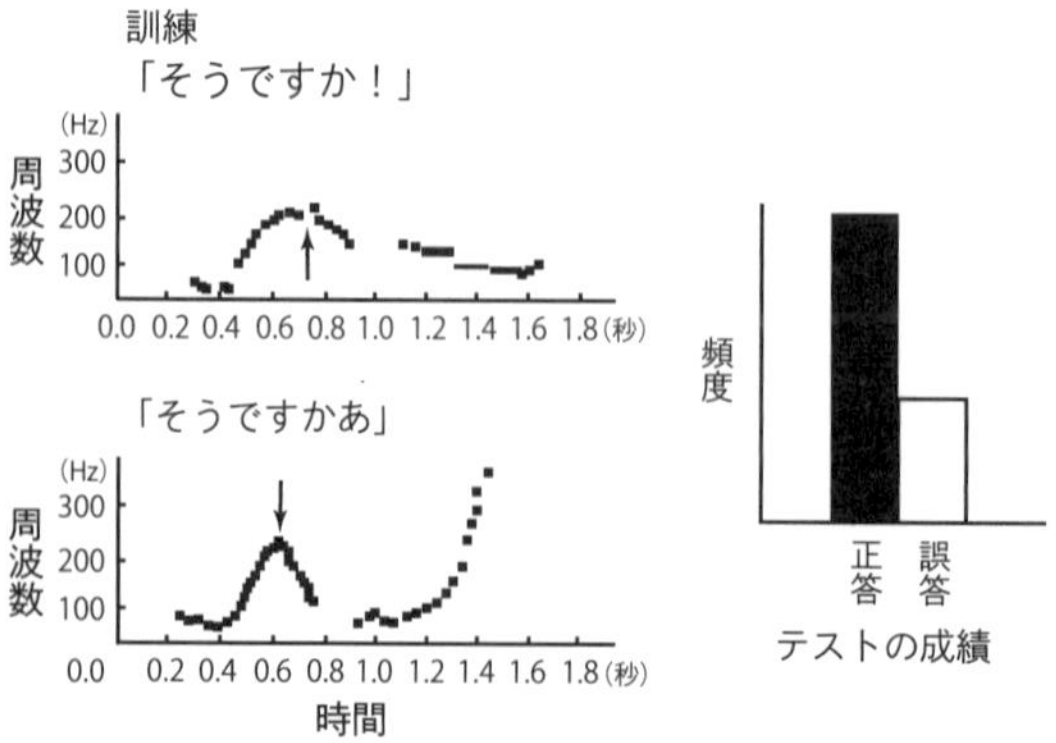

図５　ブンチョウのプロソディ弁別 (Naoi et al., 2012より)

もう一つ、音声言語の音としての特徴に抑揚があります。学会でマカオに招待された時にバスに乗っての観光旅行がありました。ガイドさんがいるのですが、筆者はてっきり中国語（広東語）で説明しているのだと思っていました。英語の単語が多いのですが、それは私たちにわかるようにしているのだと思っていました。しばらくして、ガイドさんはすべて英語でしゃべっていることに気がつきました。単語は英語なのですが、全体の抑揚が中国語風なので、てっきり中国語だと思ったわけです。

コミュニケーションの道具としての言語は抑揚によって特別な非言語的情報も伝えます。この抑揚をプロソディといいます。誰かをお茶に誘った場合、同じように「ええ」といわれても、私たちはそれが肯定の「ええ！」なのか否定の「ええ〜」なのかがすぐわかります。それがわからないと、空気が読めない、ということになります。書き言葉にするとこの機能は失われますが、スマホなどの文章に笑顔やハートのマークをつけるのは、いわばプロソディの機能を代替しているのだと考えられます。

国際基督教大学の直井博士は著者の研究室にいた時にブンチョウにプロソディの違いを教えました（図5）。文としては「そうですか」なのですが、これをいかにも疑わしいように発音する場合と、大賛成であるように発音する場合の区別です。音源は自分たちで勝手に作ったのではなく、国立国語研究所が管理してる録音のデータ・ベースから拝借しました。ブンチョウはこの区別ができます。そこで文を「あなたですか」に変えてテストします。プロソディは疑念と賛成のものです。ブンチョウはこの新しい文のテストでもプロソディを正しく区別できました。もちろん、この実験はプロソディを区別したのであって人のようにあるプロソディから疑念や賛成という意味を理解したわけではありません。

2　言語の起源

さて、いよいよ言語の進化の問題を考えましょう。結論を先にいいますと、この問題は未解決です。ですから、是非ご自分で自分なりの解答を考えてみてください。

a　漸進的進化

ヒトの言語は文法による組み合わせによって理屈の上では無限に意味を作り出せます。和歌は31文字、俳句にいたっては17文字ですが、もはやすべての和歌や俳句が作られてしまい、新しいものを作ることができなくなった、ということはありません。事実上無限です。もっとも、言語が要素の組み合わせによって無限に作れるというのは理屈であって、実際には限られた組み合わせしか使われません。

ただし、組み合わせによって伝える情報の数が飛躍的に増加することは明らかです。伝えるべき情報の数と憶えなくてはならない語の数との関係に着目し、伝えるべき情報の数が一定の閾値を超えると文法が出現するという数理モデルも提唱されています。これは、まず単語ができ、単語でさらに複雑な情報を伝えるために文法ができて言語になったという、いわば単線的な言語の進化の考え方です。「熊」「犬」「食べた」という単語があるとします。この三つを並べて組み合わせを作ると、意味が「犬が熊を食べた」のか「熊が犬を食べた」のか、はたまた「熊と犬を食べた」のかがわかりません。並べ方の規則を決めておいて、最初の語が主語、2番目が目的語、というようにしておけば、意味がはっきりします。このような系列的な規則が文法の元だと考えられます。

全く逆の考え方もあります。小鳥の歌は長く華麗なものであっても、意味としては求愛とか捕食者の発見とかナワバリの主張とかいった単純なものです。最初にこのような全体で一つの意味であったものから、要素が切り出されて（分節化されて）単語ができていった、とするものです。ただし、これは語ができる話で、文法ができるという話ではありません。

言語の社会的コミュニケーション機能を重視した進化の考え方もあります。サルの社会を見ていると頻繁に毛づくろいをしています。これは相互理解や相互の信頼関係を築くのに重要な機能を果たしています。様々な社会的動物で「身体接触」によるコミュニケーションが見られます。しかし、身体接触によるコミュニケーションには限界があります。そうそうたくさんの相手と接触するわけにはいかないのです。その点、音声言語でコミュニケーションができれば、相手の数を飛躍的に、しかも離れた位置から行うことができます。ライヴのコンサートと握手会のお客の数を考えれば、いかに音声言語が優れているかがわかります。言語と音楽には様々な類似性があり、認知考古学者のスティーヴン・ミズン博士は言語と音楽に共通な祖先（先駆体）があって、そこから言語と音楽が分かれていったと考えています。しかし、その先駆体が実際に何であるかはわかりません。

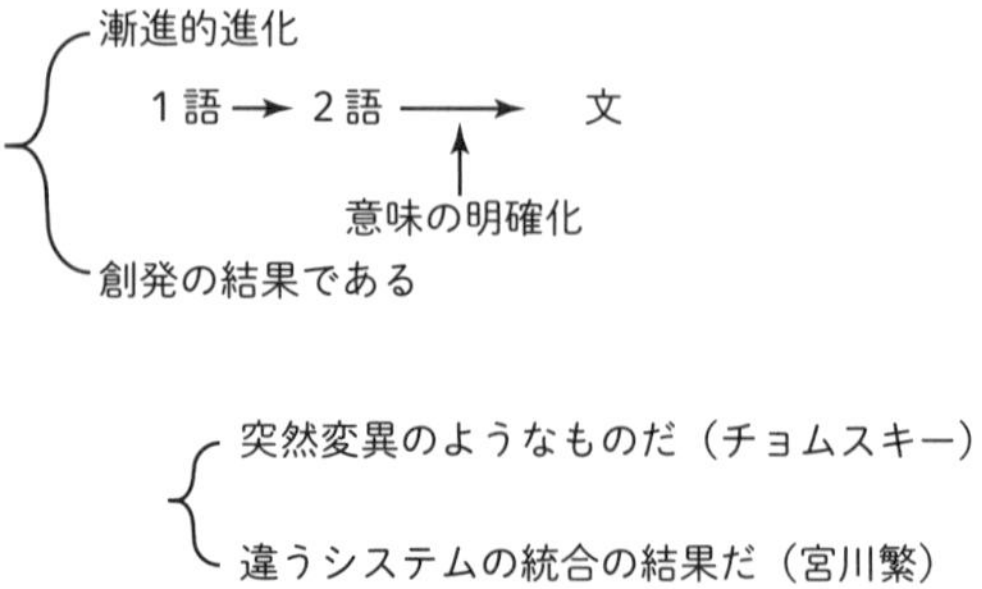

図6　様々な言語進化の考え方

b　統合理論

これまで述べてきたのは直線的で漸進的な言語の進化ですが、別の考え方はいわば、突然変異のようにヒトの言語が出現したとするもので、言語学者のノーム・チョムスキー博士の主張です。ただ、彼も言語の母体となる「広い意味での言語能力」は他の動物にもあり、「狭義の言語能力」がヒト固有と考えています。

単語を作る認知能力と文法のような系列規則は別々に進化して、ある時点でそれらが統合されたと考える立場もあります。マサチューセッツ工科大学の宮川博士はそのような統合理論を考えています。一つはLシステム（Lexical system）で、つまりは語のシステムです。もう一つはEシステム（Expression system）で系列的運動算出のシステムで文法に当たります。ではそれぞれのシステムがどのように進化したか見てみましょう。

まずLシステムです。これは単語を作るシステムです。単語

L- システム（Lexical system）：語のシステム

E- システム（Expression system）：系列的運動のシステム
言語から語を除いたもの：小鳥の歌

図７　宮川博士の統合理論

と対象の間に知覚的類似性のあるものがあります。コンピューターの操作画面にあるアイコンなどがそれに当たります。知らないコンピューターでも「印刷」とか「ゴミ箱」などはアイコンを見ただけで想像がつきます。また、知覚的類似性がなくても条件づけによってある単語の意味ができるものもあります。最後が社会的な約束によって単語の意味が決まっているもので、信号の赤は「止まれ」ということだと決まっています。

ヒトの音声言語にはこのような単語と対象の対応関係が決まっています。しかし、これは他の動物でも見ることができます。よく知られているのはアフリカにいるベルベットモンキーで、捕食者である「ワシ」「ヘビ」「ヒョウ」に対してそれぞれ異なる警戒音声をもっています。録音した警戒音声を聞かせると、「ワシ」だとやぶに隠れ、「ヒョウ」だと高い樹に登ります。サルばかりではなく、げっ歯類のプレーリー・ドッグ、ニワトリでも捕食者の種類に応じた警戒音声があります。ヒトのＬシステムの単語数は圧倒的ですが、そのシステム自体はある種の動物には備わっていると考えられます。

問題はＥシステムです。宮川博士によればこれは言語から語を取り除いた

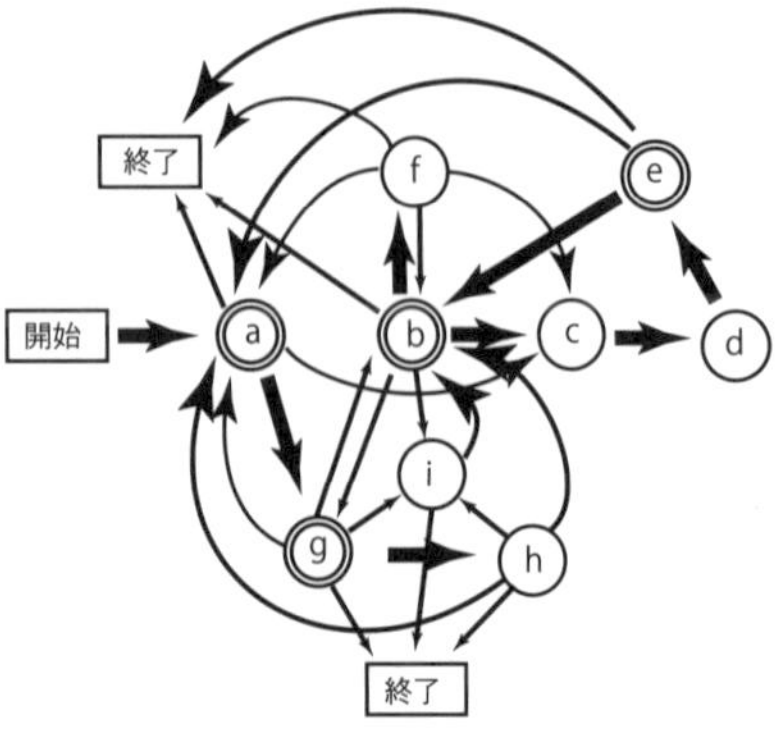

図8　小鳥の歌の産出規則（Okanoya,2006より）

ものということになります。系列的な規則そのものを指します。例としては小鳥の歌がそうだとしています。小鳥の歌の面白さはその複雑さにあります。鳥の歌はいくつかの歌節（フレーズ）からなります。歌節はいくつかの句（シラブル）からなり、句は素音（ノート）から構成されます。これらが一定の規則をもって算出されて歌になるのです。図8は東京大学の岡ノ谷博士が調べたジュウシマツの歌ですが、複雑であることがよくわかると思います（アルファベットは句を示します）。最近になって、ネズミもまた、わたしたちが聞くことのできない周波数でかなり複雑な歌を歌っていることがわかってきました。子ネズミが高周波で鳴くことは以前から知られていましたが、成体が求愛のために歌を歌うことは知られていなかったのです。

　このように複雑な歌でも文法の違いによって意味が変わることはほとんどありません。つまり、伝達される情報は極端に貧弱で、ほぼ求愛とテリトリー宣言に限られています。テリトリーをもつ鳥に同種の歌を聴かせると、テリトリーを侵犯されると思って、自分も歌を歌って自分のテリトリーであることを主張します。スズメ科のミソサザイに同種の歌を再生して聴かせた実験があります。句に当たる部分は変化させないで、その再生順序をランダムにしてみます。つまり、文法を変えます。このようにした歌を再生すると、ミソサザイはあまりテリトリーの主張をしません。つまり同種の歌として認知しないのです。街中でも見かけるシジュウカラの「警戒せよ」＋「接近せよ」という発声を人工的に「接近せよ」＋「警戒せよ」にして聞かせたところ、警戒・接近反応は弱くなったという報告もあります。面白いことにシジュウカラの「接近せよ」をコガラの「接近せよ」に変えてシジュウカラに聞かせると、いつも通り警戒・接近反応を示しました。ただ、この実験は組み合わせを変えると全く別の意味になることを示したわけではありません。

オペラント条件づけによる文法の弁別を調べた実験もあります。キンカチョウを被験体とし、正常なキンカチョウの歌、逆再生の歌、要素である句はそのままにして句の順序を逆にしたもの、句の順序は変わらないが句そのものを逆再生にしたものの弁別をさせました。どの場合も正常な歌との弁別が可能でしたが、もっとも弁別が難しかったのは句の順序を逆にしたもの、つまり文法を変えてしまったものでした。

鳴禽の文法は、難しい言葉ですが「有限状態文法」というもので表せます。これに対し、ヒト言語の文法はどの言語でも「文脈自由文法」になっています。有限状態文法はABの最後にまたABがつくことによって（AB）（AB）のように長くすることができるものです。「僕はハプスブルク家の姫君とダンスをし、君はロックフェラー家の令嬢とダンスをする」といったものです。一方、文脈自由文法はAとBの間にABが入れ子になって（A（AB）B）のように長くすることができるものです。この入れ子構造（再帰性）はヒト言語の特徴で、「僕はハプスブルク家の姫君と踊ったことのある紳士と踊ったことのある令嬢と踊ったことがある」のように延々と長い文章を作れるわけです。

シカゴ大学のダニエル・マゴーリシュ博士のグループの研究は、ホシムクドリが文脈自由文法と有限状態文法の弁別ができる、という報告をしました。彼らはホシムクドリの歌から要素となる部分を切り出し、8個の部分を使って有限状態文法と文脈自由文法を作り、オペラント条件づけでその弁別を訓練したのです。11個体中9個体が弁別に成功していますが、延べ2万5000試行におよぶ猛訓練が必要でした。ごく一般的にいうと、動物は要素が同じでその配列だけが違うという刺激間の弁別は苦手です。この実験は音声配列規則の弁別であって文法を使うということではありませんが、マゴーリシュたちはヒトと他の動物の言語能力の差は質的なものより量的なものとして捉えるべきだと主張しています。この研究は入れ子構造をそうでないものから区別できるというものでしたが、最近（２０２０年）になってカリフォルニア大学バークレー校の研究者たちが成人、先住民族、学齢期前の子ども、そしてサルを用いて、そのいずれもが「入れ子」構造を作ることができると主張しました。これは音声言語ではなく、コンピュータースクリーン上で四つの刺激を順に選んでいくものです。｛、｝、［、］があった場合に［｛｝］と選ぶのが入れ子で、これが正解です。ヒトもサルも学習できました。テストとして新しい刺激を見せます。入れ子の選択順をすれば「入れ子」という規則を学習したことになります。サル以外は入れ子の選択をしました。サルをさらに訓練すると次のテストではちゃんと入れ子の選択順を示しました。使われた記号が特殊なものなので、先の言語の場合と少し違うようにも思いますが、サル、ヒトの類似した入れ子構造の理解としては画期的です。

c　音声文法は学習するものか

文法が経験によって獲得されるものか、それとも生得的なものであるかは言語学上の大問題ですが、動物研究の立場から見ると、多くの行動は遺伝情報と環境（受精後の胎内環境も含めて）との相互作用で発現するので、このような二分法はそれほど意味のあるものとは思えません。

鳴禽の歌は学習しなくてはなりません。歌は発達のある時期に耳で憶え（感覚学習期）、歌い始める時に、憶えていた歌と自分が産出する歌ともマッチングを行います（感覚運動学習期）。そのため、地域的な歌の差、つまり方言ができます。ヒナに、歌における単語に当たる歌節だけを聞かせて育てるとどうなるでしょうか。もし、文法が経験に依存しないなら、歌節さえ教えておけば、それを文法に従って配列できるはずです。カリフォルニア大学のピーター・マーラー博士たちはホオジロ科のミヤマシトドで、この実験を行いました。四つの歌節からなるミヤマシトドの歌を分解し、ヒナには歌節のみを聞かせ、歌節の組み合わせは聞かせないようにして育てました。このようなテープを聞かせたトリの歌を調べると完全ではありませんが、ミヤマシトドの文法に従った歌を歌います。系列をもった刺激にさらされなくても、自分で特定の系列に従った産出ができるようなのです。

ヌマウタスズメのヒナに異常な文法の歌を聞かせた実験もあります。これは歌の途中に休止の入ったものです。意外なことにヌマウタスズメは異常な文法の歌をすんなり学習しました。これはミヤマシトドの結果と一致しないように見えますが、ヌマウタスズメの歌はミヤマシトドに較べると単純で、複雑な文法構造をもっていないので、文法学習のための複雑な機構をもっていないのかもしれません。

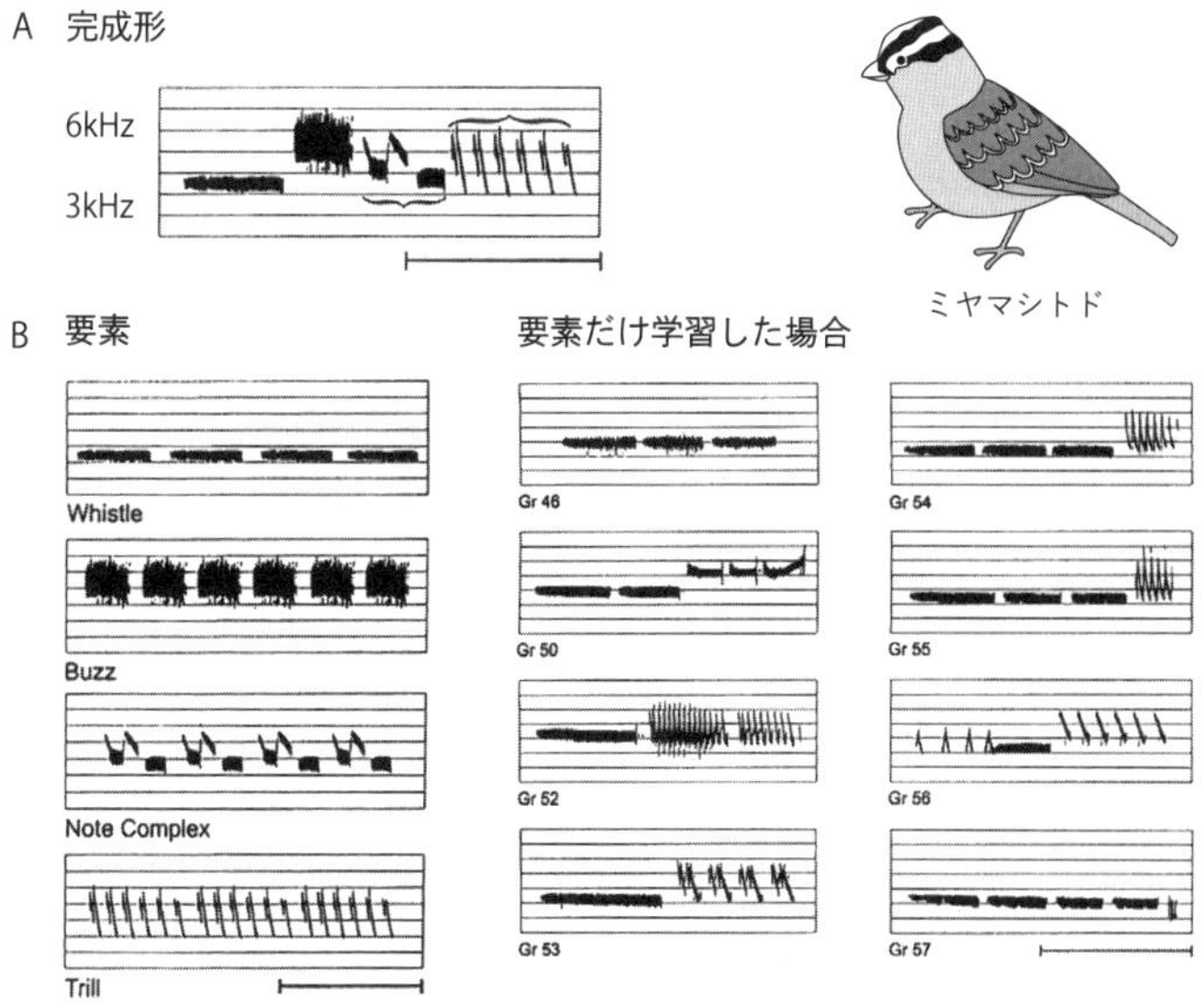

図9　ミヤマシトドの文法は生得的か（Soha & Marler, 2001より）

　これらの研究はヒト以外の小鳥でEシステムが見られることを示しています。しかし、歌を歌う霊長類は稀ですし、霊長類の行う毛づくろいではその系列規則はあまりにも単純です。現段階ではヒト言語のEシステムの進化はよくわかりません。さらにEシステムとLシステムがどのように統合されたのかもよくわかりません。統合されれば、飛躍的に多くの情報を伝達でき、したがって生存に有利だと思われますが、統合の過程を示す事実はないように思われます。事によるとヒトの文法のEシステムと小鳥の歌のEシステムの類似性は系統発生的に離れた動物が示す収斂に過ぎないのかもしれません。つまり、行動の複雑な産出

（一方は言語、他方は歌）を行うためにはEシステムのような産出規則が必要とされたのであって、両者は別々に進化して類似した規則にたどり着いたのかもしれません。

言語というと、どうしても音声言語を考えがちですが、コミュニケーションの手段としては当然他のものもあります。オーストラリアのジャッキードラゴントカゲは喉、首、足、体の位置を組み合わせて172種類もの身振りをしますし、嗅覚や、高周波（ネズミ、イルカ）、低周波（ゾウ）を使って複雑なコミュニケーションをしている動物もいます。彼らのLシステムは明らかにされていません。

言語の起源は大変難しい問題であると同時にあまりに様々な理屈が作れるので。1866年にパリ言語学会は、言語の起源に関する一切の報告を認めない、という主張をしたくらいです。しかし、研究者たちの地道な努力によって、この問題も少しずつ解明されつつあります。

3　まとめ

動物とヒトは違う、という主張の根拠として言語の存在が指摘されます。これまで、私たちの記憶、論理判断、道徳などを動物と比較してきました。それぞれでヒトの特殊性がありました。しかし、動物との連続性は認めざるを得ません。おぼろげではありますが、進化の道筋も想像がつきます。そこに行くと、正直にいうと言語は難問です。近縁の動物でヒト言語に類似した動物はいません。チョムスキーのように突然降って湧いたようにヒトだけが言語をもつという主張がなお支持されているのもわからなくはありません。しかし、筆者は言語においても動物との連続性を主張します。なお、わからないことはたくさんありますが、連続性を否定できるものではないと思います。

◎参考文献

岡ノ谷一夫『小鳥の歌からヒトの言葉へ』岩波書店、2003年
エヴァ・メイヤー、安部恵子（訳）『言葉を使う動物たち』柏書房、2020年
デイヴィッド・プレマック、橋彌和秀（訳）『ギャバガイ！』勁草書房、2017年
スティーブン・ピンカー、椋田直子（訳）『言葉を生み出す本能（上下）』NHK出版、1995年
テレンス・W・ディーコン、金子隆芳（訳）『ヒトはいかにして人となったか』新曜社、1999年

第7章　あなたの脳を見てみよう

1 あなたの脳

この本で取り上げている様々な心の機能は脳の機能であることはいうまでもありません。もちろん、これは脳を取り出して水槽の中に入れておけば、すべての機能をさせることができる、という意味ではありませんが、まず、あなたの脳を見てみましょう。

a 外から見た脳

まずは皮膚をとり、筋肉を取らなくてはなりません。ここですでにチンパンジーやゴリラとの違いが出てきます（図1）。それは筋肉です。ゴリラやチンパンジーの頭蓋骨には中世の兜のように中央に大きく前後に長い突起があり、それに大きな筋肉がついています。この筋肉は下顎につながっています。つまり、下顎を動かして咬みつくための筋肉です。私たちの頭蓋骨はのっぺりしていて中央の突起がありません。筋肉はこめかみのところから小さくついているだけです。私たちの頭蓋骨は咬みつく力を犠牲にした替わりに大きな容積を獲得したのです。

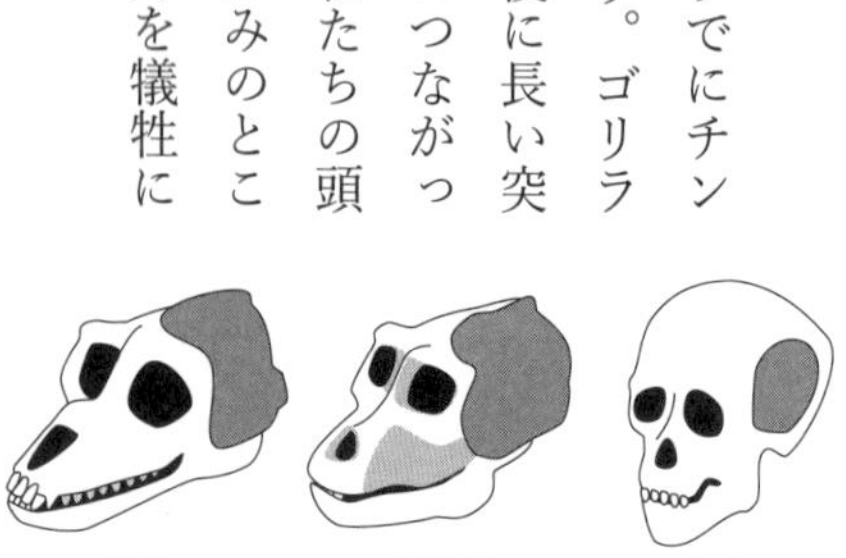

図1　頭蓋筋肉と脳の巨大化
（Stedman et al., 2004より）

頭蓋骨の下にすぐ脳があるわけではありません。脳を包む膜が3重にあります。まず硬膜という硬い膜、その下にクモ膜、そして最後に軟膜があります（図2）。クモ膜と軟膜の間には隙間があって液体に満たされています。脳脊髄液です。脳はこの液体の中に浮かんでいるのです。軟らかいものを安全に保存する方法の一つは液体の中に入れることです。そう、お豆腐のパックを思い出してください。

さて、脳を取り出しましょう。何か紐のようなものが引っかかります。脳から神経が出ていて頭蓋骨の外に伸びているからです。これが脳神経で、全部で12対あります。一番前にあるのが嗅神経、2番目が視神経です。このような感覚神経とともに動眼神経、滑車神経などの顔の筋肉を動かす運動神経もあります。私たちの中枢神経は骨の中に収まっています。脳は頭蓋骨の中、脳に続いている脊髄は脊椎の中に入っています。脊髄からは脊髄神経が32対、やはり骨の外に出ています。これが私たち脊椎動物の神経系の特徴です。

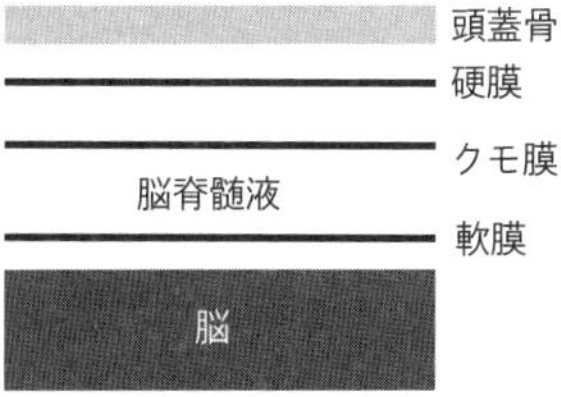

図2　脳膜

脳神経や脊髄を切り離すとようやく脳を取り出すことができます。多分思ったより小さいと思うでしょう。握りこぶし二つを合わせたほどの大きさです。前後の長さ15〜17センチ、横幅14センチくらいです。重さ

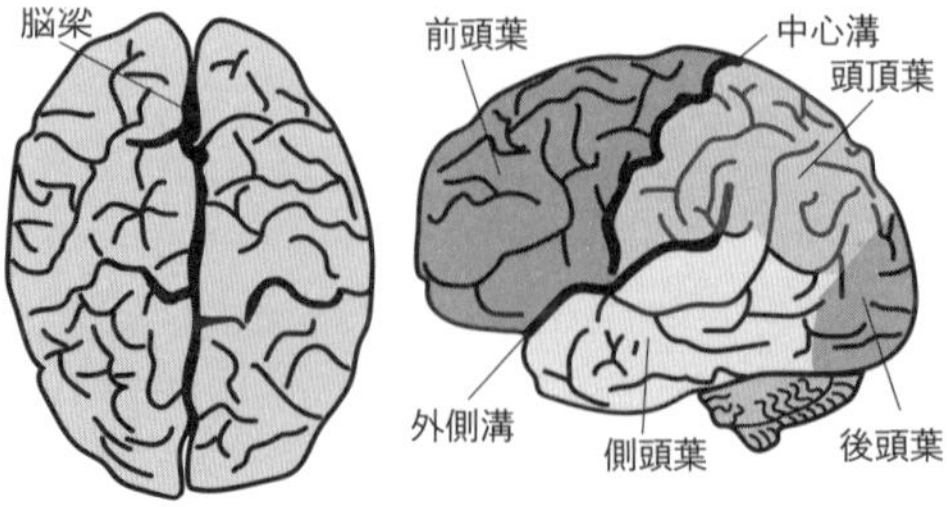

図3　左：脳を上から見たところ、右：横から見たところ

は1200〜1500グラム程度です。すぐ気がつくのは脳が左右に分かれていることです。上から見ると左右の脳をつなげているものがあります（図3左）。「脳梁《のうりょう》」です。梁は「はり」で、建物でいうと柱と柱を横につなげているものです。梁に沿った帯状お部分は帯状回《たいじょうかい》といわれます（図5参照、237頁）。

今度は横から見てみましょう（図3右）。なんといっても脳の皺が目につきます。皺があるのは限られた容積の中に大きな表面積を畳み込むためです。この皺の盛り上がったところを回《かい》といいます。回と回の間のみぞは溝《こう》といいます。ちょっと見るとごちゃごちゃしていますがよく見ると上から下に大きな溝があるのがわかります。これが「中心溝」で、それより前の部分が前頭葉になります。この溝のすぐ前は運動を司る運動野です。運動野の先は前頭前野といわれる場所で、ヒトで特に発達しています。溝の後ろは頭頂葉ですが、溝のすぐ後ろは体の皮膚感覚を司る体性感覚野です。

脳の下の方からもう一つ大きな溝があり大脳を上と下に分けています。「外側溝《がいそくこう》」です。外側溝の下側が側頭葉で、聴覚野があります。そして側頭葉の後ろ側が後頭葉で、視覚を司ります。

大雑把にいいますと、大脳の前の方は運動、後ろの方が感覚ということとなります。

ここまで見てきたのが大脳です。大脳の後ろに小さな、でも皺のある脳があります。小脳です。それに続く脳には皺がなく、脊髄につながっています。これが延髄で生命維持に大変重要な役割を果たしています。

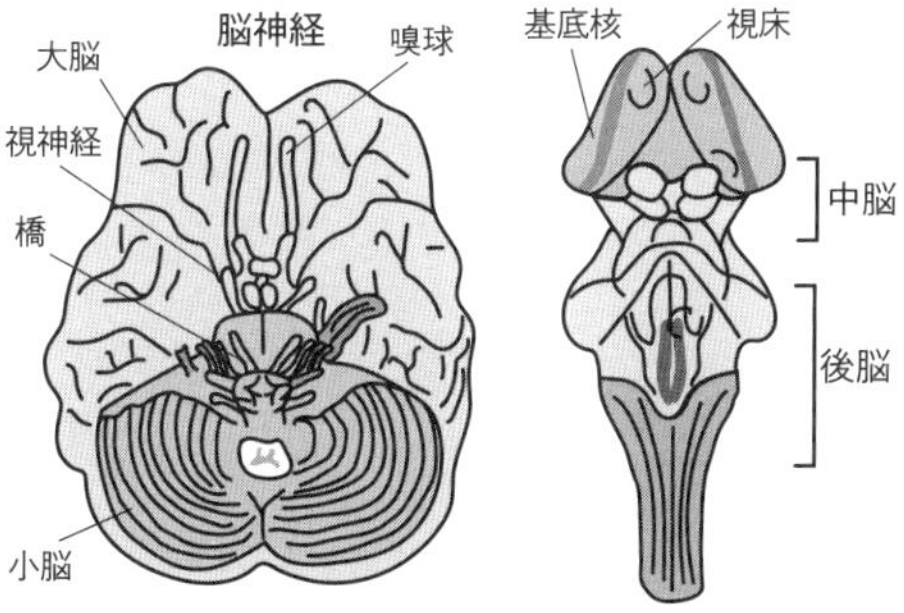

図４　左：脳を下から見たところ、右：脳幹

今度は脳をひっくり返して下から見ましょう（図４左）。大脳の下に何やら小さな紐があり、先が出っ張っています。これは嗅球といって鼻の奥につながっています。ヒトの嗅球は貧弱ですが、哺乳類は一般に立派な嗅球をもっています。嗅球は本来、大脳の一番先にあります。嗅球より後ろに太い神経が見えます。これが視神経です。その後ろ、小脳の下で膨らんでいるのが橋《きょう》です。ここまで見てくると脳は何やら幹のようなものがあって、その上にカリフラワーやブロッコリーの花芽のように大脳や小脳が載っていることがわかります。

大脳、小脳を取って、その幹を見てみましょう（図４右）。この部分は文字どおり「脳幹《のうかん》」といわれます。小脳の下には橋がありましたね。延髄、橋、小脳を合わせて後脳といいます。それより前が中脳で上にちいさなこぶが2対あります。前方にあるのが上丘、下側が下丘で、前者が視覚、後者が聴覚を中継します。中脳のさらに前方が間脳になり、視床という重要な部位があります。間脳の上に大脳が載っているのですが、これから先は脳を切断しないとわかりません。もし、脳がとても柔らかいゴムのようなものでできていたと考えて、前脳の一番先の嗅球と後脳の最後にある延髄をつまんで引っ張りますと、前から順に前脳―中脳―後脳に並びます。これがすべての脳の基本構造です。ヒトの脳が複雑に見えるのは、一つには大脳が大きくなって上にかぶさっているためですが、もう一つは前脳から後脳にまっすぐ並んでいるのではなく折れ曲がっているためです。

b　脳を切ってみる

さて、脳を眺めただけでは、それが何をしているものだか想像がつきませんね。筋肉や骨は何をしているか想像がつきます。心臓や肺も想像がつきます。しかし、脳は見ていても何をする器官かわかりません。そのため、脳・神経の解剖学はごく新しい学問なのです。脳が心の器官だとわかるまでには随分の時間が必要でした。

それでは脳の中を見るために切って見ましょう（図5左）。切り方には決まりがあります。魚

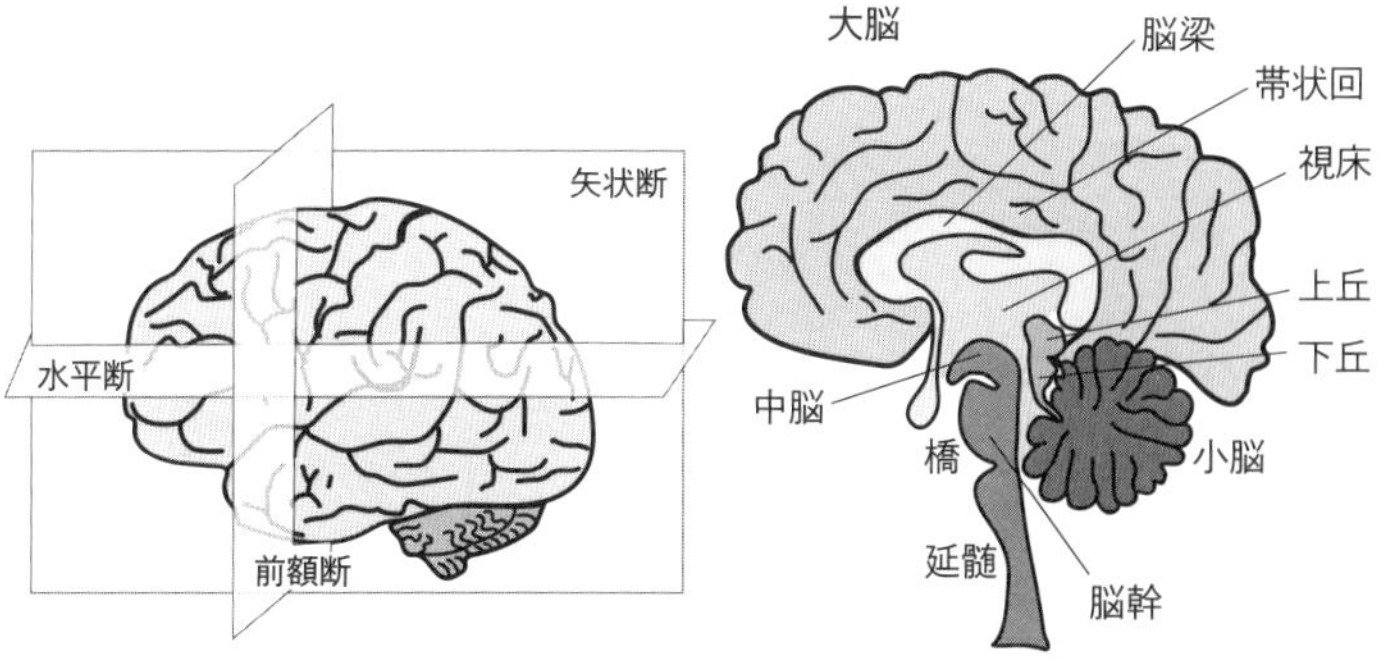

図5　左：切断の仕方の図、右：脳の切断面（矢状断）

を捌く例で考えましょう。骨に沿って魚を3枚に下ろす切り方がありますね。この切り方を「矢状断《しじょうだん》」といいます。次に、魚をまな板に載せて輪切りにします。これを「前額断《ぜんがくだん》」といいます。もう一つ、料理ではあまり使わない切り方ですが「水平断」があります。

まず脳を中央の割れ目に沿って矢状断にしてみましょう（図5右）。これで、大脳が脳幹に載っているのだということがよくわかると思います。脳梁と帯状回の位置もよくわかると思います。かつて、脳梁は物理的に二つの脳をつないでいるだけだと考えられた時代もありました。小脳の下の橋という膨らみも矢状断だとよくわかりますね。橋の先は中脳ですが、矢状断の位置を左右どちらかにずらしますと、先ほど説明した上丘、下丘がラクダのこぶのように見えます。

次は前額断です（図6、238頁）。中心溝より手前、側頭葉にかかるように切ってみます。まず見えるのは、溝と回

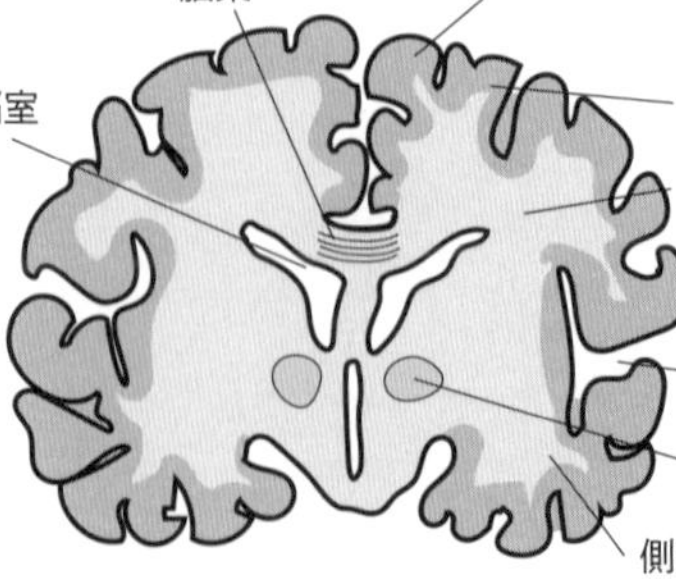

図6　脳の切断面（前額断）

の関係ですね。溝は随分深く入り込んでいます。そして、先ほどの脳梁が左右の大脳をつないでいることもよく見えると思います。また、大脳の表面と中で色が違うのもわかります。表面は灰色で大脳皮質といわれる場所で神経細胞が6層に分かれています（「灰白質」ともいわれます）。その下は白く見えますが、神経線維です。神経線維はミエリンという脂で包まれています。すき焼きの脂身やベーコンの脂身は白く見えますね。それと同じで神経線維はミエリンによって白く見えますので「白質」ともいわれます。

もう少し下がると灰色のところが二つ見えます。内側になるのが視床です。視床は間脳ですから、大脳の中に間脳がめり込んだようになっています。外側の灰色の部分は大脳基底核で大脳皮質と同じように神経細胞が集まっています。大脳は表層に皮質、深部に基底核があって、それらを神経線維がつないでループを作っています。視床もまた大脳皮質と連絡をもち、様々な感覚経路は視床を介してそれぞれの大脳感覚野につながっています。この視床と基底核は入り組んだ構造なのでわかりにくいものです。最近では視覚に関わる視床の部分は間脳ではなく大脳に組み込むべきだという意見もあります。

脳の中心を見ると何やら空間が見えます。しかも左右に分かれています。これは「脳室」といわれる場所で、脳脊髄液が入っています。脊椎動物の脳はもともと神経管という竹輪のようなものの前の方が三つに膨らんで前脳―中脳―後脳となったものです。脊髄にも中心に空間がありますが、大脳が左右に分かれるとそれぞれに空間ができて左右の脳室になっているのです。かつては、脳室に特別な気体が入っていて、それが心の本体だと考えられたこともあります。もう少し下を見ると大きな溝があってまた大脳皮質が見えます。ここが側頭葉になります。側頭葉の中には海馬という記憶や空間認知に関係する場所や扁桃体という情動に関係した場所があります。

c　神経細胞

さて、今度は脳を薄く切って顕微鏡で見ましょう。実際にはまず様々な物質で染めて見やすくします。神経細胞が見えます。神経細胞には様々な形のものがあります（図7上、240頁）。細胞は「細胞膜」という脂の膜で外の世界と隔てられています。しかし細胞の外と物質のやりとりをしていないわけではありません。細胞膜にチャネルとかポンプといわれる大きなタンパ

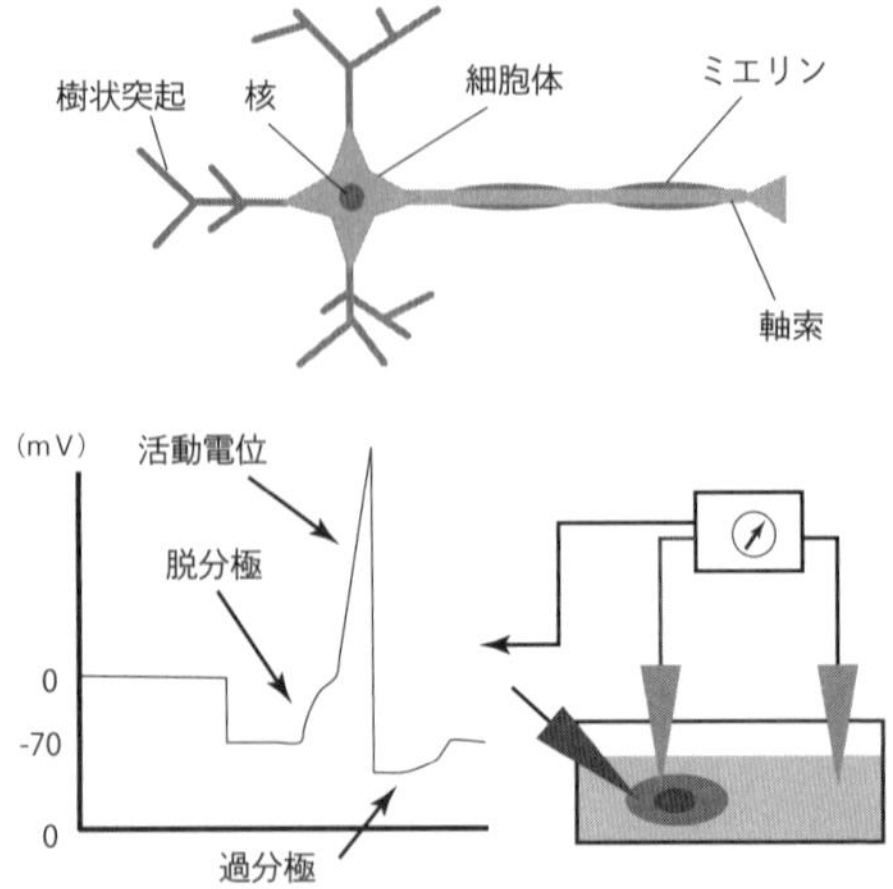

図７　上：神経細胞、下：膜電位

ク質があって、そこを通じて物質のやりとりができます。神経細胞の機能は他の神経細胞と連絡して情報処理のネットワークを作ることです。そのために情報を送るための道具をもっています。「軸索」と「樹状突起」です。

細胞の情報は細胞膜を挟んだ電位差です。電位差は比喩的には高さの差と思ってください。電位差があるのは細胞の中と外でイオンの組成が違うためです。中学の理科を思い出しましょう。イオンはプラスのものとマイナスのものがありましたね。細胞膜は先ほどのチャネルを使ってナトリウム（プラス・イオン）を細胞の外に汲み出し、カリウム（マイナス・イオン）を中に組み入れます。その結果、電位差は約マイナス75ミリボルトになっています。細胞の内側が低くなっているわけです。この状態を「静止電位」といいます。神経細胞を刺激すると、電位差がプラスの方向に変化します。さらに刺激して電位差がある値を超えると急激な変化が起きます。これが「活動電位」というもので、上限があります。その後、電位はもともとのマイナス75ミリボルトを超えてさらにマイナスに下がり（過分極）、それからマイナス75ミリボルトに戻ります。それ以上の強い刺激を与えると、この活動電位の大きさは変わらず、何度も連続して活動電位が起きます。刺激強度は活動電位の数（頻度）に変換されるわけです（図7下）。

神経細胞の中で起きたこのような電気的な変化は軸索に沿って流れていきます。終点まで行くと、次の神経細胞との間に隙間があるので、電気的な変化はそのままでは先に伝えられません。そこで、終点から「伝達物質」といわれる物質を放出します。放出された伝達物質は次の神経細胞の膜にあるチャネルで受け取られ、その細胞の膜電位を変化させます。そこでようやく一つの神経細胞から次の神経細胞に情報が伝わったことになります。この神経細胞同士の連結部分をシナプスといいます。実際には多くの神経細胞がこのような連絡をしており、後ろの神経細胞の膜電位を上げる伝達物質も下げる伝達物質もあります。そして後ろの神経細胞の状態はそれらの電気的変化の、いわば多数決で決定されます。

脳には神経細胞以外の細胞もあります。グリア細胞です（図8、242頁）。3種類あります。長い名前ですが「オリゴデンドロ・グリア」は軸索に巻きついてミエリンという脂の膜を作ります。これは電線の被覆のような働きをします。ミエリンのある軸索はそうでない軸索より速く電気的な変化を伝えることができます。「マイクロ・グリア」は食細胞で不要になった物質を食べてくれます。そして「アストロ・グリア」は毛細血管の壁の細胞と一緒に「脳—血液関門」を作ります。脳の神経細胞は必要なもの、酸素や糖など、を血流からもらいますが、脳はとても大切な臓器なので、関所を作って怪しい物質が中に入らないようにしています。アストロ・グリアはこのような門番であると同時にシナプスの両側の神経細胞の仲立ちという重要な仕事もしています。

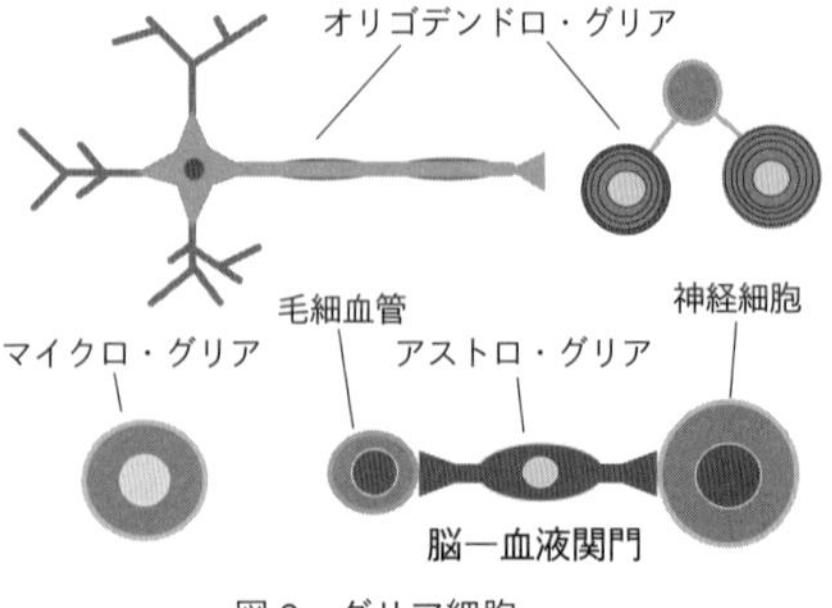

図８　グリア細胞

2　脳の進化

a　どのように進化したのか

単細胞動物にはもちろん脳も神経もありません。多細胞動物になって、すべてが同じ細胞ではなく、細胞が役割を分担するようになります。外の世界からの刺激を受け取って反応する感覚・運動細胞ができます。ついで感覚細胞と運動細胞とに役割が分かれます。そして、いよいよ、感覚細胞と運動細胞の間に、両者を仲介する介在細胞ができます（図9）。介在細胞を網目状に張り巡らせば、体のどこかで起きた変化を全体に連絡することができます。クラゲはこのような神経系をもっていますが、わたしたちの腸管などにこの網目状の構造が残っています。

やがて神経細胞同士が集まるようになります。この神経細胞の集まり（神経節）は動物の頭に集中して大きな塊になります。脳の始まりです。

図9　介在細胞

私たち脊椎動物は「後口類《こうこうるい》」といわれる動物に属しています。卵が分割して成体になる発生の途中でできるくぼみ（原口《げんこう》）がやがて肛門になり、口は別にできる動物たちのことです。私たちの脳は複雑ですが、基本的な構造はまず、管のような構造であることです。そして体の中で胃や腸などの消化器官の背中側にあり、中枢神経（脳と脊髄）は骨（頭蓋骨と背骨）の中で守られています。さらに、前脳—中脳—後脳という三つの脳の構造があります。この三つの基本構造を共有しているのは脊椎動物の仲間です。

脊椎動物の祖先はどのような動物でしょうか？　二つ候補があります。意外なことに一つはホヤです。ホヤは「海のパイナップル」といわれるくらいで、岩に

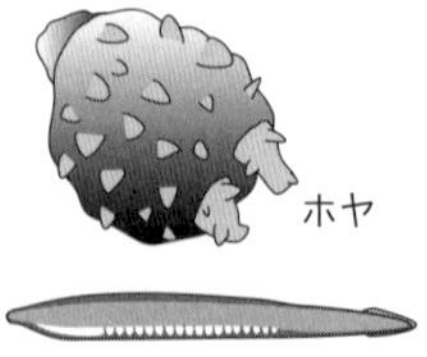

図10　脊椎動物の祖先

生えている植物のように見えます（図10）。ホヤは古い日本語で「寄生」という意味です。好みにもよりますが酢の物などにすると大変旨いものです。しかし、ホヤの子ども時代は岩にしがみついているのではなく、オタマジャクシのような格好で元気に海の中を泳ぎ回っています。発生の時期によりますが背中側に神経菅があり、どうも三つの脳をもっているようなのです。もう一つはナメクジウオです（同）。こちらは名前も「ウオ」ですし、見た目もサカナらしい形なのですがどうも三つに分かれた脳はもっていないようなのです。そうなるとホヤの方が脊椎動物に近いとも考えられます。ゲノムの分析でもホヤの方が脊椎動物に近いといわれています。面白いことにホヤは外国でもホヤと呼ばれます。パリ郊外のフランス国立科学センター（CNRS）にホヤの研究者がいますが、話をしていると「マボヤ」などというので不思議な感じです。フランス語がないわけではなく「海の潮吹き」という意味の言葉です。英語でもドイツ語でも同じです。

はっきりとした神経管型脳をもつ脊椎動物のもっとも古い仲間は「無顎類《むがくるい》」といわれるサカナで、文字通り顎がなく、口は丸い吸盤のような形です。ヤツメウナギ、ヌタウナギなどです（図11）。これらはウナギとはいうもののウナギの仲間ではありません。ヤツメウナギはもちろん8個の眼があるわけではなく7個の鰓《えら》の穴を眼として数えたものです。ドイツ人は鼻の孔まで眼だと思い、「八つ目」ではなく「九つ目」といいます。ヌタウナギやヤツメウナギは脊椎動物の中でも体重に較べて大変小さな脳をもっています。しかし、後で詳しく説明しますが、ヤツメウナギの大脳は3層、ヌタウナギは5層の構造をもっていますが、より進化したはずの魚類では大脳の層構造は見られません。不思議ですね。

　別の脊椎動物のグループは「有顎類《ゆうがくるい》」といわれ、サメ、エイなどの軟骨魚類と、硬骨魚類（真骨類《しんこつるい》）に分かれます。硬骨魚類は「条鰭類《じょうきるい》」と「肉鰭類《にっきるい》」に分かれます。条鰭類は鰭《ひれ》に条《すじ》のある、コイやマグロなどのいわゆるお魚です。この段階になると前脳、中脳、後脳という構造がはっきりします。肉鰭類はシーラカンスなどと私たちを含めた四足動物が入ります。ですから、私たちは分類学的には肉鰭類というサカナの仲間です。四足動物には両生類、爬虫類（鳥類も含まれます）、哺乳類がいます。そして、後口動物の脳進化のチャンピオンは私たち哺乳類と鳥類なのです。

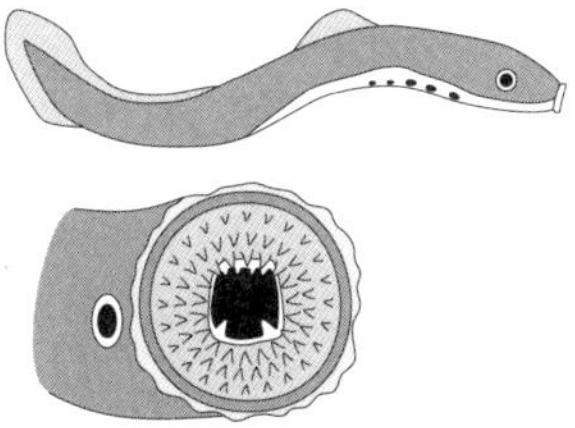
図11　ヤツメウナギとその口

　さて、私たちの脳のように複雑な神経系は後口動物、脊椎動物、肉鰭類、四足動物、哺乳類・鳥類でだけ登場したのではありません。後口動物と違う「前口動物《ぜんこう》」といわれる動物たちがいます。これらは発生の途中でできる原口がそのまま成体になっても口になる動物で、神経系は消化管の腹側（下側）にあります。軟体動物やカニ、虫、ヒトデなどの仲間がそうです。これらの動物でも立派な神経系をもつものがいます。その一つは、イカ、タコといった軟体動物の巨大神経節です（図12）。神経管が前脳、中脳、後脳という三つの脳に分かれていく脊椎動物の脳とは違いますが、食道の周りにあり、大脳皮質に相当する場所（垂直葉）、基底核に相当する場所（基底葉）があり、脊椎動物の大脳に似た回路があります。ある種のタコは約5億個の神経細胞を脳にもっています。これはほぼイヌに近い数です。彼らが優れた認知能力をもつことが明らかになり、英国ではある種のイカは、ムール貝のように生きたまま茹でてはいけないことになっています。イカ、タコでは腕にも神経細胞が豊富にあり、脳が分散しているともいえます。私たちの脳とは随分違います。

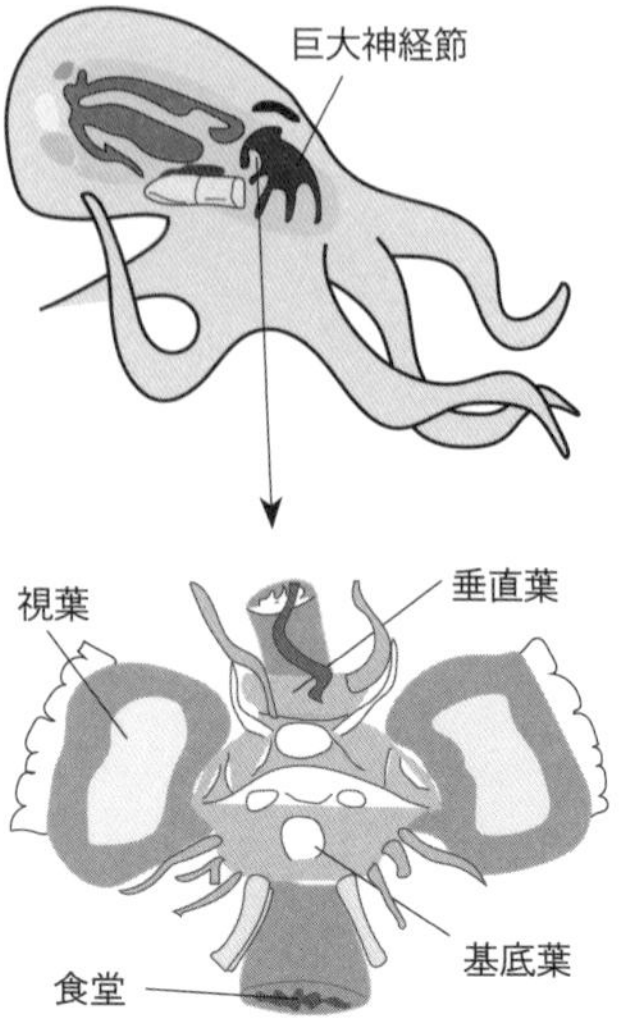

図12　上：タコの脳、下：巨大神経節

前口動物でもう一つ別の進化した神経系は節足動物の昆虫の脳です（図13）。体節神経節といわれ、頭に大きな神経節がありますが、それ以外に体節に神経節があり、それぞれの役割を果たしています。地方分権なのです。カマキリのオスはメスに頭を齧《かじ》られても、問題なく交尾を続けられます。交尾の機能は別の神経節が担っているから大丈夫です。神経節には細胞体の集まる傘のような部分と軸索の集まる柄《え》のような部分があり、ちょうどキノコのような形をしています。頭部神経節には前大脳、中大脳、後大脳という名前が付いていますが、脊椎動物の大脳と直接の関係はありません。

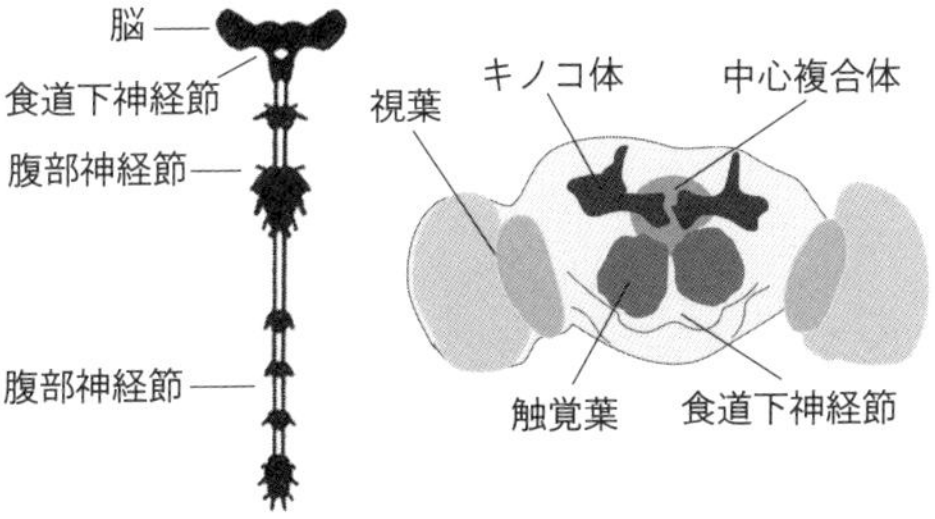

図 13　左：昆虫の脳、右：体節神経節

　私たち哺乳類の脳は傑出していますが、脊椎動物では鳥類が、軟体動物ではイカ・タコが、そして節足動物では昆虫が別の進化を遂げた神経系をもっています。このことは私たちの脳を知る上で重要です。

　そして面白いことに私たちの脳と他の神経節型脳にはいくつかの共通点があります。まず、どちらでも機能の局在があります。私たちの脳に視覚野や聴覚野があるようにプラナリア（扁形動物）の脳

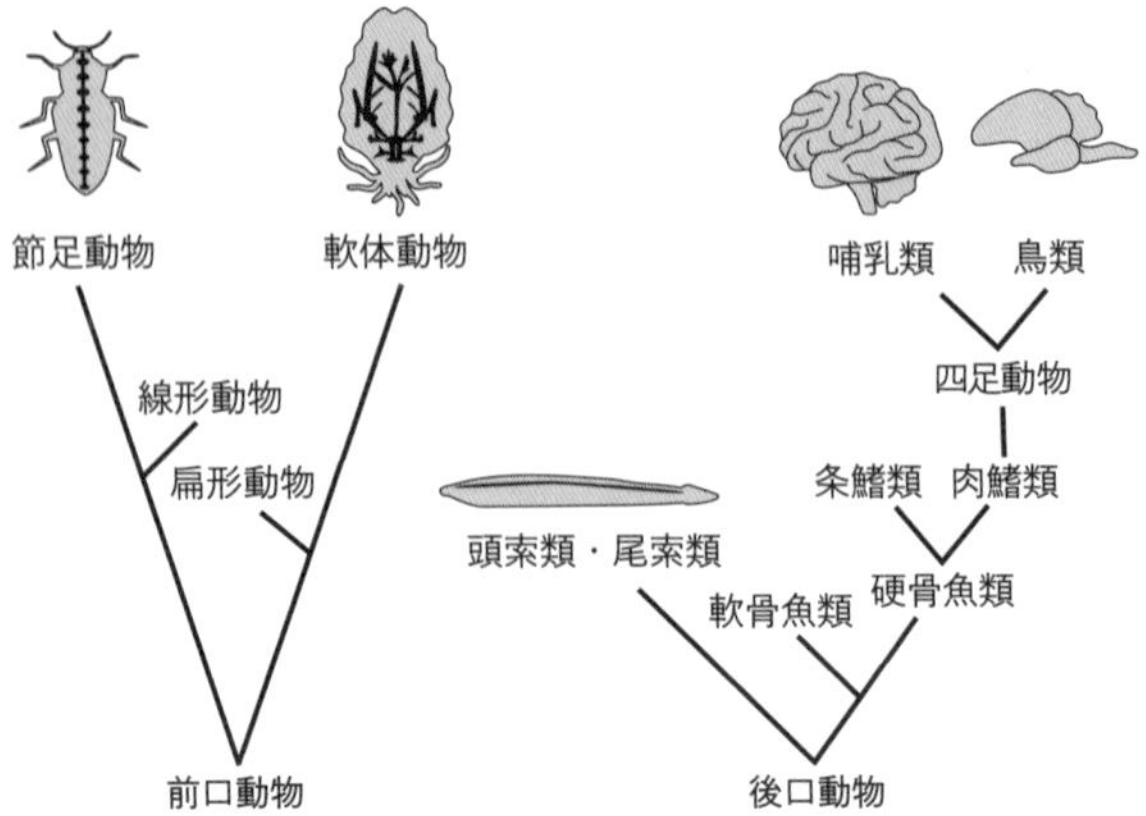

図14　神経系はいくつかの動物で進化している

にもそれぞれの感覚を処理する場所があります。私たちの大脳で大脳皮質と基底核がループを作っているように、イカやタコの脳にも脳表から脳深部へのループ状の連絡があります。

ヒトの脳は立派なので、何か下等動物から少しずつ進化して最終的にヒトの脳にいたったと思えるかもしれません。しかし、事実はそうではなく、神経管型の神経系以外に優れた神経系があり、四足動物になってからも、両生類の脳、爬虫類の脳、鳥類の脳、哺乳類の脳とそれぞれに分かれて進化してきました（図14）。それぞれの進化の過程で失われたものもあります。硬骨魚類にあった水流を感じる側線器官は四足動物では失われています。電気感覚も失われました。多くの哺乳類は副嗅覚系というフェロモンを感知する仕組みがありますが、私たちには失われています。

一方で共通の仕組みもあります。ネコのヒゲを見るとデタラメに生えているのではなく、田んぼのように整然と生えています。ネズミのヒゲもそうです。私たちの口髭は生えてはいますが、ボサボサに生えているだけです。その上、ネズミやネコはヒゲを動かして積極的に外の世界を知ることができますが、私たちはできません。ネズミのヒゲは整然と生えているばかりでなく、どのヒゲにものが当たったかを脳で感知することができます。ヒゲに対応するように大脳にあるヒゲに触った時に応答する神経細胞が集まっています。この神経細胞の集まりはヒゲが田んぼのように生えているのに応じてやはり整然と並んでいます。

硬骨魚類のヒゲとしてはナマズ髭が有名ですが、海水魚のゴンズイは鼻から下顎にかけて4対のヒゲをもっています。そして後脳の顔面葉というところにそれぞれのヒゲに対応する神経細胞の集まりがあります。場所は違いますがネズミのヒゲと同じような仕組みです。網膜と大脳の視覚皮質の関係もそうですが、このような外の世界の像を脳の平面に映す仕組みは共通しています。

b　脳を較べてみよう

これから、いくつかの脳を実際に見てみましょう（図15、250頁）。最初はクジラの脳です。

大脳が脳全体を覆い、特に回（皺）が発達していますね。イルカの脳が発達しているという話をどこかで聞いたかもしれません。クジラの仲間は確かに大きな脳をもっていますが、実はその大きさは神経細胞の多さではなくグリア細胞の多さを反映しています。水の中は冷たいので、神経細胞を守る発熱のためにグリアがたくさんあるのだともいわれています。面白いことに私たちの脳で高次機能を行っている前頭前野といわれる場所はクジラではほとんどありません。空間記憶に大切な海馬もありません。イルカは見かけ上、随分知的な行動をしますが、私たちとは違う方法で、そのような行動をしているのかもしれません。

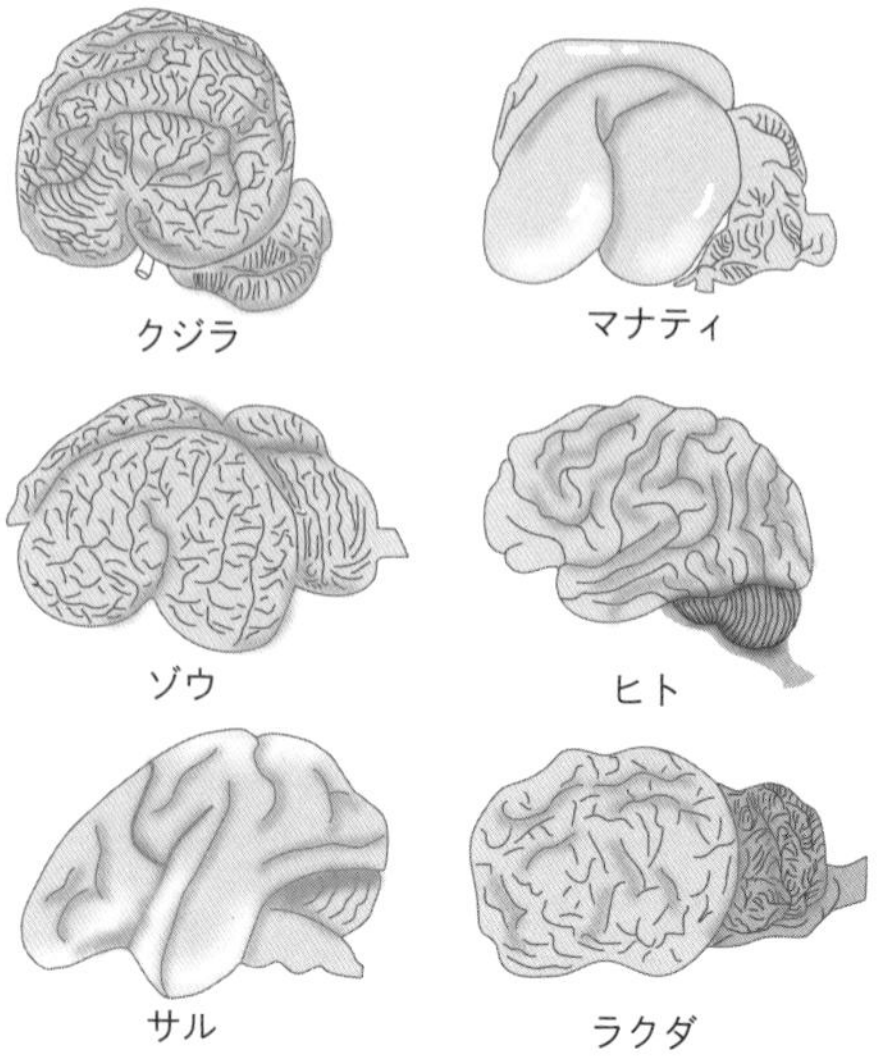

図 15　脳の比較

次はマナティの脳です。マナティはジュゴンとともに海牛目に属する水棲哺乳類です。実にシンプルですね。皺はなく、つるっとしています。水中にいる哺乳類が皆発達した脳をもつわけではないことがわかります。その次はゾウです。これまた立派です。特に側頭葉がよく発達しています。ゾウはそれぞれの個体が自分の鳴き方をもっていて、それをたくさん憶えます。つまり聴覚認知が優れているのです。側頭葉には扁桃体がありましたね。ゾウは扁桃体もよく発達しています。豊かな情動をもつのかもしれません。

サルとヒトを見てみましょう。違いは明らかです。サル脳は単純なだけに主な溝がよくわかりますね。ヒトの方はよく見ないと外側溝や中心溝がわかりません。次がラクダです。意外なことにサルよりずっと皺が多くなっています。動物園のラクダは呑気そうですが、野生のラクダは厳しい環境で生きています。オアシスの場所を憶え、砂嵐を避けなくてはなりません。生き残るためにはたくさんの情報処理を必要とするのです。ここまで見ただけで、ヒトっぽい脳がヒトから離れた動物で見られ、またヒトに近いサルが単純な脳をもっていることがわかります。脳は放散し収斂しているのです。

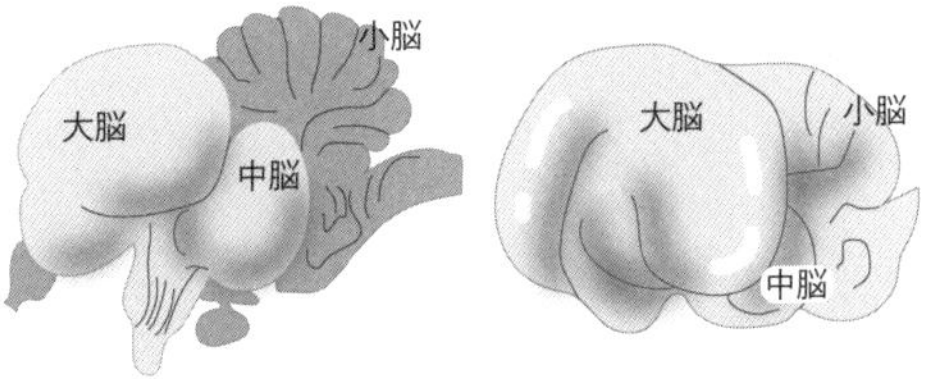

図 16　左：ハトの脳、右：フクロウの脳

次はハトとフクロウの脳です（図16）。まず、どちらも大脳が発達していることがわかりますね。その後ろの小脳も大きくなっています。これ

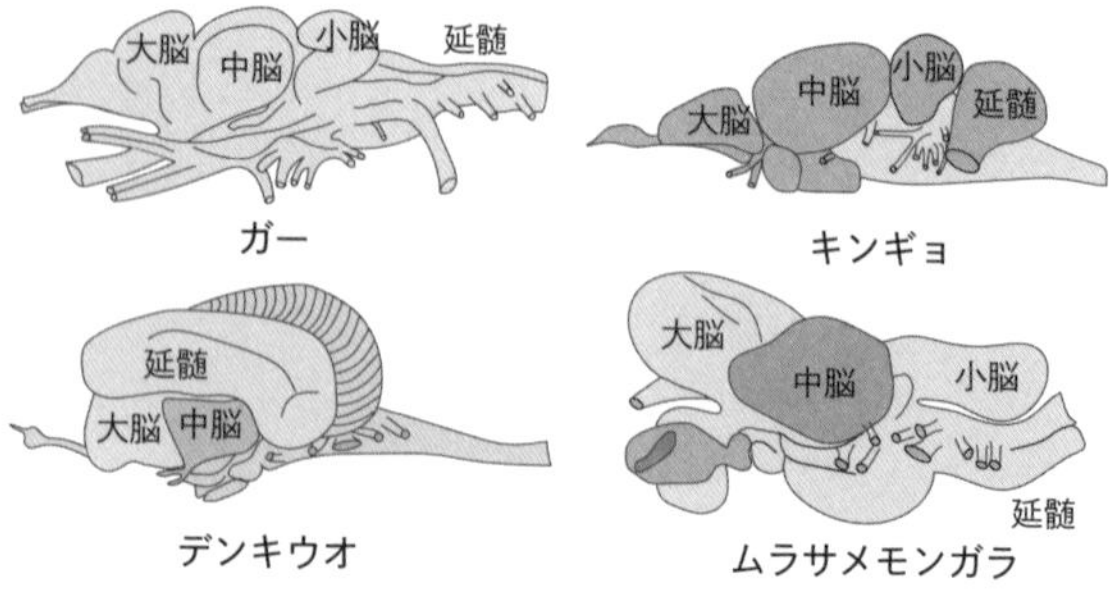

図17　サカナの脳（Kaas and Bullock, 2007より）

らの特徴は哺乳類と共通するものです。しかし、なんといっても皺がない。中心溝、外側溝といった大きな溝もありません。したがって、トリの脳では外から見ただけで、前頭葉とか側頭葉を見つけることはできません。逆にトリで目立つのは中脳です。ヒトはもちろん他の哺乳類でも中脳は大脳に覆われて外から見えませんでした。中脳の発達は鳥脳の特徴で、これは彼らが優れた視覚をもっていることと関係しています。ハトとフクロウを比較すると、フクロウでは大脳が大きく張り出していて、相対的には中脳が小さくなっていることがわかります。

　サカナの脳もずいぶん色んな形がありますが、前脳、中脳、後脳という構造があるのは変わりません（図17）。不思議なことに大脳の発生が硬骨魚類と四足動物では違います。硬骨魚類は中から外に巻くように大脳ができる（外翻）のに対し、四足動物では外から中に潜り込むように大きくなります（内翻）。硬骨魚類より原始的なヤツメウナギは内翻（ただし大脳だけは外翻なのでややこしい）、軟骨魚類も内翻なので、どうも本来は内翻であったらしいのですが、なぜ硬骨魚類が外翻になったのかはよくわかりません。そしてサカナは中脳が大きい。これは鳥類と共通する性質です。中脳と大脳の大きさを比較するとキンギョのように大脳が小さい種もあれば、ムラサメモンガラのように大脳が大きい種もあります。キンギョでは後脳の延髄が発達して顔面葉と迷走葉と呼ばれる特別な構造が発達しています。これらの構造は味覚が発達したサカナで見られます。顔や味覚の神経は延髄に入ってきます。さらに延髄が大脳の上にまで伸びているデンキウオなどがいます。嗅球は一般的には大きくありませんが、外来種として話題になるガーなどではよく発達しています。

3　大きな脳はどんな役に立つのか

私が大学生の頃、計算機は手回し計算機でした。次に手で回すことをモーターにやらせた電動計算機というものが出ました。何しろモーターでは歯車を回しているので実にうるさい機械でした。やがて登場した四則演算ができるだけの電子計算機は小さな机の大きさがありました。メモリーはついていません。そのうち卓上型のメモリーつき電子計算機が出ましたが、今、キオスクやコンビニで売っている計算機よりもはるかに劣る機能しかなく、値段は当時の大学助手の一ヶ月分の給料くらいだったと思います。

これだけ小さくできたのは集積回路の集積密度が革命的に増したからです。最初の「電子」計算機はもちろん真空管を使っていました。虫が入ると誤動作をするので、虫を取る作業が必要です。今日でもプログラムの誤動作をなくす作業を「虫取り（デバッグ）」というのはその名残です。機能を上げようとすればコンピューターは大きくなります。スーパーコンピューターは現在でも大きなスペースを必要とします。脳も大きな脳から小さな脳までありますが、素材は細胞ですから集積密度を上げるには限界があります。

a　脳の大型化

脳の進化を考える時に大型化を考えないわけにはいきません。ヒトの進化を見てもアウストラロピテクスで500グラム程度、直立原人（ホモ・エレクトス）で950グラム程度、そして現代人では1400グラムもあります。面白いことにネアンデルタール人は1500グラム以上あります。もちろんネアンデルタール人は現代人の直接の先祖ではありませんが、生き残ったのはより小型の脳をもった私たちだったのです。神経解剖学では「700グラム・クラブ」という言葉があります。地上でこのクラブに参加できるのはヒトとゾウだけです。

脳の大きさを比較するのに大きさや重さではうまくいきません。体が大きければ当然脳も大きいからです。では脳重と体重の比率を取ればどうでしょう。これも上手くいきません。今度は体の小さい動物が有利になってしまいますからです。小さい動物でも、脳は大きな動物の脳と同じような機能をすべて果たす必要があるからです。実際に脳重／体重比を計算するとマウスでは1：38、ゾウで1：645です。ヒトは1：44でマウスに劣ります。今度は脳と体の大きさに関数を作ります。

脳＝k・体n

nを0・75という定数にすれば、kが大きければ脳が大きいことになります。このkを脳化係数といいます。実際に計算するとヒトで2・84、ゾウは1・08、マウスは0・08になります。

今度は様々な動物の脳重と体重の関係をグラフに描いてみましょう（図18、256頁）。先の関数は一本の線を描くことになりますが、実際に様々な動物のデータを描けばバラバラに散らばることになります。しかし、この図を描いてみると面白いことがわかります。図の上の方にある哺乳類・鳥類のグループと、下の方にある魚類・鳥類以外の現存爬虫類のグループに分かれることです。これはハリー・ジェリソン博士が発見したことで、彼は1973年に『脳と知

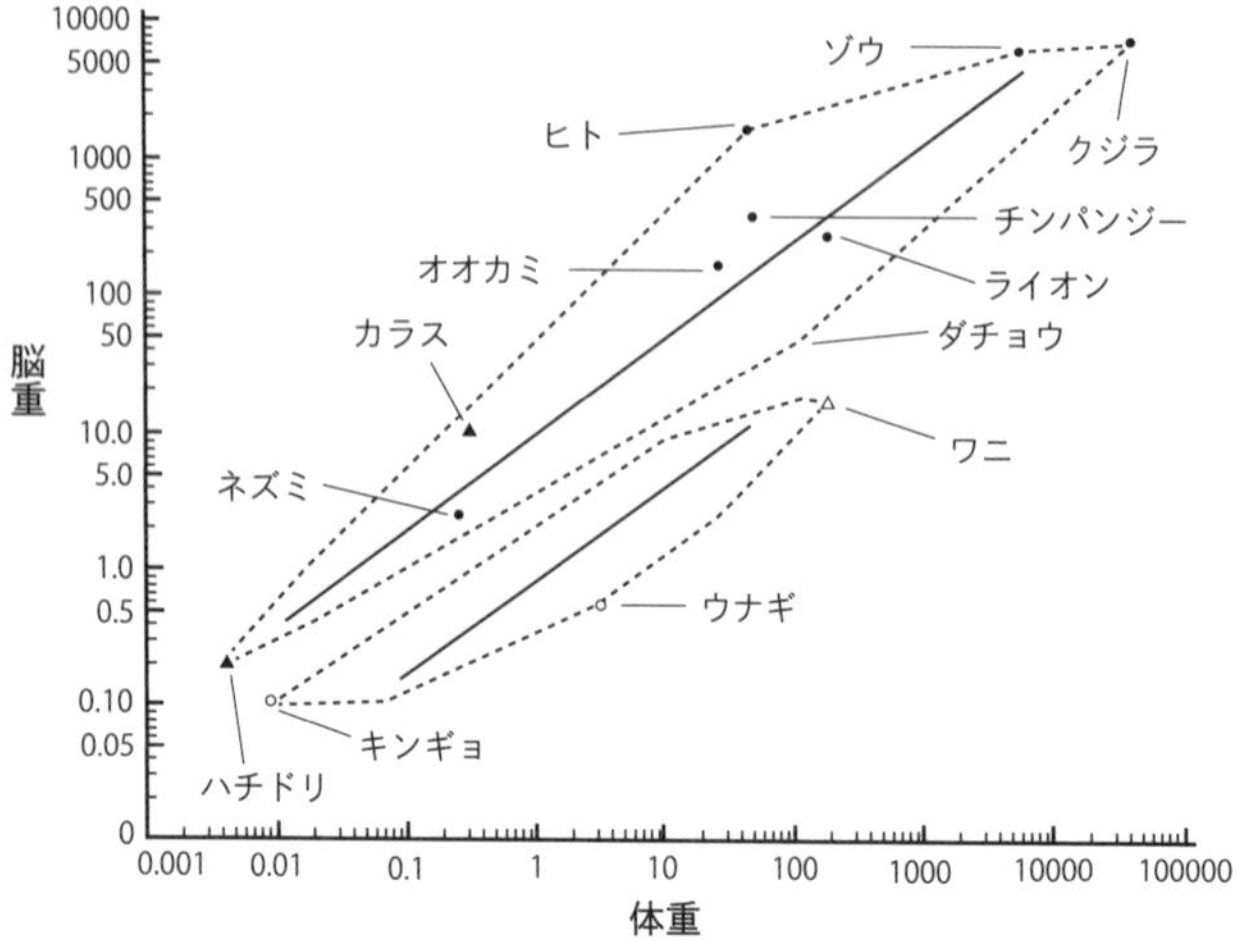

図 18　脳重と体重の関係（Jerison，1973より）

能の進化』という大変先駆的な本を著しています。彼は描き込んだ動物のデータが含まれるような多角形を作りました。そうすることによってまた面白いことがわかりました。体の割に脳が大きい哺乳類、鳥類のグループとそれ以外の爬虫類、魚類のグループに分かれることがわかったのです。その後、４５８７種２万２１３個体の脊椎動物を調べた大規模研究でも、脊椎動物全体の中で哺乳類と鳥類が例外的に脳を大きくしていることが報告されています。

次に、この多角形の真ん中を通る直線を引きます。これは数学的に求めることができますが、ジェリソン博士は最初自分の目で見て線を引いたといっています。でも、その線と数学的に引いた線とはほとんど違わなかったそうです。

この線によって、ある動物の体重がわかれば、その動物が属している多角形の中で期待できる脳重（その体重の動物たちの平均的脳重）が計算できます。そして、実測値と期待値を比較することができます。

脳化指数　EQ＝Et（実測値）／Ee（期待値）

実際に計算するとヒトで7・44、ゾウ1・87、イルカ5・31、カラス2・49です。ただ、脳の大きさの比較には批判もあります。脳の大きさ、すなわち神経細胞の数ではありません。先ほどゾウの大きな脳を見ましたが、神経細胞数ではチンパンジーの方が多くなります。また、同じくらいの大きさの霊長類とげっ歯類を比較すると、霊長類の脳の方が多くの神経細胞をもっています。

EQを大きくするのは二つの方法があります。一つはもちろん脳を大きくすることですが、もう一つ、体を小さくする方法もあります。脊椎動物の進化は一般的に体が大きくなり、脳も大きくなるというものですが、例外は鳥類です。現在の分類学では鳥類は恐竜の仲間ということになっています。恐竜は絶滅したのではなく、鳥類として生き残ったのです。鳥類の先祖になるコエルロサウルスからマニラプトル、原鳥類、現代鳥まで体は小さくなっています。では

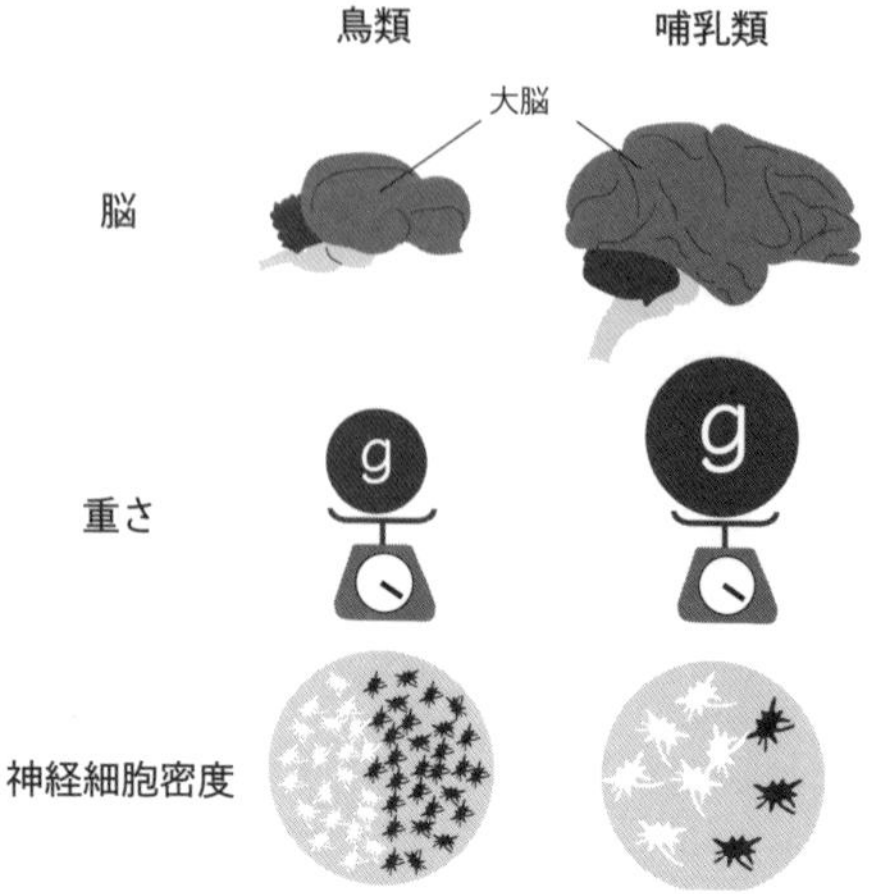

図19　鳥脳は小さいが細胞が詰まっている
（Olkowitz et al.,2016より）

脳はどうなっているでしょうか。鳥類の脳は一般的に哺乳類の脳より小さいのですが、神経細胞の密度を調べると鳥類の方がずっと高いことがわかります（図19）。マウスの脳重は０・２グラム、神経細胞は約71万個ですが、ほぼ同じ大きさの鳥類のキクイタダキは脳重０・36グラム、神経細胞は約１６４万個です。マーモセットは脳重７・78グラム、神経細胞は約６３９万個ですが、ほぼ同じ大きさのワタリガラスは脳重８・36グラム、神経細胞は約１５０９万個です。鳥脳は密度を上げて小型高性能の脳を進化させたわけです。集積容度を上げたコンピューターにちょっと似ていますね。脳の機能を考えると、脳そのものの大きさ、体重との相対的な大きさ、神経細胞の数を考えなくてはなりません。

高機能小型神経系というとアリやハチが考えられます。これまでにハチの驚くような認知能力を紹介してきました。彼らは少ない数の神経細胞でこれらの能力を発揮するのですが、１個の神経細胞が複雑な連絡をもっていて、脊椎動物の神経細胞十数個に相当すると主張する人もいます。

b　大型脳は有利か

さて、大型脳は本当に有利でしょうか。面白い報告があります。交通事故にあった鳥262種3521個体の脳の大きさを調べたものです。それによると脳が大きいほど交通事故に会わないことがわかりました。脳が大きいと頭が良いのでしょうか。食肉目36種で、餌の入った箱を開けることができるかを調べた研究があります。それによれば脳が大きいほど箱を開ける成功率が高いそうです。では脳が大きいヒトほど頭が良いでしょうか。

ヒトの大型脳としてよく取り上げられるのはロシアの作家ツルゲーネフの脳が2012グラムだったという話です。東京大学医学部には偉人脳のコレクションがあり、夏目漱石の1425グラム、内村鑑三の1470グラムなどが大型脳として知られています。小型脳の例はフランスの作家アナトール・フランスの1017グラムです。これらは脳の大きさと作家の能力とはあまり関係がないことを示すためにもち出される例です。50万2617人の脳の大きさと知能検査の成績を調べた報告があります。ほんの少しですが脳の大きさと知能検査の成績は関係があります。まあ、無視できるほどだと思います。

人工的に脳を大きくした実験もあります。グッピーを使って脳の大きい個体を選んで交配していくと三代目くらいで大型脳と小型脳のグループに分けることができます。そこで弁別能力と迷路学習を調べると大型脳グループの方で成績が良いことがわかりました。ただこれはメスの場合で、オスではは っきりしません。

大型脳を進化させた要因として、ロビン・ダンバー博士は霊長類の「社会脳仮説」を主張しました。社会生活は他者の行動を理解し、予測し、統制しなくてはなりません。社会は2個体関係ではありませんから、他者同士の関係も理解しなくてはなりません。複雑な情報処理が必要とされることが予測されます。彼はサルの大脳新皮質の発達と群れメンバーの数に相関があることを報告しました。メンバー数と社会の複雑さが同じかどうかは疑問のあるところですが、ダンバーは群れが大きくなるほど、捕食者に抵抗できると考えました。霊長類以外ではどうでしょう。ライオンのメスは共同で狩をします。ピューマは単独の狩です。そして、ライオンのメスは前頭前野が発達していました。サカナを調べた研究もあります。ダイバーに人気のあるマンタ（巨大なエイ）は大きな大脳をもっていますが、複雑な社会行動をもつ動物でもあります。シクリッド・フィッシュは種によって様々な社会生活をしています。社会生活の複雑さと大脳の大きさが相関していることがわかりました。トリではどうでしょう。鳥類では群れが大きいほど脳が大きいのではなく、5～30羽くらいの小集団の種で脳がよく発達しています。それ以上の大きな集団では脳はむしろ小さくなります。また、長期にペアを作る種やオス／メスが協力して繁殖をする種は発達した脳をもちます。

霊長類の中ではキツネザルの脳が群れの数ではなく、葉っぱを食べるか果実を食べるかに依存することが知られています。どうも脳の大きさを社会性のみで説明するのは無理なように思います。社会性が脳を大きくし、大きくなった脳が別の問題解決に役立つ場合もあると思いますが、社会性ではなく環境の複雑さが脳を大きくし、その脳が社会性にも使われる、という場合もあるでしょう。おそらく、様々な情報処理の必要性が大きな脳を必要とし、それらの一部は他の情報処理にも転用できるのだと思います。

4　脳の間取りの進化

これまでは脳の全体的な大きさを見てきました。今度は、脳のどの部分がどのような動物で大きくなっているかを見てみましょう。これは家の面積と間取りの関係に似ています。面積は脳全体の大きさですが、間取りを見て、全体は小さいながらもご主人の書斎が大きな部分を占めていればご主人が厚遇されていることがわかります。また、大きな家でも子ども部屋が大きく、ご主人は北向きの小さな部屋であれば、ご主人はあまり重きを置かれていないとわかります。

a　脳の間取りの比較

代表的な動物の脳の間取りを見ましょう（図20）。脊椎動物の中で大脳を発達させているのは哺乳類と鳥類です。そして、この二つの進化は独立に起きています。哺乳類の大脳と鳥類の大脳は別々の道をたどったもので、収斂です。もう一つの類似は鳥類と魚類における中脳の進化です。中脳は視覚脳です。ただ、魚類の中脳は眼を動かすことにかなり使われています。鳥は頭をよく動かせます。フクロウはろくろ首のようにグルリと頭を回すことができます。一方、サカナは頭が胴体にしっかり固定されています。頭を動かすためには体全体を動かさなくてはなりません。眼を動かすことが必要な理由です。光の見え方は水の中と陸上の空気中では違います。一般的にいえば水中では光は伝わりにくい情報ですので、魚類は鳥類ほどには視覚に依存しないと考えられます。

サカナの中でもウツボなどは大きな嗅球をもっていますので嗅覚を使っているな、とわかり

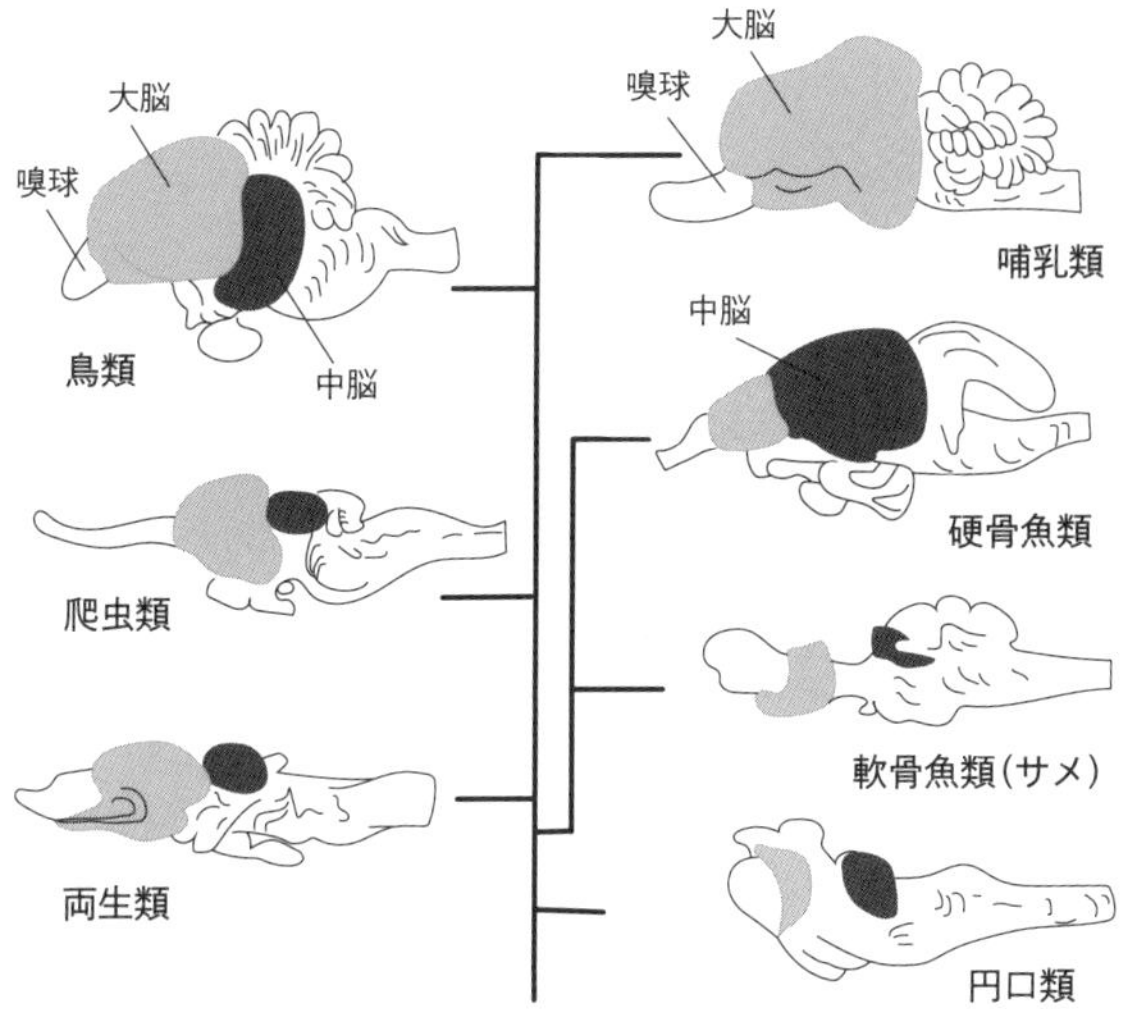

図20　脳の間取りの比較

ます。カワハギでは特に中脳が発達しているので、視覚優位だなと想像されます。一方ナマズでは延髄の側線葉が大きく、これは彼らが電気感覚をもっていることを示唆します。

トゲウオの仲間には水の表層で暮らす種と底で暮らす種があります。表層は水が澄んでいるので視覚が有効です。一方、底では嗅覚の方が役に立ちます。彼らの嗅球と中脳の大きさを調べると、底に棲むものは嗅球が発達し、表層のものは中脳が発達していました。鳥類でも夜行性のキウイなどは嗅球が大きく、昼行性のものは中脳が大きくなっています。このように脳の間取りはその動物の生活を反映しています。

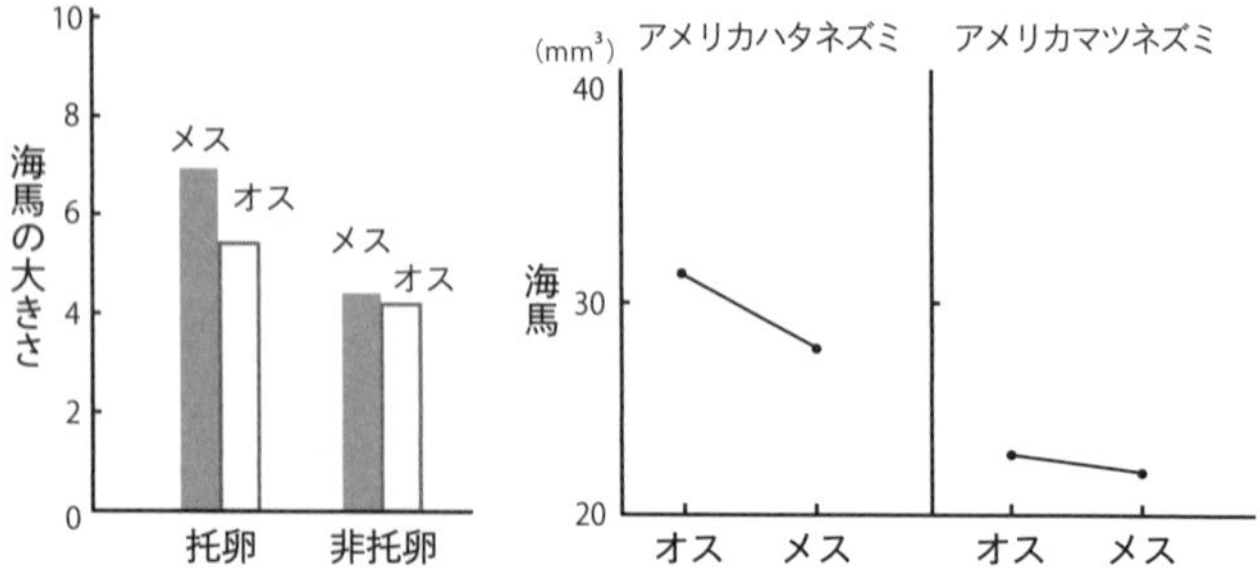

図21　左：托卵する鳥はメスの海馬が大きい（Sherry et al, 1993より）
右：一夫多妻のネズミはオスの海馬が大きい（Jacob et al., 1990より）

b　海馬を比較する

大脳の中に海馬といわれる場所があります。この場所が空間記憶に関係していることはよく知られています。トリの中には冬に備えて秋に膨大な数の餌を隠しておく種がいます。餌の貯蔵をするのはカラス科とシジュウカラ科にいますので、この行動は独立に進化したものと考えられます。ハイイロホシガラスは３３００個の餌を隠します。これらのトリは大きな空間記憶を必要とします。そしてそうでない種に較べて大きな海馬をもっています。

貯食以外でも空間記憶が必要な場合があります。托卵もその一つです。托卵しようとするメスは托卵できそうな巣を見つけて憶えていなくてはなりません。親のいない時に卵を生み落とすためです。しかし、オスは卵を産みませんからそのための空間記憶を必要とします。オス／メスの海馬を比較するとメスの海馬が大きなことがわかります。しかし、托卵をしない種ではこのような海馬の性差は見られません（図21左）。

似たようなことは哺乳類でも観察できます。アメリカハタネズミは一夫多妻なのですが、ハーレムではなく、オスがメスの巣を訪ね歩きます。源氏物語方式です。したがって空間記憶が必要です。メスは自分の巣でオスを待っているだけですから空間記憶はいりません。海馬を調べるとやはりオスで海馬が大きくなっています（図21右）。一方、近縁のアメリカマツネズミは一夫一妻でたくさんのメスを訪ねる必要はありません。そして、海馬の性差は見られません。カンガルーネズミの仲間で大きな縄張りをもつ種は大きな海馬をもち、そうでない種は小さな海馬をもちますし、ピグミートガリネズミの仲間でも縄張りが大きい種は大きな海馬をもちます。

海馬の大きさの違いはヒトでも見られます。今はGPSなどが発達したので違ってきていると思いますが、ロンドンのタクシーの運転手は運転技能ばかりでなく、ロンドンの地理がよくわかっていなくてはなりませんでした。そして運転手は海馬の後ろの方が一般のヒトより大きくなっていました。

5　層構造、核構造、ＡＩ

私たちの大脳には大脳皮質がありましたね。表層の皮のようなものですが、顕微鏡で見ると6層の層構造があります。皮質の層構造を考える時に二つのことを分けて考える必要があります。一つは神経細胞が平面に並んだことの意義、もう一つはそのような平面を重ねることの意義です。

平面にするということは地図のようなものにするということです。わかりやすいのは視覚や聴覚ですね。外の世界が脳の中で平面的な地図に対応していれば便利ですね。嗅覚や味覚はちょっとわかりにくいのですが、やはり平面地図ができます。平面地図の一つの利点は側抑制といわれるものだと思います。私たちは白黒の境目のところで、黒いところはより黒く、白いところではより白く見えます。よく錯覚の例として出されるものですが、これは側抑制の結果なのです。視覚の細胞は自分に光が当たると興奮しますが、同時に近隣の細胞を抑制します。その結果、ちょうど光が当たると

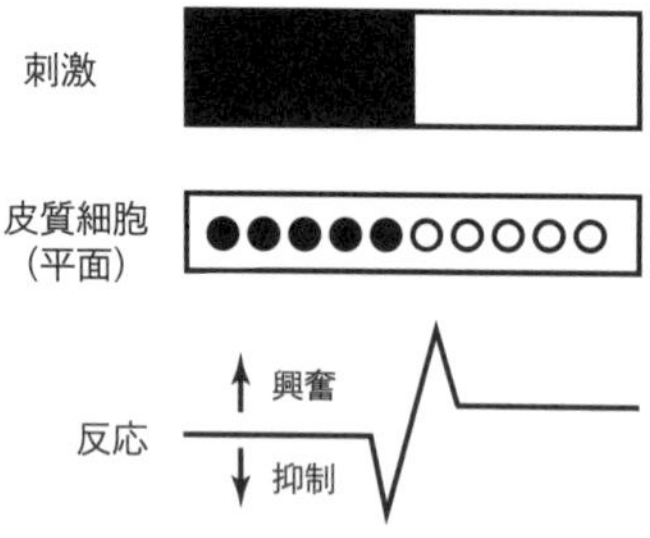

図22　平面構造と側抑制

ころと当たらないところの境目では、光が当たった細胞はより強く興奮し、当たらない細胞は抑制だけを受けます（図22）。つまり、コントラストができるわけですが、ぼんやりした情報からシャープな情報を得る方法だと考えられます。おそらく核構造で処理するより、層構造の方がそのような処理をしやすいのではないかと思います。

今度は平面を積み上げることの意義です。霊長類やネコの視床の外側《がいそく》膝状体《しつじょうたい》（変な名前ですが、膝小僧のように出っ張っているということです）には6層の構造があって、右眼と左眼の情報が違う層に入ります。これは左右の眼から情報の混線を防ぐ良い方法ですが、それだけだったら2層で十分です。6層まであるのは網膜の違う細胞が違う層に情報を送っているからです。

大脳皮質の層は上から順に1から6までの番号が振られています。視床からの情報は4層の細胞が受け取ります。それを1、2層の細胞に送ります。1、2層の細胞は、情報を大脳皮質の外に送る5、6層の細胞に連絡します。これは哺乳類に共通していて、皺のないネズミの大脳でも同じなのですが、イルカの仲間ではそもそも大脳皮質が薄く、4層が欠落しています。視床からの入力はどこに入るかというと、1層に入ります。そこから2、3層へ下り、5、6層で大脳皮質の外に出力します。私たちの視覚と逆の流れになります。面白いことにコビトカバも4層がなく、視床からの視覚入力はやはり1層に入ります。事によると、陸上から再び水に入った哺乳類には共通する事情があったのかもしれません。水の中では視覚が当てにならない場合があることに関係するかもしれません。

遺伝性の疾患で滑脳症というものがあります。つまり脳の皺がないのですが、そればかりではなく大脳皮質は6層ではなく、4層しかなく、重度の精神遅滞になります。さらに、層が全く見られない疾患もありますが、やはり重度の障害がでます。

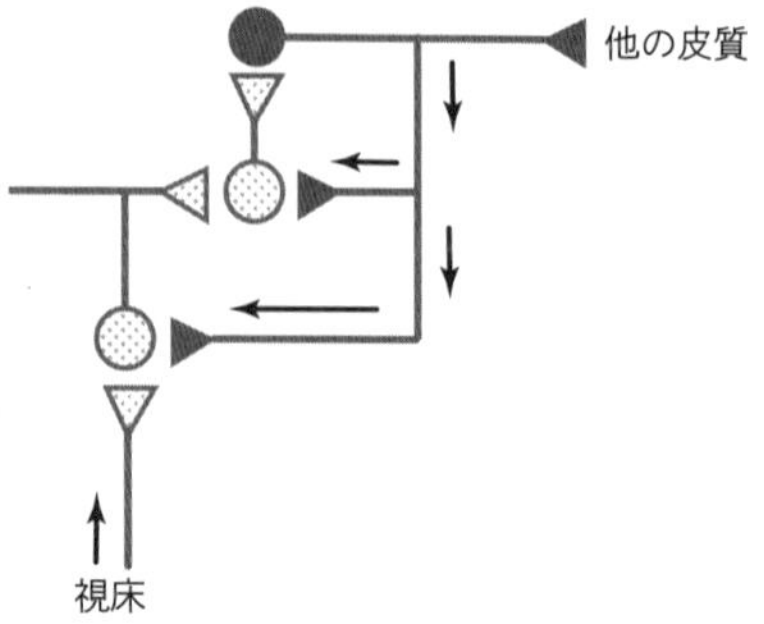

図23　深層学習を可能にする微小回路

では、トリの大脳ではどうでしょうか。驚いたことに鳥類大脳には層構造はありません。その代わりに細胞の塊があります。これを層構造ではなく核構造と呼びます。さらに調べると、視床からの情報を受け取る細胞の核、そこから大脳の別の場所の核を経て、大脳の外に情報を送る核にいたる回路があることがわかりました。哺乳類の大脳皮質がやっているのと同じ回路を核構造で実現しているのです。さらに、哺乳類新皮質には他のすべての層の細胞と小さな回路を作っている神経細胞があります（図23）。この微小回路こそがＡＩの元になる深層学習を行っていると考えられています。そして、トリの大脳でも核構造とはいえ、同じような微小回路が見つかっています。

もちろん、トリの大脳もある種の層構造ではないかと主張する研究者もいますが、私はやはり核構造は層構造とは違うと考えています。なんといっても哺乳類大脳は灰白質（神経細胞のある所）と白質（神経線維のある所）がはっきり分かれています。鳥類ではそのような細胞体の集まりと神経線維の集まりとの分離はありません。また、大脳のでき方を見ても、哺乳類の皮質は後からできた細胞がより表層に行くようにできていきますが、鳥類大脳では後からできた細胞は下の方に行きます。やはり違う構造だと思われます（図24）。

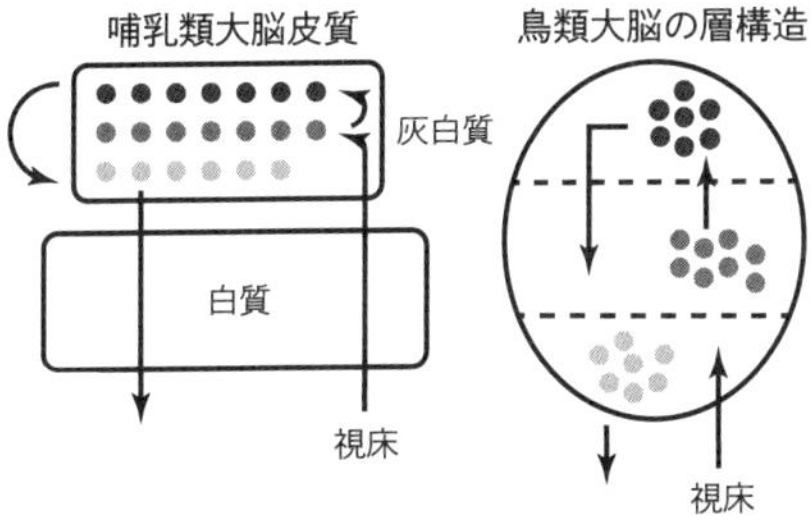

図 24　哺乳類の大脳層構造と鳥類の核構造

しかし、鳥類でも両眼視をするフクロウでは大脳の高外套（視覚に関係する場所です）に4層の層構造をもっています。一般的にはトリの眼は横についていて、大脳で主な視覚情報処理をしているのは表面にある高外套ではなく、内外套という場所で、高外套は空間位置についての処理をして、それを海馬に送ることをしています。フクロウの高外套は例外といえます。

コイやマグロなどの条鰭類のサカナは大脳に層構造をもちませんが、両生類大脳は2層、爬虫類は3層の層構造が見られます。ただ、層構造の作られ方は哺乳類と違って後からできた細胞が表層に行くわけではありません。なぜか鳥類（フクロウは除きます）では層が失われ核構造になっているのです。不思議なことに条鰭類より古い円口類のヌタウナギでは大脳の5層の層構造があるのです。進化すると層構造になるという単純なことではありません。事によると大切なのは回路であって、それが層構造であっても核構造であっても同じ機能が果たせるのかもしれません。

突然変異で大脳皮質の層構造が作れないマウスがいます。最初は層構造が逆転していると考えられたのですが、どうも層は全くできていないようなのです。ところが、視床からの入力を受ける細胞、皮質からの出力細胞などはちゃんとあります。つまり哺乳類でありながら鳥型核構造の大脳になっているわけです。そして、このマウスは視覚認知などができるようです。つまり回路さえあれば層構造の機能は果たせているのです。高次認知機能を調べた例はないようですが興味深い問題です。ただし、この突然変異マウスの多くは生後すぐに死んでしまいます。

大脳以外での層構造を見てみましょう。層構造は大脳皮質以外のところにもありますし、哺乳類以外でも脳に層構造をもっている場合があります。ネコでは視床に層構造があります。外側膝状体は視覚情報を網膜から受けて大脳に送りますが、6層の構造があります。同じ外側膝状体でもネズミは層構造をもっていません。鳥類は中脳視蓋に10層の層構造があります。キンギョの延髄にある迷走葉には層構造（なんと15層もあります）がありますが、ナマズの迷走葉には層がありません。脳の層構造は哺乳類だけのものではなく。近縁でない動物が異なる脳の場所で層を出現させています。カリフォルニア大学のジョージ・ストリーダー博士は層構造の収斂が起きていると考えています。一般的には複雑な情報処理が必要な場所では層構造が出現するように思えますが、神経解剖学者のラリー・スワンソン博士は層になるか、核になるか、の原因は全くわからないといっています。

6　私たちの脳は特殊か

私たちの脳の進化は大型化の歴史です。大型になったのは大脳が大きくなったからです（図25、272頁）。大脳が大きくなったのは大脳皮質の表面積が大きくなったからです。もちろん大脳皮質の厚みも増えているのですが、圧倒的に増えたのは面積です。大脳皮質は細胞が円柱状に集まったコラムといわれる構造からなっています。表面積の増大はこのコラムの数が増え

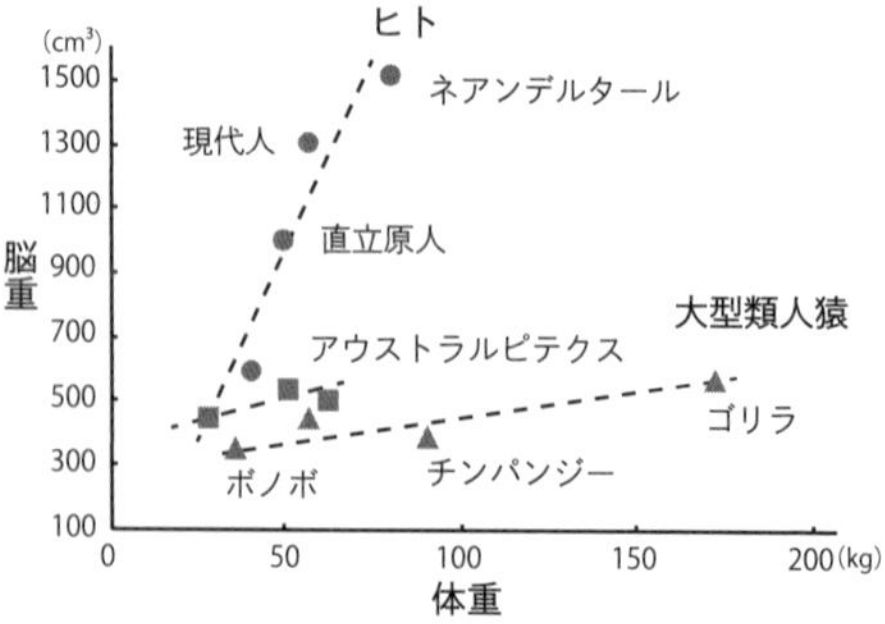

図25　人類と大型霊長類の大脳の発達

たことを意味します。

しかし、ヒトの脳がもっとも表面積を増やしているわけではありません。図26は哺乳類の脳重と大脳皮質の面積を調べたものですが、クジラ類の方が表面積が大きいことがわかります。このことは図15（250頁）を見てもわかると思います。

神経系の機能はネットワークによる情報処理です。ということは神経細胞の数も大事ですが、細胞間の配線がより重要とも考えられます。霊長類の脳重と灰白質（細胞体）、白質（神経線維）の関係を調べると、脳重に対して灰白質よりも白質がより大きくなっていることがわかります（図27）。

オランダ王室脳研究所のミシェル・ホフマン博士は大脳皮質を大きくすれば皮質下の白質の体積を圧迫することになるので機能的に考えると皮質の増大には限界があることを指摘しています。現代人の場合、皮質下の占める割合は約68％です。

ヒトでは大脳の中でも前頭葉が発達していますが、大脳に占める割合で考えると他の大型類

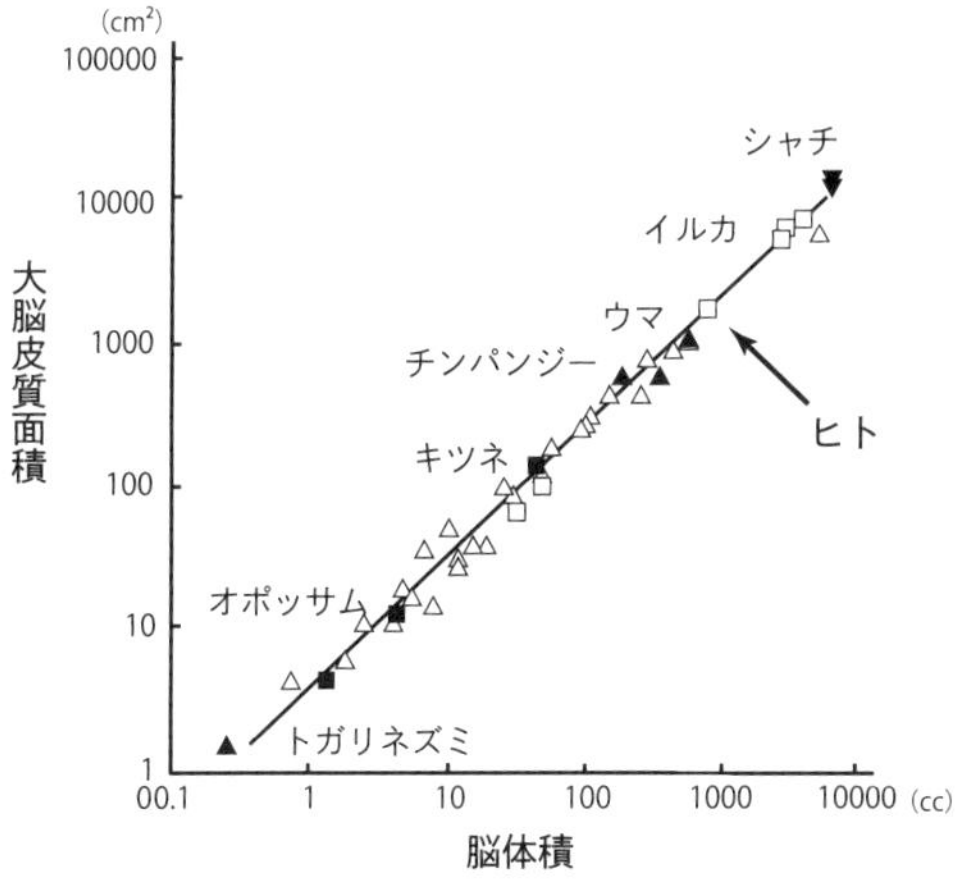

図 26 大脳皮質の面積と脳重の関係（Jerison, 1991より）

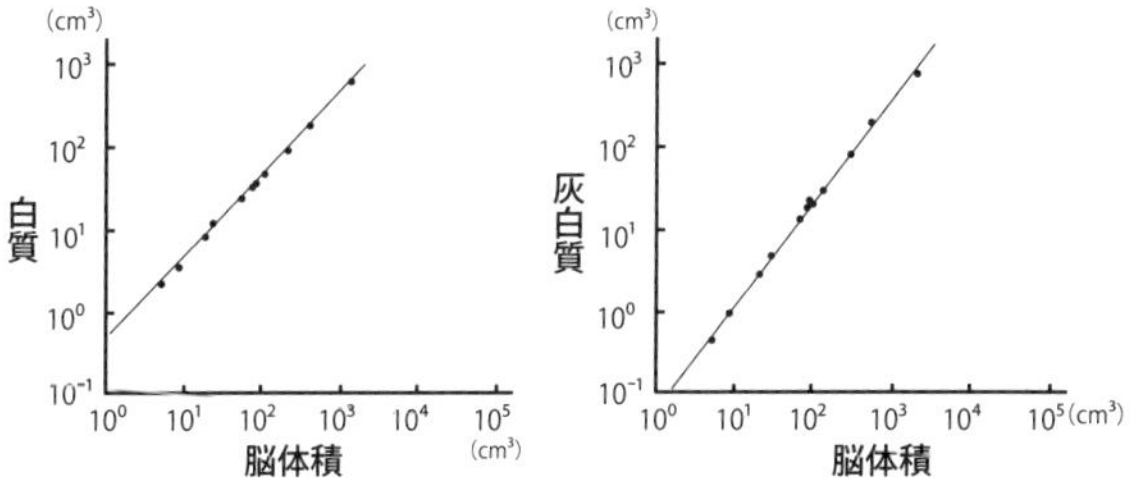

図 27　人類の大脳灰白質の進化と白質の進化（Hofman, 2001より）

人猿と大して変わりません。ただ、前頭葉から運動野を取り除いた前頭前野だけにすると、やはり傑出して大きいことになります。大脳の後ろの方では頭頂葉、後頭葉、側頭葉に囲まれた複数の感覚情報が集まるところが大きくなっているのが特徴です。しかし、それらの差は量的なものです。

7　まとめ

脳の進化を眺めてみると、案外保守的な進化であることがわかります。脊椎動物の基本構造である、前脳─中脳─後脳は一貫して維持されています。しかし、一方で大型化が起きるかと思えば、鳥のように小型／高密度の脳を進化させた動物もいます。層構造を発達させた動物もいれば、核構造を進化させた動物もいます。層構造は違う進化をたどった動物で同じように出現します。脳の進化は基本構造を守りながらの放散だといえます。私たちの脳もそのような放散の一つであって、脳の進化はヒト脳を生み出すためのものではありません。

◎参考文献
滋野修一、野村真、村上安則『遺伝子から解き明かす脳の不思議な世界』一色出版、２０１８年
村上安則『脳の進化形態学』共立出版、２０１５年
渡辺茂・小嶋祥三『脳科学と心の進化』岩波書店、２００７年
デイビット・J・リンデン、夏目大（訳）『つぎはぎだらけの脳と心』インターシフト、２００９年
ゲアリー・マークス、鍛原多恵子（訳）『脳はあり合わせの材料から生まれた』早川書房、２００９年
ラリー・スワンソン、石川裕二（訳）『ブレイン・アーキテクチャ』東京大学出版会、２０１０年

終章　心とは何でしょう

これまで、ヒトの心の起源を訪ねる旅をしてきました。しかし、正面切って「心とは何か」という議論はしないできました。最後にこのことを取り上げましょう。

デカルトが個人の中にある心を考えた時、それは個人的な、私的な経験でした。だからこそ初期の心理学者たちは自己観察によって心を明らかにしようとしたのです。その後の心理学では、自己観察ではなく、他人の行動を観察するようになりました。行動は私的経験を外に出す、「公化」だと考えられます。言語報告も公化です。ヒトは尋ねられれば、詳細に自分の私的経験を言語によって記述することができます。問題は、ヒトは何でも説明できてしまう、ということです。

例をあげましょう。被験者に2枚の写真を見せて、どちらが好きかを答えてもらいます。選んだ後で、その写真を見せて、これが好きな写真ですねと確認し、それからなぜ好きなのかを質問します。時々、被験者にわからないように写真をすり替え、被験者が選ばなかった方の写真を見せて、「あなたはこの写真を選びましたね、どこがよかったのですか?」と質問します。被験者は写真のすり替えに気がつかないばかりか、自分がなぜその写真が好きなのかを説明してしまうのです。選択行動による公化と説明による公化のどちらが本当なのでしょう。

次に説明できない場面を紹介しましょう。男性の被験者に2枚の美しい女性の顔写真を見せます。同じ人物ですから、どちらも魅力的です。しかし、一方の写真は眼にアトロピンを滴下した後の写真です。この薬は眼底検査の時に使われたりするもので、瞳孔を拡大します。被験者は瞳孔の拡大した写真を選択します。しかし、自分の選択の理由を説明することができません。

言語報告や行動測定ばかりでなく、自律神経系の反応や脳波、機能的脳画像なども私的経験の研究に使えます。特に機能的脳画像は画像から私的経験を推測すること（ニューラル・デコーディング）もある程度できます。言語での記述がすべてではありませんし、言語化できない私的経験もあります。

さて、私的経験はヒトにしかないものでしょうか。デカルトはそうだというでしょう。しかし、筆者はこの本の中で繰り返し、動物の私的経験の公化を述べてきました。言語がないからといって私的経験がないわけではありません。動物の私的経験の公化には様々な制約がありますが、ヒトとの間で連続性を認めることができます。もちろん、その根拠として神経系の連続的進化をあげることもできます。

私たちが自分の意識だと思う言語化された意識はどうやってできたのでしょう。筆者は他人の行動から学んだのだと思います。誰かが猛烈な勢いで食事をしています。別の人が「まあ、お腹が空いているのね」といいます。そうすると、自分がものを食べたい状態は「空腹」というのだとわかります。誰かを怒鳴りつけている人を見て別の人が「まあ、怒っているわ」というのを聞けば、自分がムカッとしている状態は「怒っている」のだとわかります。私的経験はこのようにして言語化されていきます。

ここで是非注意していただきたいのは、様々に公化されたもの（行動、自律神経の活動、脳機能画像の変化など）の「原因」として私的経験あるいは心をもち出してはいけないということです。私的経験はヒトや動物の環境に対する様々な反応の一つなのです。特に行動の説明として心をもち出すと収拾がつかなくなります。「恨み」があるので殴った。「怒り」で殴った。「攻撃本能」で殴った。このような説明は実は説明になっていません。「　」の中の言葉は私的経験かもしれませんが、先に示したようにそのような普通に使っている言葉（日常言語）の内容は大まかに社会のメンバーが納得しているもの（社会構成概念といいます）であって、同じように目に見えないものであっても、物理学の磁気とか重力とは違います。りんごが木から落ちるのを「重力」で説明するのと、ヒトの攻撃行動を「怒り」や「攻撃本能」で説明することは全く違います。

社会構成概念はその社会を構成するヒトの集団に依存します。いわゆる異文化間の齟齬が起きるのはそのためですし、文化人類学でいわれる文化相対主義もそのようなことに基づいています。日本語には「心」の他に「魂」、「精神」といった言葉があり、それぞれ少しずつ使い方が違います。「心が優しい」とはいえても「精神が優しい」とはいえませんし、「魂が抜けたような」とはいえても「心が抜けたような」とはいえません。英語でも同じように「mind」や「spirit」、「soul」などがあり、ドイツ語でも「Seele」、「Geist」があります。これらもやはり、少しずつ意味が違うし、それらの間に完璧な対応がつくわけでもありません。「行動の原因」としての「心」が如何に曖昧なものかがおわかりになると思います。

楽観的かも知れませんが、動物たちの私的経験を公化していくことによって、私たち自身の私的経験、特に言語化された私的経験の起源が明らかになると思います。神経科学を含めてこのような研究は日々進歩しています。これからも興味をもち続けていただければ幸いです。

あとがき

まずはこれまでおつきあい頂いた読者諸姉諸兄に御礼申し上げます。

さて、この本で扱ったテーマは今日「比較認知科学」とよばれているものです。聞き慣れない名前ですが、ヒトと動物の認知活動を比較して研究しようという若い研究分野です。「まえがき」でも少し述べましたが、この研究には大きく二つの流れがあります。一つはヒトの心の進化の道筋を突き止めようとする流れで、ヒトと近縁の動物の認知を調べていこうという古典的な研究です。行動については化石資料に頼るわけにいきませんから、今生きている動物の比較から進化のあゆみを推定しようとするものです。

そのような研究の例を紹介しましょう。オドリバエという肉食のハエの求愛行動の進化をたどったものです。面白いことにこのハエは求愛のために風船のようなものをメスに差し出しま

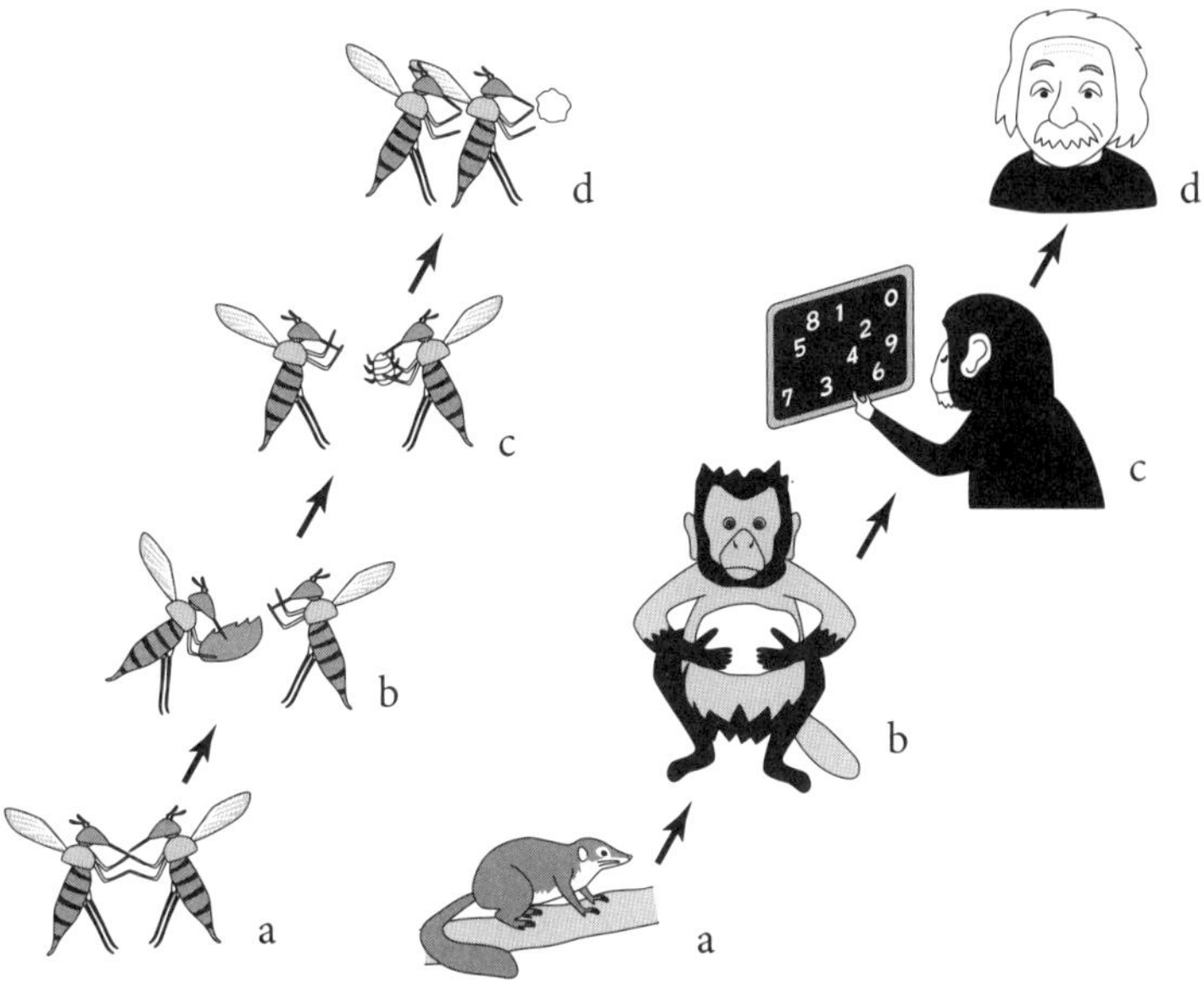

図１　左：オドリバエの求愛行動の進化
右：ヒトの知能の進化

す。いってみれば結納です。虫としては随分不思議な行動ですが、近縁のハエを調べていくと、餌になる肉を糸でラップしてメスに差し出すものがいました。もっと簡単なのは肉をメスにもっていきます。実はオドリバエは肉食なので、メスにとっては近づいてくるオスは食べ物でもあるわけです。オスは食べられては目的が果たせませんから、まず食べ物を与えて、メスがそれを食べている間に目的を遂げるという作戦です。

もう一つの流れは、全く近縁でない種で類似した認知機能をもつ動物を調べるものです。似たような認知行動の

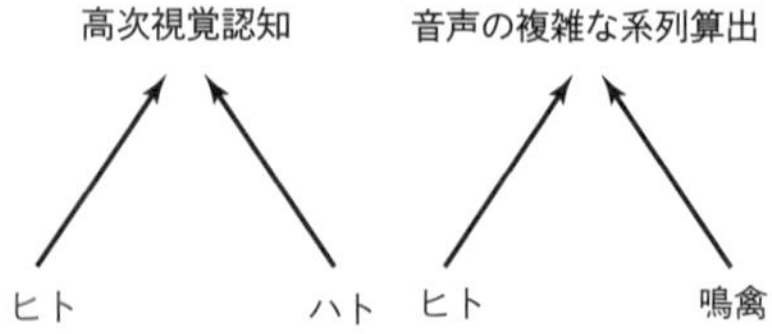

図２　認知能力の進化

背景には似たような進化的要因（心理学者は「系統発生的随伴性」という難しい用語を使います）があるはずです。この本ではおもに、この流れの研究を紹介しています。複雑な視覚認知は一部の鳥類と一部の霊長類で発達しています。複雑な発声の系列的算出はヒトの言語と鳴禽の歌で見られます。このように様々な動物の、つまり、霊長類ばかりでなく、哺乳類ばかりでなく、脊椎動物ばかりでなく、無脊椎動物までも見ていくと、彼らがそれなりに環境に適応するために様々な認知能力を進化させてきたことがわかります。ヒトの認知能力はそのような進化の一つに過ぎないのです。動物たちの認知の拡がった進化は花束のようなものです。どこかに（たとえばヒトの心に）終点があって、そこに向かって進化したのではありません。比較認知科学は、人間中心主義、霊長類中心主義、哺乳類中心主義を否定します。カラスの知能はヒトの何歳児に相当しますか、といった質問は意味をなさないのです。

それでも、ヒトの認知能力は飛び抜けているではないかと、と思われるかもしれません。で

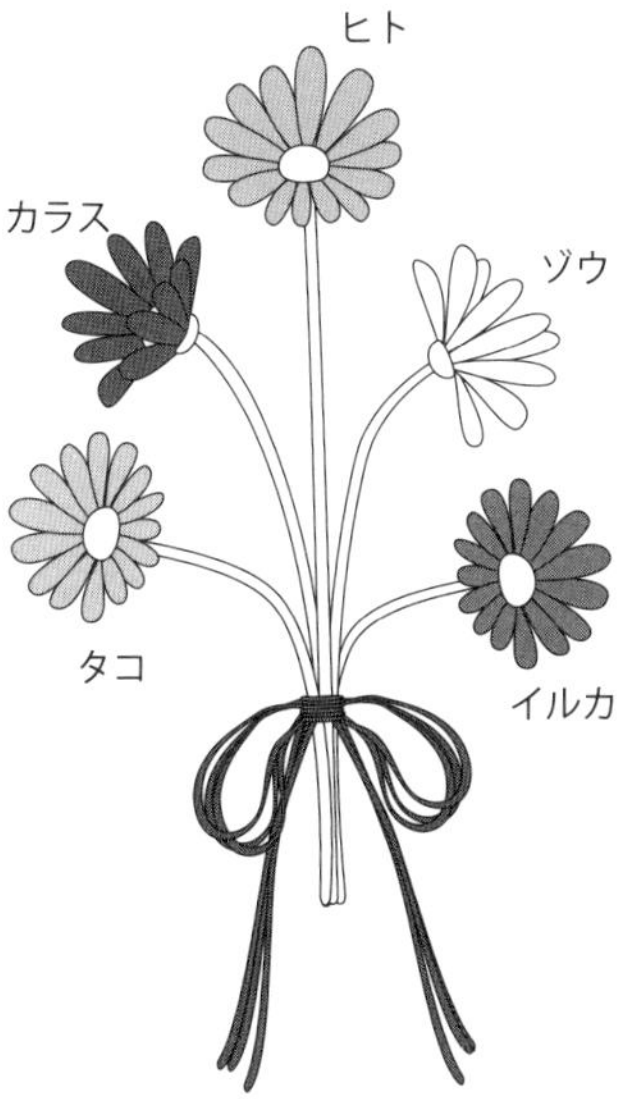

図 3　比較認知の花束

も、その時の「ヒト」は日本人とか西洋人とか中国人を考えていませんか。地球上には、石器時代と大して変わらない生活をしているヒトもいます。彼らと私たち文明化した人間の違いはどこでしょう？　脳に違いはありません。違いはダウンロードされたアプリの違いです。私たちは体一つでジャングルや北極に放置されたら、たちまちお手上げです。ジャングルや北極圏用のアプリがダウンロードされていないからです。逆に、未だに石器時代を生きる人をいきなり高校の教室に入れても戸惑うばかりでしょう。私たちの高度な認知機能だと思っているもののほとんどは生まれてからダウンロードされたものに依存しています。基本的な「読み書きそろばん」から最先端科学の知識まで、私たちは自分で発明、発見するのではなく、これまで累積されてきた知識を外から入力します。そして、一生の間にほんのちょっぴり人類共有のアプリに何かを付け加えていきます。それが文化の伝承です。

別の言い方をすれば、遺伝子に拠らない情報の伝達こそが文化なのです。ヒト以外の動物に文化がないわけではありませんが、ヒトの文化の累積は圧倒的です。環境に適応するだけではなく、環境を作り変えていきます。ビーバーはダムを作るかもしれませんが、何代もかけて、巨大な建築物にするわけではありません。私たちは石炭、石油からエネルギーを取り出すだけでなく核エネルギーも手に入れました。環境を作り変えることは環境を破壊することでもあります。

私たちの脳はたかだか石器を作る程度のハードウェアです。アプリやソフトウェアの洪水の中で人がそれらを適切に利用できるように考えることはこれからの若い人たちの仕事です。

さて、最後に教育評論社の小山香里さんにお礼を述べたいと思います。研究室に訪ねて来られて、公開講座の内容をまとめて出版しないかというお誘いを頂き、あまり躊躇せずにお引き受けしました。それなりに楽しい執筆の時間でした。ありがとうございます。

動物イラスト　oba

【著者略歴】
渡辺 茂（わたなべ　しげる）
1948年、東京生まれ。1976年、慶應義塾大学大学院社会学研究科博士課程修了、文学博士（心理学）。1995年、イグ・ノーベル賞受賞。2017年、日本心理学会国際賞・特別賞受賞。2020年、山階芳麿賞受賞。慶應義塾大学名誉教授。専門は比較認知神経科学。
著書に『認知の起源をさぐる』（岩波書店、1995年）、『ハトがわかればヒトがみえる』（共立出版、1997年）、『鳥脳力』（化学同人、2010年）、『動物に「心」は必要か』（東京大学出版会、2019年）、編書に『心の比較認知科学』（ミネルヴァ書房、2000年）、共著書に『脳科学と心の進化』（岩波書店、2007年）、ほか多数。

あなたの中の動物たち
ようこそ比較認知科学の世界へ

二〇二〇年一〇月三一日　初版第一刷発行

著　者　渡辺　茂
発行者　阿部黄瀬
発行所　株式会社　教育評論社
〒一〇三－〇〇〇一
東京都中央区日本橋小伝馬町一番五号
PMO日本橋江戸通
TEL〇三－三六六四－五八五一
FAX〇三－三六六四－五八一六
http://www.kyohyo.co.jp

印刷製本　萩原印刷株式会社

定価はカバーに表示してあります。
落丁本・乱丁本はお取り替え致します。

ISBN 978-4-86624-031-2